Wirtschaftspolitische Forschungsarbeiten der Universität zu Köln

Band 47

Der Stabilitäts- und Wachstumspakt

Seine wirtschaftspolitische Begründung
und die bisher erreichten Ergebnisse

von

Moritz Kilger

Herausgegeben von Prof. Dr. Manfred Feldsieper

Tectum Verlag
Marburg 2004

In der Schriftenreihe *Wirtschaftspolitische Forschungsarbeiten* des Tectum Verlags erscheinen in unregelmäßiger Folge herausragende Forschungsarbeiten aus dem Umfeld der Universität zu Köln.
Herausgegeben wird die Reihe von Prof. Dr. Manfred Feldsieper.

Kilger, Moritz:
Der Stabilitäts- und Wachstumspakt.
Seine wirtschaftspolitische Begründung
und die bisher erreichten Ergebnisse.
/ von Moritz Kilger
- Marburg : Tectum Verlag, 2004
Wirtschaftspolitische Forschungsarbeiten der Universität zu Köln ; Bd. 47
ISBN 978-3-8288-8770-1

Tectum Verlag
Marburg 2004

Herzlichen Dank an alle, die zum Gelingen dieser Arbeit beigetragen haben.

Besonderer Dank gilt:
Meinen Eltern, die mir ein Studium ermöglicht haben und mich hierbei tatkräftig unterstützten. Winfried Landgrebe, ohne den ich ein Studium sicher nicht zum erfolgreichen Ende hätte führen können. Prof. Dr. Manfred Feldsieper für die Betreuung sowie dem gesamten Lehrstuhlteam, insbesondere Beena Kochalumottil für wertvolle Tipps. Ganz großer Dank gebührt dem Korrektorenteam, bestehend aus: Georg Pirker, Tim Danckwardt, Daniel Knippertz, Christoph Jost sowie den beiden Lehramtsanwärtern aus Köln, Robert Herold und Robert Will, die einen ganz besonders großen Anteil am Erfolg dieser Arbeit hatten: *Big Up Yourself!*

Meinen Eltern, Sybille und Hartmut Kilger

VORWORT

Die vorliegende Schriftenreihe hat zum Ziel, die Forschungsbemühungen und Forschungsarbeiten insbesondere jüngerer Nachwuchswissenschaftler einer breiteren Öffentlichkeit bekannt zu machen. Ausgewählt werden nur Arbeiten, die nach Einschätzung des Herausgebers von ihrer Thematik, von ihrer Darstellung und von ihren Ergebnissen her auch für einen breiteren Kreis von Fachleuten von Interesse sein könnten. Aufgenommen werden sollen vor allem Arbeiten mit starkem wirtschaftspolitischem und wirtschaftsempirischem Bezug.

Um die Europäische Währungsunion und die Einführung des Euro entbrannte in Deutschland im vorigen Jahrzehnt ein heftiger Streit unter Wirtschaftswissenschaftlern. Die Politik und die Politiker aller Parteien standen diesem ‚Jahrhundertwerk' in eher seltener Einmütigkeit positiv gegenüber, während das deutsche ‚Wahlvolk' eher skeptisch gestimmt war und das Projekt wohl hätte scheitern lassen, wenn ihm dazu Gelegenheit gegeben worden wäre. Um dieser skeptischen Stimmung der Deutschen gegenüber dem Euro Rechnung zu tragen, waren die deutschen Politiker indes bemüht, bei den Rahmenregeln für die öffentlichen Finanzen der beteiligten Ländern im einheitlichen Währungsraum Nachbesserungen gegenüber den im Vertrag von Maastricht bereits vorgesehenen Regeln und Vorschriften zu erreichen. Auf intensives Betreiben des damaligen deutschen Finanzministers Theo Waigel erklärten sich die Länder der Europäischen Union mit der Billigung des sogenannten Stabilitäts- und Wachstumspaktes von Dublin (verabschiedet von den Staats- und Regierungschefs in Amsterdam im Mai 1997) bereit, noch striktere Bedingungen für die Gestaltung der öffentlichen Haushalte zu akzeptieren. Zweifellos muß man diesen Pakt als einen großen Erfolg der deutschen Politik betrachten, und man kann ihn als sinnvolles Unterpfand für die Aufgabe einer über Jahrzehnte guten und vergleichsweise stabilen Währung begreifen.

Die Kritiker und Opponenten der Europäischen Währungsunion und des Euro haben mit ihren teilweise schrillen Unkenrufen hinsichtlich der Gefährdung der Geldwertstabilität durch die Einführung des Euro bisher nicht Recht behalten. Das Ausmaß der

Geldentwertung im Durchschnitt des großen Euroraumes ist in den ersten fünf Jahren des Bestehens der Europäischen Währungsunion geringer ausgefallen als zu den Zeiten, in denen noch die Deutsche Bundesbank die Zügel für eine nationale Geldpolitik in den Händen hielt. (Regional gesehen, d.h. in einer ausschließlich auf das Teilgebiet Deutschland bezogenen Betrachtung des Eurolandes, ist das Ergebnis wegen der Wachstumsschwäche in Deutschland eher noch günstiger.) Und wenn auch fünf Jahre in der zeitlichen Dimension von ‚Währen' und ‚Währungen' ein eher ziemlich kurzer Zeitabschnitt sind, so darf man doch wohl festhalten, dass – auch bei Einbeziehung der Möglichkeit, dass der verabschiedete Europäische Verfassungsentwurf tatsächlich in Kraft treten sollte – derzeit keinerlei Anzeichen dafür erkennbar sind, dass das Stabilitätspostulat des Vertrages von Maastricht, auf dem die Europäische Währungsunion beruht, unterhöhlt werden oder ernsthaft gefährdet sein könnte.

In einem Punkt allerdings haben die damaligen Kritiker Recht behalten. Mit Verweis auf das allgemein bekannte Sprichwort „eine Krähe hackt der anderen kein Auge aus" haben sie frühzeitig darauf hingewiesen, dass dem Stabilität- und Wachstumspakt für den Ernstfall der notwendige ‚Biss' fehlen würde. Denn Staaten, die in Bezug auf die Gestaltung der öffentlichen Finanzen allemal fast ausnahmslos ‚Sünder' sind, d.h. es an einer dauerhaft soliden Finanzpolitik oftmals fehlen lassen, wovon die Wirtschaftsgeschichte umfangreich Zeugnis ablegt, würden bei diskretionären Entscheidungsspielräumen, d.h. ohne durch einen bestimmten Automatismus gezwungen zu sein, niemals übereinander zu Gericht sitzen und eventuelle finanzpolitische ‚Sünder' mit den vorgesehenen Strafen belegen. Das Verhalten der europäischen Finanzminister am 25. November 2003, die von der Europäischen Kommission beantragten Sanktionsverfahren gegen Deutschland und Frankreich wegen einer dauerhaften Verletzung der im Vertrag von Maastricht und im Stabilitäts- und Wachstumspakt festgelegten Defizitgrenzen für die öffentlichen Haushalte auszusetzen, hat diese Vorhersagen schlagend bestätigt. Wenngleich der Europäische Gerichtshof inzwischen (Juli 2004) dieses Vorgehen der europäischen Finanzminister, aber vornehmlich aus rein formalen Gründen, rügte und nicht für rechtens befand, ist dem Stabilitäts- und Wachstumspakt durch das Verhalten der europäischen Finanzpolitiker dennoch wohl ein irreparabler Schaden zugefügt worden. Selbst wenn der Pakt in – modifizierter – Form erhalten bleiben sollte, wird von ihm niemals mehr das Drohpotential zur Zügelung des Appetits der Finanzminister für kreditfinanzierte öffentliche Ausgaben ausgehen, wie es ursprünglich beabsichtigt war. Es ist eine Ironie der Geschichte, dass insbesondere auch durch das Wirken des deutschen Finanzministers Hans Eichel die Axt an den Stabilitäts- und Wachstumspakt gelegt wurde, der sein Entstehen, wie bereits erwähnt, insbesondere dem Bemühen eines seiner Vorgänger verdankte, der bestrebt war, den Gedanken von einer dauerhaft der Stabilität dienenden und an ihr orientierten Finanzpolitik auf der europäische Ebene fest zu verankern.

Dieses lobenswerte Vorgehen des damaligen deutschen Finanzministers Theo Waigel untersucht Herr Kilger in seiner vorliegenden Untersuchung umfassend und mit allen erforderlichen Facetten. Die Notwendigkeit von bindenden Regeln für eine dezentralisierte Finanzpolitik in einem einheitlichen Währungsraum wird begründet. Die Entstehung und die Umsetzung des Stabilitäts- und Wachstumspaktes werden detailliert beschrieben. Und nach einer eingehenden Analyse des polit-ökonomischen Wirkungsimpulses des Stabilitäts- und Wachstumspaktes wird von Herrn Kilger ein ernüchterndes Fazit gezogen.

Wer bei der Diskussion um den Europäischen Stabilitäts- und Wachstumspakt und seine eventuelle Reform mitreden möchte, sollte es nicht versäumen, die vorliegende Untersuchung von Herrn Kilger zur Kenntnis zu nehmen.

Köln, im September 2004   Univ.-Prof. Dr. Manfred Feldsieper

INHALTSVERZEICHNIS

ABKÜRZUNGSVERZEICHNIS

AC-10	Estland, Lettland, Litauen, Polen, Tschechische Republik, Slowakische Republik, Ungarn, Slowenien, Malta und Zypern
Abs.	Absatz
Art.	Artikel
Bd.	Band
Beirat beim BMF	Wissenschaftlicher Beirat beim Bundesministerium der Finanzen
Beirat beim BMW	Wissenschaftlicher Beirat beim Bundesministerium für Wirtschaft
BIP	Bruttoinlandsprodukt
BSP	Bruttosozialprodukt
bzw.	beziehungsweise
C	reale Konsumnachfrage
EG	Europäische Gemeinschaften
EGV	Vertrag zur Gründung der Europäischen Gemeinschaft, „Maastrichter Vertrag"
EIB	Europäische Investitionsbank
EMU	European Monetary Union
EPC	European Policy Committee
ESA-95	Europäisches System volkswirtschaftlicher Gesamtrechnung
et al.	und andere
EU	Europäische Union
EuGH	Europäischer Gerichtshof
EU-15	Belgien, Deutschland, Griechenland, Spanien, Frankreich, Luxemburg, Italien, Irland, Niederlande, Österreich, Portugal, Finnland, Dänemark, Schweden, Großbritannien
EUR-12	Belgien, Deutschland, Griechenland, Spanien, Frankreich, Luxemburg, Italien, Irland, Niederlande, Österreich, Portugal, Finnland. (Länder des Eurowährungsgebietes)
EWS	Europäisches Währungssystem
EWU	Europäische Währungsunion
EZB	Europäische Zentralbank
F.A.Z.	Frankfurter Allgemeine Zeitung
G	reale Staatsnachfrage
Hrsg.	Herausgeber
I	reale Investitionsnachfrage
IWF	Internationaler Währungsfonds
Jg.	Jahrgang
o. S.	ohne Seite
OECD	Organisation of Economic Co-operation and Development
r	Zins
S	reale Ersparnis

S.	Seite
SGP	Stability and Growth Pact
SVR	Sachverständigenrat zur Begutachtung der gesamtwirtschaftlichen Entwicklung
Vgl.	Vergleiche
WFA	Wirtschafts- und Finanzausschuss
Y	Realeinkommen

LÄNDERKÜRZEL

AT	Österreich
BE	Belgien
DE	Deutschland
DK	Dänemark
EL	Griechenland
ES	Spanien
FI	Finnland
FR	Frankreich
IE	Irland
IT	Italien
LU	Luxemburg
NL	Niederlande
PT	Portugal
SE	Schweden
UK	Großbritannien

CY	Zypern
CZ	Tschechische Republik
EE	Estland
HU	Ungarn
LT	Lettland
LV	Litauen
MT	Malta
PL	Polen
SI	Slowenien
SK	Slowakische Republik

v

ABBILDUNGSVERZEICHNIS

ABBILDUNGEN IM TEXTTEIL

ABBILDUNGEN IM ANHANG

TABELLENVERZEICHNIS

1. Einleitung

Der Start der dritten Stufe der EWU[1] am 1. Januar 1999 stellt mit der unwiderruflichen Einführung einer gemeinsamen europäischen Währung den vorläufigen Höhepunkt der europäischen Integrationsgeschichte dar und bildet somit gleichzeitig den Endpunkt eines Prozesses, der bereits vor drei Jahrzehnten mit der Vorlage des sogenannten „Werner-Plans" von 1970 begonnen hatte. Zentraler Bestandteil der währungspolitischen Integration ist der am 7. Februar 1992 in Maastricht unterzeichnete und am 1. November 1993 in Kraft getretene Maastrichter Vertrag, mit dem die dreistufige Schaffung einer EWU sowohl hinsichtlich ihres Zeitplans wie auch ihrer konzeptionellen Ausgestaltung völkerrechtlich verbindlich beschlossen wurde.[2]

Ein Kennzeichen der EWU ist das asymmetrische Verhältnis zwischen Geld- und Finanzpolitik. Die Zuständigkeit für die Geld- und Währungspolitik wurde der EZB übertragen, während die Finanzpolitik in der Verantwortung der Mitgliedstaaten verblieb. Dennoch kann die Finanzpolitik nicht vollständig autonom agieren. Einerseits wird sie durch den Maastrichter Vertrag koordiniert, andererseits unterliegt sie Restriktionen hinsichtlich der zulässigen Höhe der Nettokreditaufnahme und des Schuldenstandes. Von dieser Regelung versprachen sich die Vertragsväter eine konvergente wirtschaftliche Entwicklung in Europa und damit die Verbesserung der Voraussetzungen für Preisniveaustabilität, welche als eines der Ziele der EU im Maastrichter Vertrag verankert ist.[3]

Die fiskalpolitischen Vorgaben des EGV sind auch nach dem Beitritt zur EWU zu erfüllen und wurden durch den auf dem Amsterdamer Gipfel im Jahr 1997 verabschiedeten Stabilitäts- und Wachstumspakt präzisiert und konkretisiert, der mit Beginn der dritten Stufe der EWU in Kraft trat. Zusätzlich wurden durch ihn die Mitgliedstaaten verpflichtet, mittelfristig einen ausgeglichenen oder sich im Überschuss befindlichen Haushalt zu realisieren. Es wurde darauf hingewiesen, dass in der Vergemeinschaftung der Währungspolitik bei gleichzeitig in nationalstaatlicher Verantwor-

---

[1] Anstelle des exakten vertraglichen Begriffs „Europäische Wirtschafts- und Währungsunion" (EWU) wird in der Arbeit der Terminus EWU verwendet, da sich die Inhalte der Beschlüsse des Maastrichter Vertrags vor allem auf die Währungsgemeinschaft beziehen. Vgl. zu gleichem Vorgehen Ohr/Schmidt (2001): S. 426.
[2] Vgl. für einen ausführlicheren Überblick über die europäische Integrationsgeschichte Weidenfeld (2002): S. 10ff.

1

tung verbleibender Wirtschaftspolitik eine potenzielle Schwachstelle in der Konstruktion der EWU angelegt sei.[4] So wurden die fiskalpolitischen Regelungen in erster Linie deshalb im EGV verankert, da eine undisziplinierte Fiskalpolitik in einem Mitgliedstaat negative Auswirkungen auf die Volkswirtschaften der Partnerländer haben, die Durchführung der gemeinsamen Geldpolitik stören und die Stabilität der gemeinsamen Währung gefährden könnte.

Die fiskalpolitischen Vorgaben des Maastrichter Vertrags sind seit Beginn ihres Bestehens umstritten, wobei die am häufigsten vorgetragene Kritik lautet, dass es angesichts des Bedeutungsgewinns für die Fiskalpolitik in einer Währungsunion nicht sinnvoll sei, deren Bewegungsspielraum zusätzlich einzuschränken.[5] Zehn Jahre nach Inkrafttreten des Maastrichter Vertrags hat die Diskussion um den finanzpolitischen Rahmen der EWU an Intensität gewonnen, nachdem die Einleitung eines Sanktionsverfahrens wegen überhöhter Defizite gegen zwei Mitgliedsländer durch den Rat zunächst verhindert worden war und sich große Schwächen bei der Umsetzbarkeit des Stabilitäts- und Wachstumspakts offenbart hatten. In der öffentlichen Diskussion wird unter dem Eindruck derartiger Vorgänge in erster Linie die Wirksamkeit und Glaubwürdigkeit des Sanktionsverfahrens in Zweifel gezogen. Zuweilen besteht die Befürchtung, dass der Stabilitäts- und Wachstumspakt vor dem Aus stehe. Durch die ‚Aushebelung' des eingeleiteten Sanktionsverfahrens gegen Frankreich und Deutschland durch den Rat[6] Ende November 2003 besteht verstärkter Grund zu dieser Befürchtung. Zugleich findet die Diskussion, die von zahlreichen Reform- und Verbesserungsvorschlägen begleitet wird, zu einem Zeitpunkt statt, der zum einen dadurch geprägt ist, dass die EU vor der größten Erweiterungsrunde ihrer Geschichte steht, und zum anderen dadurch, dass die öffentlichen Finanzen fast aller europäischer Staaten angesichts der demographischen Entwicklung vor einer schicksalhaften Herausforderung stehen.

In der vorliegenden Arbeit soll diskutiert werden, inwiefern der Stabilitäts- und Wachstumspakt ein geeignetes Instrument zur Herstellung gesunder Staatsfinanzen in der EU ist. Dazu ist es notwendig, zunächst das institutionelle Rahmenwerk des Stabi-

---

[3] Vgl. hierzu Kapitel 3.3.
[4] Vgl. Hillenbrand (2002): S. 464.
[5] Vgl. hierzu ausführlich Kapitel 4.6.
[6] Sofern nicht anders vermerkt, bezeichnet „Rat" den Rat der Europäischen Union in seiner Zusammensetzung der Wirtschafts- und Finanzminister (ECOFIN).

litäts- und Wachstumspakts auf Grundlage des Maastrichter Vertrags darzustellen (Kapitel 2). Im dritten Kapitel werden die Argumente erläutert, die für die Implementierung dieses institutionellen Rahmenwerks und speziell des Stabilitäts- und Wachstumspakts in der EU sprechen. Dabei zeigt sich, dass eine Begrenzung der Kreditaufnahme unerlässlich ist, soll die Stabilität der gemeinsamen Währung auf Dauer Bestand haben. Dies gilt insbesondere im Hinblick auf die langfristige Tragfähigkeit der öffentlichen Finanzen sowie auf die bevorstehende EU-Erweiterung. Nachdem der Stabilitäts- und Wachstumspakt wirtschaftspolitisch begründet wurde, wird in Kapitel 4 untersucht, inwiefern die Vorgaben des Stabilitäts- und Wachstumspakts bislang umgesetzt worden sind und wie sich die Staatsfinanzen in der EU seit Bestehen des finanzpolitischen Handlungsrahmens der EU entwickelt haben. In einem Exkurs wird bezüglich der öffentlichen Finanzen der Beitrittsländer Stellung genommen. Ferner wird auch die langfristige Perspektive hinsichtlich der Tragfähigkeit der Finanzpolitik beleuchtet und untersucht, ob der Stabilitäts- und Wachstumspakt nicht doch ein ‚Zwangskorsett' für die Fiskalpolitik der europäischen Staaten darstellt. Das letzte Kapitel der Arbeit fasst die wichtigsten Ergebnisse zusammen und skizziert in einem Ausblick die wesentlichsten Reformansätze, die gegenwärtig die politische Debatte um den Stabilitäts- und Wachstumspakt beherrschen.

2. Institutionelle Rahmenbedingungen des Stabilitäts- und Wachstumspakts

2.1. Der Maastrichter Vertrag als Grundlage des Stabilitäts- und Wachstumspakts

Im EGV existieren drei für die Disziplinierung der Haushaltspolitik relevante Bestimmungen. Es handelt sich hierbei erstens um die Koordinierung der Finanzpolitik im Maastrichter Vertrag, zweitens um das Verbot eines finanziellen Beistands durch die EZB oder die Gemeinschaft und drittens um die Begrenzung der öffentlichen Kreditaufnahme bzw. um einen Grenzwert für die Schuldenstandsquote.

2.1.1. Die Koordinierung der Finanzpolitik im Maastrichter Vertrag

Die Finanzpolitik in der EWU bleibt in nationaler Verantwortung, soll aber europaweit in einem gewissen Gleichklang gestaltet werden, denn sie ist gemäß Art. 98 EGV so auszurichten, dass sie zur Verwirklichung der in Art. 2 enthaltenen grundlegenden Ziele der Gemeinschaft beiträgt, zu denen ein beständiges, nicht-inflationäres Wirtschaftswachstum, ein hoher Grad von Wettbewerbsfähigkeit und Konvergenz der Wirtschaftsleistungen, ein hohes Beschäftigungsniveau sowie ein hohes Maß an sozialer Sicherheit zu zählen sind. Darüber hinaus gehören solide öffentliche Finanzen ebenfalls zu den „richtungsweisenden Grundsätzen"[7] der Tätigkeiten der Mitgliedstaaten. Diese allgemeinen Ziele werden in Art. 99 Abs. 1 EGV konkretisiert, in dem es heißt: „die Mitgliedstaaten betrachten ihre Wirtschaftspolitik als eine Angelegenheit von gemeinsamen Interesse und koordinieren sie im Rat." Auf der Grundlage dieses Prinzips der wirtschaftspolitischen Koordinierung entwirft der Rat die „Grundzüge der Wirtschaftspolitik."[8] In ihnen einigen sich die Mitgliedstaaten auf gemeinsame wirtschaftspolitische Leitlinien für die Gemeinschaft als Ganzes, aber auch auf länderspezifische Empfehlungen hinsichtlich wirtschaftspolitischer Maßnahmen und Reformschritte auf Länderebene.[9] Die Mitgliedstaaten müssen Konvergenzprogramme erstellen, die auf mehrere Jahre ausgerichtet sind und sich an den Grundzügen zu orientieren haben, deren Umsetzung anhand eines multilateralen Verfahrens durch den Rat unter

---

[7] Art. 4 Abs. 3 EGV.
[8] Vgl. Art. 99 Abs. 1 und 2 EGV.
[9] Vgl. BMF (2003c): S. 36f. Zu den Grundzügen der Wirtschaftspolitik 2003 gehört beispielsweise die Reformierung der Arbeitsmärkte und der Renten- und Gesundheitssysteme. Vgl. ebenda.

4

Berücksichtigung von Kommissionsberichten überwacht wird.[10] Wenn die Wirtschaftspolitik der Mitgliedstaaten mit den Grundzügen der Wirtschaftspolitik nicht vereinbar ist oder das ordnungsgemäße Funktionieren der Wirtschafts- und Währungsunion gefährdet, kann der Rat gegebenenfalls Empfehlungen aussprechen und diese eventuell veröffentlichen.[11]

2.1.2. Gewährleistung der Haushaltsdisziplin durch Verbot eines finanziellen Beistands

Ein weiteres Instrument zur Förderung einer stabilitätsorientierten Finanzpolitik ist Art. 103 EGV, die sog. „no-bail-out-Klausel"[12], die die Solidarhaftung einzelner Mitgliedstaaten oder der Gemeinschaft für die eingegangenen Verbindlichkeiten anderer Mitgliedstaaten ausschließt.[13] Die Klausel soll der Unterstützung der Kapitalmärkte als Disziplinierungsinstrument dienen.[14] In dieselbe Richtung zielt auch das Verbot der direkten Alimentierung öffentlicher Haushaltsdefizite durch die EZB gemäß Art. 101 EGV sowie jedweder Form eines bevorrechtigten Zugangs staatlicher Stellen und der Organe und Einrichtungen der Gemeinschaft zu Finanzinstituten gemäß Art. 102 EGV. Das Verbot der Monetisierung der Staatsausgaben besitzt noch eine zweite Funktion, nämlich die Beseitigung einer der wichtigsten Ursachen für Inflation.[15] Gleichzeitig kann eine drohende Solvenzkrise nicht mehr durch ‚Anwerfen der Notenpresse' abgewendet werden, da in der EWU kein Mitgliedstaat mehr über das Notenemissionsmonopol verfügt.[16]

Mit diesen Bestimmungen sieht sich der öffentliche Sektor in Europa „härteren Budgetrestriktionen" gegenüber, da die Harmonierungsvorschriften bei indirekten Steuern (Art. 93 EGV), der intensivere Steuerwettbewerb bei direkten Steuern sowie die Einschränkungen bei staatlichen Beihilfen (Art. 87ff. EGV) weitere Einschränkungen des Gestaltungsspielraums der autonomen Finanzpolitik darstellen.[17] Außerdem ist

---

[10] Vgl. Art. 99 Art. 2 und 3 EGV.
[11] Vgl. Art. 99 Abs. 4 EG sowie Deutsche Bundesbank (1994): S. 28.
[12] „to bail s.o. out" (engl.): „jemandem aus der Klemme helfen." Vgl. LEO (2003).
[13] Vgl. Art. 103 EGV.
[14] Vgl. Gandenberger (1992): S. 8.
[15] Vgl. hierzu Kapitel 3.3.
[16] Vgl. Lesch (1993): S. 17.
[17] Vgl. BMF (2002a): S. 72.

er gezwungen, sich an den Kredit- und Kapitalmärkten zu den dort herrschenden Marktkonditionen zu verschulden. Staatliche Schuldtitel bergen so bei zunehmender Verschuldung ein steigendes Insolvenzrisiko in sich, sie sind nicht mehr uneingeschränkt risikolos, wie sie es unter Umständen noch vor Beitritt zur EWU gewesen sind. Kapitalanbieter sollen dadurch gezwungen werden, zwischen soliden und unsoliden öffentlichen Schuldnern zu unterscheiden und deren Bonität mit differenzierten Zinskonditionen zu bepreisen.[18] Geht man davon aus, dass ein Staat als Schuldner genauso behandelt wird wie ein privates Wirtschaftssubjekt, so wird er bei unsolidem Finanzgebaren einen Risikoaufschlag im Zins bezahlen müssen. Da sich dadurch die Kapitalaufnahme verteuert, geht seine Nachfrage nach diesem Gut zurück, er verschuldet sich in geringerem Umfang bzw. versucht von vornherein, eine übermäßige Schuldenaufnahme zu vermeiden.[19]

2.1.3. Begrenzung öffentlicher Nettokreditaufnahme und Grenzwert für die Schuldenstandsquote

Zu dem Ziel „einer auf Dauer tragbaren Finanzlage der öffentlichen Hand" (Art. 121 Abs. 1) werden die Mitgliedstaaten vor allem durch Art. 104 Abs. 1 EGV verpflichtet. Darin heißt es: „Die Mitgliedstaaten vermeiden übermäßige öffentliche Defizite."[20] Gemäß dem EGV beigefügten „Protokoll über das Verfahren bei einem öffentlichen Defizit" liegt ein übermäßiges Defizit dann vor, wenn das Verhältnis zwischen dem geplanten oder tatsächlichen öffentlichen Defizit und dem BIP zu Marktpreisen den Referenzwert von 3% überschreitet. Zusätzlich darf das Verhältnis zwischen dem öffentlichen Schuldenstand und dem BIP zu Marktpreisen den Referenzwert von 60% nicht überschreiten.[21] Diese beiden Kriterien werden auch als fiskalpolitische Konver-

---

[18] Vgl. Lesch (1993): S. 15f.
[19] Vgl. Schröder (1999a): S. 413 und in der einprägsamen Formulierung des Beirats beim BMW (1989): S. 22: „Dass man Zinsen bezahlen und Schulden tilgen muss mit Geld, dass man nicht selbst herstellen kann, ist das entscheidende Moment der Disziplinierung; es schafft einen informellen Konvergenzzwang zu solidem Finanzgebaren."
[20] Das Protokoll über das Verfahren bei einem übermäßigen Defizit Art. 2 definiert die Begriffe „öffentlich" und „Defizit" näher. Laut diesem Protokoll bedeutet: „'öffentlich' zum Staat, d.h. zum Zentralstaat (Zentralregierung), zu regionalen oder lokalen Gebietskörperschaften oder Sozialversicherungseinrichtungen gehörig, mit Ausnahme von kommerziellen Transaktionen, im Sinne des Europäischen Systems volkswirtschaftlicher Gesamtrechnungen." Ferner bedeutet: „'Defizit' das Finanzierungsdefizit im Sinne des Europäischen Systems volkswirtschaftlicher Gesamtrechnungen."
[21] Vgl. Protokoll über das Verfahren bei einem übermäßigen Defizit. Soweit nicht anders vermerkt, sind in der vorliegenden Arbeit sämtliche Prozentangaben als Relation zum BIP zu verstehen.

genzkriterien bezeichnet, da von ihrer Erfüllung die Teilnahme an der dritten Stufe der EWU abhängig gemacht worden war.[22] Erfüllt ein Mitgliedstaat keines oder nur eines dieser Kriterien, so wird gegen dieses Land nach Art 104 Abs. 3 ein mehrstufiges Verfahren eingeleitet, in dem Sanktionen bis hin zu Geldbußen verhängt werden können.

Dieses Verfahren ist in vielfacher Hinsicht kritisiert worden. Zum einen, weil es durch „Kann-Bestimmungen"[23] eine Vielzahl von unbestimmten Rechtsbegriffen aufweist.[24] Zum anderen, weil nicht ausreichend präzise formulierte Ausnahmetatbestände vorgesehen sind, bei deren Vorliegen ein Defizit nicht als übermäßig gilt, auch wenn das Haushaltsdefizit jenseits der 3%-Marke liegt.[25] Darüber hinaus wurde bemängelt, dass der Vertragstext des Art. 104 EGV keinerlei zeitliche Vorgaben enthält, die dem Verfahrensablauf einen angemessenen Zeitrahmen gegeben hätten. Vor allem wurde das Verfahren jedoch deshalb kritisiert, weil dem Rat in wichtigen Verfahrensabschnitten diskretionäre Entscheidungsvorbehalte zugestanden wurden.[26] Von einer strikten Sanktionierung bei Verletzung der Konvergenzkriterien konnte somit nicht ausgegangen werden,[27] so dass sich der damalige deutsche Bundesfinanzminister Theo Waigel dazu veranlasst sah, einen „Stabilitätspakt für Europa"[28] vorzuschlagen. Dieser

---

[22] Vgl. Art Abs. 1 EGV. Neben den finanzpolitischen Konvergenzkriterien gab es drei monetäre Konvergenzkriterien als Beurteilungsmaßstab für die Befähigung zur Teilnahme an der EWU, die in dem Protokoll über die Konvergenzkriterien nach Artikel 121 (ex-Artikel 109j) des Vertrags zur Gründung der Europäischen Gemeinschaft festgelegt wurden. Diese drei Kriterien bestanden in der Erreichung eines hohen Grades an Preisstabilität, der Einhaltung der normalen Bandbreiten des Wechselkursmechanismus des EWS seit mindestens zwei Jahren ohne Abwertung gegenüber der Währung eines anderen Mitgliedstaates und in der Konvergenz der Zinssätze. Zu einer ausführlichen Darstellung hierzu sei der interessierte Leser verwiesen auf Bünning (1997).

[23] Vgl. SVR (1995): Ziffer 448.

[24] An dieser Stelle wird auf eine detailliertere Beschreibung der Bestimmungen zum Sanktionsverfahren des EGV ausdrücklich verzichtet, da es durch den Stabilitäts- und Wachstumspakt präzisiert worden ist. Vgl. hierzu auch: Kapitel 2.2.2.

[25] Vgl. Art. 104 Abs. 2a EGV erster und zweiter Spiegelstrich, nach denen ein Ausnahmetatbestand dann vorliegt, wenn „entweder das Verhältnis erheblich und laufend zurückgegangen ist und einen Wert in der Nähe des Referenzwerts erreicht hat oder der Referenzwert nur ausnahmsweise und vorübergehend überschritten wird und das Verhältnis in der Nähe des Referenzwerts bleibt." Ebenda. Ein Gesamtschuldenstand von mehr als 60% gilt nach Art. 104 Abs. 2b EGV nicht als Verletzung des Referenzwertes, wenn das Verhältnis des öffentlichen Schuldenstandes zum Bruttoinlandsprodukt „hinreichend rückläufig ist und sich rasch genug dem Referenzwert nähert."

[26] Beispielsweise wird allein die Tatsache, ob ein Finanzierungsdefizit von über 3% des BIP ein übermäßiges Defizit ist, nach Art. 104 Abs. 6 EGV im Rat zur Abstimmung gestellt.

[27] Vgl. Hahn (1997): S. 9.

[28] Vgl. hierzu und im Folgenden: BMF (1995). S. 6-9. Darin heißt es auf Seite 8: „Die Stabilität der Europäischen Wirtschafts- und Währungsunion ist gegen finanzpolitisches Fehlverhalten einzelner zu sichern. Dazu müssen die Beitrittskriterien und die institutionellen Sicherungen des Vertrags präzisiert und für die praktische Anwendung operationalisiert werden. Die Teilnehmer an der 3. Stufe schließen einen ‚Stabilitätspakt für Europa'. Mit dieser Selbstbindung wird für die Märkte und Bürger ein zusätzliches klares Bekenntnis zur finanzpolitischen Solidität abgegeben."

sollte das Überwachungs- und Sanktionsverfahrens nach Art. 99 EGV bzw. 104 EGV ausbauen, präzisieren und beschleunigen, insbesondere durch automatisches Einsetzen des Verfahrens. Damit sollte auch in der dritten Stufe der EWU finanzpolitische Disziplin gewährleistet werden. Zusätzlich sah der Vorschlag eine Selbstverpflichtung der Mitgliedstaaten vor, das Haushaltsdefizit in wirtschaftlichen Normallagen nicht über 1% ansteigen zu lassen.

2.2. Die Funktionen und Ziele des Stabilitäts- und Wachstumspakts

Auf der Tagung der Staats- und Regierungschefs am 17. Juni 1997 in Amsterdam verabschiedete der Europäische Rat die „Entschließung des Europäischen Rates vom 17. Juni 1997 über den Stabilitäts- und Wachstumspakt". Basierend auf Art. 99 Abs. 5 EGV wurde die „Verordnung (EG) 1466/97 des Rates vom 7. Juli über den Ausbau der haushaltspolitischen Überwachung und der Überwachung und Koordinierung der Wirtschaftspolitiken" zeitgleich mit der auf Art. 104 Abs. 14 EGV basierenden „Verordnung (EG) Nr. 1467/97 des Rates vom 7. Juli 1997 über die Beschleunigung und Klärung des Verfahrens bei einem übermäßigen Defizit" beschlossen. Gestützt auf diese dreiteilige Rechtsgrundlage trat der Stabilitäts- und Wachstumspakt am 1. Januar 1999 in Kraft. Jeder der drei Rechtsgrundlagen des Stabilitäts- und Wachstumspakts lässt sich eine spezifische Zielsetzung zuordnen, die im Folgenden dargestellt werden sollen.

2.2.1. Ausbau der haushaltspolitischen Überwachung und Koordinierung der Wirtschaftspolitiken

Die Verordnung (EG) 1466/97 ergänzt die multilaterale Überwachung des Art. 99 EGV durch ein Frühwarnsystem[29] und dient der präventiven Verhinderung einer Entstehung übermäßiger Defizite.[30] Wesentliches Element dieses Frühwarnsystems ist die Erstellung jährlich zu aktualisierender Stabilitätsprogramme (vor EWU-Beitritt: Konvergenzprogramme) durch die teilnehmenden Mitgliedstaaten, die auf Jahresbasis zu erstellen sind und sich neben dem laufenden Jahr und dem Vorjahr auf mindestens drei

---

[29] Vgl. Verordnung (EG) Nr. 1466/97 Ziffer 5.
[30] Vgl. Kröger (2002): S. 199.

folgende Jahre beziehen müssen.[31] Die Stabilitätsprogramme stellen die mittelfristige Finanzplanung der einzelnen Mitgliedsstaaten sowie die Arbeitsgrundlage für die Überwachung der Einhaltung der Fiskalkriterien dar.[32] Sie enthalten folgenden Inhalt:[33] Erstens muss in ihnen dargelegt werden, wie das „mittelfristige Ziel für einen nahezu ausgeglichenen Haushalt oder einen Überschuss sowie den Anpassungspfad in Richtung auf dieses Ziel für den Saldo des öffentlichen Haushalts und die voraussichtliche Entwicklung der öffentlichen Schuldenquote" erreicht werden soll.[34] Um diesem Ziel gerecht werden zu können, müssen die Länder bei der Festlegung ihrer Budgetposition ausreichende Sicherheitsmargen zu der 3%-Marke einrichten.[35] Im Jahre 2001 wurde die Zeitspanne „mittelfristig" auf die Dauer eines Konjunkturzyklus festgelegt.[36] Zweitens müssen die Stabilitätsprogramme die Hauptannahmen über die künftige wirtschaftliche Entwicklung und über wichtige ökonomische Variablen beinhalten, die für die Umsetzung des Stabilitätsprogramms von Bedeutung sind, wie Ausgaben für öffentliche Investitionen, reales Wachstum des BIP, Beschäftigung und Inflation. Drittens müssen die haushaltspolitischen und sonstigen wirtschaftspolitischen Maßnahmen dargestellt werden, die zur Erreichung der Programmziele geplant sind sowie eine Bewertung der quantitativen Haushaltswirkung der wichtigsten haushaltspolitischen Maßnahmen. Viertens sind Sensitivitätsanalysen zu erstellen, die untersuchen, inwiefern sich Änderungen bei den wichtigsten ökonomischen Annahmen auf die Haushalts- und Verschuldenslage auswirken.

Nach Vorlage der Stabilitätsprogramme prüft der Rat auf Vorschlag der EU-Kommission und des WFA innerhalb von zwei Monaten, ob das mittelfristige Haushaltsziel einen ausreichend großen Sicherheitsabstand gegenüber der 3%-Marke enthält. Der Rat prüft auch, ob die den Programmen zugrundeliegenden ökonomischen Annahmen realistisch sind und ob die wirtschaftspolitische Ausrichtung mit den

---

[31] Vgl. Verordnung (EG) Nr. 1466/97 Artikel 4 Abs. 1. Diejenigen Mitgliedstaaten, die die einheitliche Währung nicht eingeführt haben („nicht teilnehmende Mitgliedstaaten") werden mit dieser Verordnung dazu verpflichtet, sog. „Konvergenzprogramme" vorzulegen, die in Form und Inhalt den Stabilitätsprogrammen entsprechen. Vgl. Verordnung (EG) Nr. 1466/97 Abschnitt 3 „Konvergenzprogramme".
[32] Vgl. Verordnung (EG) 1466/97 Abs. 2 sowie Sell (2003): S. 8.
[33] Vgl. zu den Inhalten: Verordnung (EG) 1466/97 Art. 3 Abs. 2. Darüber hinaus wurden Form und Inhalt der Programme durch einen vom Rat am 10. Juli 2001 gebilligten Verhaltenskodex ("Code of Conduct") spezifiziert. Vgl. hierzu ausführlich: EU-Kommission (2002a): S. 237ff.
[34] Verordnung (EG) 1466/97 Art. 3 Abs. 2a.
[35] Vgl. Fischer/Giudice (2001): S. 161.
[36] Vgl. EU-Kommission (2000a): S. 239.

Grundzügen der Wirtschaftspolitik zu vereinbaren ist.[37] Sollten die Programme den Anforderungen nicht entsprechen, kann der Rat eine Empfehlung an das betreffende Land richten, die Ziele anspruchsvoller zu formulieren.[38] Ergeben sich bei der Umsetzung der Programme tatsächliche oder zu erwartende erhebliche Abweichungen von dem dargelegten Haushaltsziel, so richtet der Rat „als frühzeitige Warnung vor dem Entstehen eines übermäßigen Defizits (...) eine Empfehlung an den Mitgliedstaat, die notwendigen Anpassungsmaßnahmen zu ergreifen."[39] Diese Empfehlung kann gegebenenfalls veröffentlicht werden, sollte der Rat der Auffassung sein, dass sich die Haushaltslage in dem betreffenden Mitgliedstaat weiter verschlimmert.[40]

2.2.2. Beschleunigung und Klärung des Verfahrens bei einem übermäßigen Defizit

Die Verordnung (EG) Nr. 1467/97 hat zum Ziel, „das nach Artikel (...) [104] des Vertrags vorgesehene Verfahren bei einem übermäßigen Defizit (...) [zu beschleunigen und zu klären], damit übermäßige staatliche Defizite vermieden werden und, sollten sie dennoch eintreten, umgehend korrigiert werden können."[41] Durch die Straffung des Sanktionsverfahrens und konkrete Benennung von Sanktionen nimmt diese Verordnung den Charakter der ‚Abschreckung' an. In Verbund mit dieser Verordnung ergibt sich somit für den Stabilitäts- und Wachstumspakt ein zweistufiges finanzpolitisches Konzept aus Prävention und Abschreckung.[42]

Die Verordnung (EG) 1467/97 kommt demnach zur Anwendung, wenn bereits in den Stabilitätsprogrammen ein Defizit von über 3% veranschlagt wird oder wenn ein übermäßiges Defizit aufgetreten ist. Eine Verletzung des Schuldenstandkriteriums wird durch den Stabilitäts- und Wachstumspakt nicht mehr geahndet.[43] Die EU-Kommission ist dazu verpflichtet, einen Bericht zu erstellen, sollte ein übermäßiges Defizit aufgetreten sein. Sie kann fakultativ einen Bericht erstellen, sollte in den Sta-

---

[37] Vgl. Verordnung (EG) Nr. 1466/97 Art. 5 Abs. 1. Siehe hierzu auch Fischer/Giudice (2001): S. 161; Cabral (2001): S. 140.
[38] Vgl. Verordnung (EG) Nr. 1466/97 Art. 5 Abs. 2.
[39] Vgl. Verordnung (EG) Nr. 1466/9 Art. 6 Abs. 2. Diese Frühwarnung ist auch als „blauer Brief" bekannt geworden. Vgl. FAZ-NET (2003).
[40] Vgl. Verordnung (EG) Nr. 1466/97 Art. 6 Abs. 3.
[41] Verordnung (EG) Nr. 1467/97 Ziffer 1.
[42] Vgl. Callies (1997): S. 155.
[43] Vgl. Cabral (1999): S. 26.

bilitätsprogrammen ein übermäßiges Defizit geplant sein.[44] Dieser Bericht löst das Sanktionsverfahren aus.[45] In diesem Bericht wird berücksichtigt, ob das öffentliche Defizit die öffentlichen Ausgaben für Investitionen übertrifft. Nach Artikel 104 Abs. 3 EGV werden ferner alle „sonstigen einschlägigen Faktoren, einschließlich der mittelfristigen Wirtschafts- und Haushaltslage des Mitgliedstaates" berücksichtigt. Auf Grundlage dieses Kommissionsberichts und einer nach spätestens zwei Wochen erfolgten Stellungnahme des WFA[46] entscheidet der Rat „mit qualifizierter Mehrheit und unter Berücksichtigung der Bemerkungen, die der betreffende Mitgliedstaat gegebenenfalls abzugeben wünscht, nach Prüfung der Gesamtlage, ob ein übermäßiges Defizit besteht."[47] Diese Entscheidung muss innerhalb von drei Monaten, nachdem die Mitgliedstaaten ihre Haushaltsdaten an die EU-Kommission übermittelt haben, getroffen werden. Stellt der Rat ein übermäßiges Defizit fest, so richtet er eine Empfehlung an den betreffenden Staat, das übermäßige Defizit innerhalb von vier Monaten zu korrigieren.[48] Diese Empfehlung kann veröffentlicht werden, sollte der Rat feststellen, dass seine Empfehlungen bei dem Adressaten keine Wirkung zeigen.[49] Werden weiterhin keine wirksamen Maßnahmen getroffen, so verliert das betreffende Land wegen Verletzung seiner haushaltspolitischen Verpflichtungen einen Teil seiner Souveränität in der Etat- und Finanzpolitik. Denn der Rat setzt den betreffenden Mitgliedstaat mit der Maßgabe in Verzug, binnen Monatsfrist Maßnahmen für den nach Auffassung des Rates zur Sanierung erforderlichen Defizitabbau zu ergreifen. Kommt ein Mitgliedstaat auch der Inverzugsetzung nicht nach, beschließt der Rat innerhalb von zwei Monaten die Verhängung von Sanktionen.[50]

Die Sanktionen gegen das betreffende Land bestehen in der Regel aus einer unverzinslichen Einlage, die bei der Kommission hinterlegt wird.[51] Deren Höhe setzt sich

---

[44] Vgl. Stark (2001): S. 82.
[45] Vgl. Europäischer Rat (1997): Abschn. „Die Kommission" Abs. 3ff. Vgl. zur schematischen Darstellung des Sanktionsverfahrens Abbildung A5 im Anhang.
[46] Der WFA ist ein mit hochrangigen Beamten aus den Mitgliedstaaten, der EU-Kommission und der EZB besetztes Beratungsgremium. Zu seinen Aufgaben gehören die Beobachtung der Wirtschafts- und Finanzlage sowie die Berichterstattung an Rat und Kommission. Vgl. Weidenfeld/Wessels (2002): S. 426.
[47] Art. 104 EGV Abs. 6.
[48] Vgl. Verordnung (EG) 1467/97 Art. 3 Abs. 3f.
[49] Vgl. Art. 104 Abs. 8 EGV.
[50] Vgl. Verordnung (EG) 1467/97 Art. 5 und 6.
[51] Vgl. Europäischer Rat (1997) Abschnitt „Der Rat" Art. 4; Verordnung (EG) 1467/97 Art. 11. Gemäß Art. 104 Abs. 11 EGV können die Sanktionen auch darin bestehen, dass der betreffende Mitglied-

aus zwei Komponenten zusammen: einer festen Komponente in Höhe von 0,2% des BIP und einer variablen Komponente in Höhe von 10% des Betrags, um den das übermäßige Defizit den Referenzwert von 3% übersteigt. Die Höhe des Bußgeldes darf die Maximalgrenze von 0,5% des BIP jedoch nicht überschreiten.[52] Die Einlage wird vom Rat in der Regel in eine Geldbuße umgewandelt, wenn das übermäßige Defizit zwei Jahre nach dem Beschluss, eine Einlage zu verlangen, nicht korrigiert wurde.[53] Die Einlagen werden zurückgezahlt, wenn kein übermäßiges Defizit mehr besteht, die Geldbuße hingegen wird unter den Mitgliedsstaaten, die kein übermäßiges Defizit haben, proportional zu ihrem Anteil am BSP der EU aufgeteilt.[54] Bei Rückzahlung der Einlage entstehen für den betreffenden Mitgliedstaat lediglich Kosten in Höhe des entgangenen Zinsgewinns bei einer Anlage.[55]

Abbildung 1: Höhe der Geldbuße in Abhängigkeit der Höhe der Defizitquote

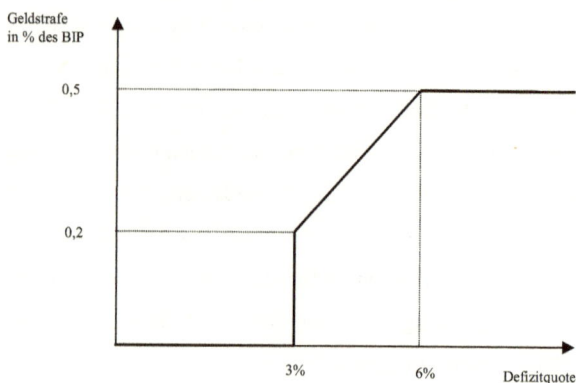

Quelle: Cabral (2001): S. 150.

Der Rat kann zu jedem Zeitpunkt das Verfahren ruhen lassen, falls der betreffende Mitgliedstaat gemäß der Empfehlung oder Inverzugsetzung geeignete Maßnahmen zur Beseitigung des Defizits beschlossen hat.[56] Das Sanktionsverfahren endet damit, dass der Rat feststellt, dass in dem betreffenden Mitgliedstaat kein übermäßiges

---

staat vor Emission von Schuldverschreibungen oder sonstigen Wertpapieren vom Rat näher zu bezeichnende zusätzliche Angaben zu veröffentlichen hat. Der Rat kann auch die Europäische Investitionsbank ersuchen, ihre Darlehenspolitik gegenüber dem Mitgliedstaat zu überprüfen.
[52] Vgl. Verordnung (EG) 1467/97 Art. 12. Vgl. hierzu auch Abbildung 1.
[53] Vgl. Verordnung (EG) 1467/97 Art. 13.
[54] Vgl. EZB (1999): S. 59.
[55] Vgl. Cabral (1999): S. 32.

Defizit mehr besteht.[57] Die zeitlichen Vorgaben der Verordnung sorgen dafür, dass der Zeitraum zwischen Feststellung des Meldetermins eines übermäßigen Defizits und der Verhängung von Sanktionen nicht mehr als 10 Monate beträgt.[58] Ohne die Präzisierung des Art. 104 EGV durch den SWP wäre mit einer Dauer des Sanktionsverfahrens von drei bis vier Jahren zu rechnen gewesen.[59]

VO (EG) 1467/97 konkretisiert die Ausnahmetatbestände des Art. 104 EGV, unter denen ein Defizit von über 3% des BIP nicht als übermäßig zu werten gilt. Demnach gilt der Referenzwert nur noch dann als „ausnahmsweise" und „vorübergehend" überschritten, wenn dies auf

> „ein außergewöhnliches Ereignis, das sich der Kontrolle des betreffenden Mitgliedstaates entzieht und die staatliche Finanzlage erheblich beeinträchtigt, oder auf einen schwerwiegenden Wirtschaftsabschwung zurückzuführen ist. Darüber hinaus gilt der Referenzwert dann als vorübergehend überschritten, wenn die Haushaltsvorausschätzungen der Kommission darauf hindeuten, dass das Defizit unter den Referenzwert sinken wird, wenn das außergewöhnliche Ereignis nicht mehr vorliegt oder der schwerwiegende Wirtschaftsabschwung beendet ist."[60]

Unter einem schweren Wirtschaftsabschwung versteht die Kommission den Rückgang des realen BIP innerhalb eines Jahres von wenigstens 2%.[61] Geht das reale BIP innerhalb eines Jahres um weniger als 2% zurück, so prüft der Rat auf Initiative des betreffenden Mitgliedstaates, ob der Rückgang aufgrund eines „jähen Abschwungs"[62] oder eines „gegenüber den vorangegangenen Trends insgesamt sehr starken Rückgangs der Produktion"[63] gleichwohl außergewöhnlich und damit nicht sanktionswürdig ist. Dabei haben sich die Mitgliedstaaten verpflichtet, sich auf diesen Ausnahmetatbestand nur dann zu berufen, wenn sie einen Rückgang des realen BIP um mindestens 0,75% auf Jahresbasis zu verzeichnen haben.[64] Beträgt der Rückgang des realen BIP zwischen 0,75% und 2% des BIP pro Jahr, entscheidet der Rat, ob ein übermäßiges Defizit vorliegt.[65] Im Gegensatz hierzu liefert der Stabilitäts- und Wachstumspakt keine präzise

---

[56] Vgl. Art. 104 Abs. 12 EGV.
[57] Nach der Feststellung eines übermäßigen Defizits erfolgen die Beschlüsse des Rates während des Verfahrens mit einer 2/3-Mehrheit. Der betreffende Staat besitzt kein Stimmrecht. Vgl. Art. 104 Abs. 13 EGV.
[58] Vgl. BMF (2003): S. 37.
[59] Vgl. Sarrazin (1998): S. 288.
[60] Verordnung (EG) 1467/97 Art. 2 Abs. 1.
[61] Vgl. Verordnung (EG) 1467/97 Art. 2 Abs. 2.
[62] Vgl. Verordnung (EG) 1467/97 Art. 2 Abs. 3.
[63] Vgl. ebenda.
[64] Vgl. Europäischer Rat (1997): Abschnitt „Die Mitgliedstaaten" Ziffer 7.
[65] Vgl. Arestis et al. (2001): S. 117.

Definition zu dem Ausnahmetatbestand „in der Nähe des Referenzwertes"[66] in der ursprünglichen Formulierung des Maastrichter Vertrags.[67]

2.2.3. Ziel eines ausgeglichenen oder sich im Überschuss befindlichen Haushalts – das Konzept der „automatischen Stabilisatoren"

Die bereits diskutierten Verordnungen des Stabilitäts- und Wachstumspakts basieren auf bereits vorhandenen Bestimmungen des Maastrichter Vertrags und ergänzen, konkretisieren oder präzisieren sie. Mit der in der Ratsentschließung enthaltenen Verpflichtung der Mitgliedstaaten zu einem mittelfristig nahezu ausgeglichenen oder einen Überschuss aufweisenden Haushalt hat der finanzpolitische Rahmen der EU ein neues Element erhalten. Der Haushaltsausgleich soll dafür sorgen, die normalen Konjunkturschwankungen zu bewältigen und dabei das öffentliche Defizit im Rahmen des Referenzwerts von 3% des BIP zu halten.[68] Dies entspricht dem Konzept der „automatischen Stabilisatoren", das im Folgenden näher erläutert werden soll.[69]

Moderne kapitalistische Volkswirtschaften stellen ein Mischsystem dar, in dem Kräfte des öffentlichen und des privaten Sektors zusammenwirken. Der Staat hat dabei die Funktion, in gesamtwirtschaftliche Abläufe steuernd und koordinierend einzugreifen, weil der Markt nicht in der Lage ist, alle ökonomischen Aufgaben adäquat zu erfüllen.[70] Nach Musgrave lässt sich die Funktion in die Allokations-, die Distributions- sowie die Stabilisierungsfunktion untergliedern.[71] Das Konzept der automatischen Stabilisatoren fällt unter die Stabilisierungsfunktion, daher bleiben bei den folgenden Ausführungen, die Allokations- bzw. Distributionsfunktion außen vor.[72] Die Stabilisie-

---

[66] Siehe hierzu auch Fußnote 25.
[67] Vgl. Cabral (2001): S. 147.
[68] Vgl. Europäischer Rat (1997): Ziffer 1.
[69] Vgl. EZB (2002): S. 36; EZB (2001): S. 57.
[70] Vgl. Felderer/Homburg (2003): S. 156.
[71] Vgl. Musgrave (1987): S. 6ff.
[72] Zwei wichtige allokationspolitische Ziele lassen sich für den Staat definieren: Zum einen die Sicherung der Funktionsfähigkeit des Wettbewerbs sowie zum anderen die Bereitstellung ‚öffentlicher Güter', also Güter, die der Markt nur unvollkommen oder gar nicht zur Verfügung stellen kann. Vgl. Zimmermann/Henke (1994): S. 4. Nimmt der Staat seine Distributionsfunktion wahr, so beeinflusst er die Verteilung von Einkommen auf Personen, Personengruppen oder Produktionsfaktoren. Vgl. Felderer/Homburg (2003): S. 157.

rungsfunktion übernimmt der Staat, sofern wirtschaftliche Stabilität[73] nicht von alleine gegeben ist. Die öffentliche Finanzpolitik trägt durch die Handhabung des Budgets, also durch die Festlegung von Höhe und Art der Einnahmen und Ausgaben, zur Verwirklichung dieser Funktion bei.[74] Die Stabilisierung kann sowohl durch antizyklische Fiskalpolitik, als auch durch automatische Stabilisatoren, die in den Staatshaushalt eingebaut sind, erfolgen.[75] Heute wird allgemein anerkannt, dass sich die Rolle der Finanzpolitik auf die letztgenannte Möglichkeit beschränken sollte,[76] sie allein steht daher im Mittelpunkt der nachstehenden Betrachtungen.

Im Konjunkturabschwung kommt es typischerweise aus zwei Gründen dazu, dass die Ausgaben des Staates die Einnahmen übersteigen und Budgetdefizite entstehen. Einerseits nehmen in der Rezession die Transferzahlungen des Staates an private Haushalte, insbesondere die Arbeitslosenunterstützung, zu. Andererseits nehmen gleichzeitig die Steuereinnahmen, die an Einkommen gekoppelt sind, ab. Für den Aufschwung gilt dasselbe mit umgekehrten Vorzeichen. Würde der Staat im Konjunkturabschwung die Entstehung von Haushaltsdefiziten zu vermeiden versuchen, indem er die Abgaben erhöht oder die Ausgaben senkt, so hätte dies zur Folge, dass er eine prozyklische Parallelpolitik betriebe, die die Konjunkturkrise noch verschärfte. Das passive Hinnehmen der konjunkturbedingten Defizite[77] bietet den Vorteil, dass die automa-

---

[73] Nach allgemeiner Auffassung kann unter wirtschaftlicher Stabilität ein angemessener Grad von Preisniveaustabilität, hoher Beschäftigungsstand, außenwirtschaftliches Gleichgewicht sowie stetiges und angemessenes Wirtschaftswachstum verstanden werden. Vgl. Felderer/Homburg (2003): S. 157

[74] Vgl. Felderer/Homburg (2003): S. 158. Wendet sich die Finanzpolitik dem Stabilisierungsziel zu, spricht man auch von Fiskalpolitik.

[75] Vgl. EZB (2002): S. 36.

[76] Erstere Variante wurde von Verfechtern des Keynesianismus in den 60er und 70er Jahren praktiziert. Die Finanzpolitik sollte mit kurzfristigen Maßnahmen in rezessiven Konjunkturphasen die Nachfrageseite der Wirtschaft anregen und so zu ihrer Stabilisierung beitragen. Staatliche kreditfinanzierte Konjunkturprogramme sollten zu einem höheren Beschäftigungsniveau führen. Die Tilgung der Kreditschuld sollte dann erfolgen, wenn sich die Wirtschaft in der Aufschwungphase befindet, so dass über den Konjunkturzyklus hinweg der Staatshaushalt ausgeglichen bliebe. Vgl. Frey/Kirchgässner (1994): S. 304f.; Wagner (2001): S. 77ff. Die fiskalpolitische Expansion konnte den Anstieg der Arbeitslosigkeit aber allenfalls kurzfristig verhindern und resultierte letztlich in hohen strukturellen Defiziten und dem Anstieg der Staatsverschuldung. Die neoklassische Wirtschaftstheorie, unterstützt von politökonomischen Ansätzen, stellte die Fähigkeit der Geld- und Fiskalpolitik zur makroökonomischen Feinsteuerung daher in Abrede, und heute herrscht Konsens, dass auch die Fiskalpolitik regelgebunden sein müsse und im Zentrum ihrer Bemühungen die Haushaltskonsolidierung stehen und der Staat auf diesem Wege zur Verbesserung der angebotspolitischen Rahmenbedingungen beitragen solle. Vgl. BMF (2003c): S. 35; BMF (2002a): S. 72; Schlesinger et al. (1993): S. 68-80 sowie Kydland/Prescott (1977): S. 473f.

[77] „Der Begriff des konjunkturellen Defizits (...) bezeichnet (...) jene Deckungslücke der öffentlichen Haushalte, die darauf zurückgeht, dass bei konjunkturell unterausgelasteten Produktionskapazitäten das Steueraufkommen hinter der Größenordnung zurückbleibt, die sich bei Vollbeschäftigung ergeben

tisch ergebende Verringerung des Steuereinkommens wie eine fiskalische Expansion wirkt. Denn die gleich hoch gebliebenen oder gar gestiegenen Transferleistungen machen einen relativ höheren Teil der Kaufkraft des Privatsektors aus als in Zeiten hoher Einkommen. Das heißt, der Staat kompensiert die sich in einer Rezession verringernde Privatnachfrage durch eine automatisch gegenläufige Veränderung seines Konsums. Somit stabilisiert er automatisch Einkommen, Nachfrage und Produktion.[78] Gleichzeitig stellt sich der effizienzsteigernde Nebeneffekt ein, dass die Steuersätze nicht laufend den konjunkturellen Schwankungen angepasst werden müssen, sondern sich ein langfristig konstanter Steuersatz ergibt.[79] Man bezeichnet derartiges fiskalpolitisches Verhalten als „Wirkenlassen der automatischen Stabilisatoren.“[80] Unter der Voraussetzung, dass im Aufschwung die konjunkturbedingten Nettomehreinnahmen nicht durch zusätzliche Ausgaben oder Steuersenkungen verringert werden, ergibt sich bei symmetrischem Konjunkturverlauf ein ausgeglichener Staatshaushalt und es kommt nicht zu einem Anstieg der Staatsverschuldung[81] (Vgl. Abbildung 2).

Abbildung 2: Die Wirkungsweise der automatischen Stabilisatoren während des Konjunkturzyklus

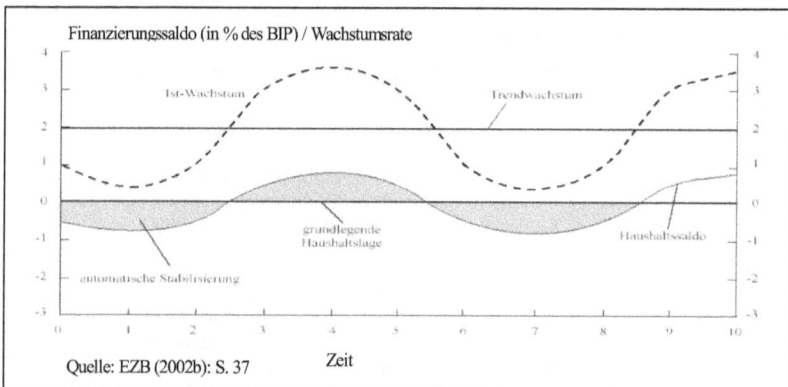

Quelle: EZB (2002b): S. 37

---

würde (...) [und bezeichnet] (...) jene Haushaltsfehlbeträge (...), die aus der kreditären Finanzierung aktiver Budgetmaßnahmen resultieren.“ Ehrlicher (1981): S. 106f. So nehmen beispielsweise in rezessiven Phasen bei sinkenden Beiträgen zur Arbeitslosenversicherung und bei sinkenden Steuereinnahmen die Transfers an Arbeitslose zu. Vgl. hierzu auch: SVR (2001): Ziffer 389.
[78] Vgl. SVR (2001): Ziffer 389ff.; EZB (2002): S. 37; Burda/Wyplosz (2003): S. 447ff.
[79] Vgl. Mankiw (2000): S. 441.
[80] Als wichtigste Stabilisatoren werden zumeist die Progression des Steuersystems, der Anteil am gesamten Steueraufkommen, der über den Konjunkturzyklus hinweg sehr volatil ist (z.B: Steuern auf Unternehmensgewinne) und der Umfang der Arbeitslosen-, Renten- und Sozialversicherung genannt. Vgl. van den Noord (2000): S. 4f.

2.3. Zwischenfazit

Im Diskurs der Wirtschaftswissenschaften besteht ein breiter Konsens, dass der Fiskalpolitik mit der automatischen Stabilisierungswirkung eine wichtige Funktion im marktwirtschaftlichen Geschehen zukommt. Daher wird mit dem Stabilitäts- und Wachstumspakt von den Mitgliedstaaten gefordert, einen ausgeglichenen oder sich im Überschuss befindlichen Haushalt zu erreichen.

Trotz der Konkretisierung und Präzisierung des Maastrichter Vertrags ist es dem Stabilitäts- und Wachstumspakt jedoch nicht gelungen, eine wirksame Sanktionierung durch automatisches Einsetzen der Sanktionen zu erreichen, wie es der ursprüngliche Vorschlag Waigels vorsah.[82] Der Rat ist kein neutrales und unabhängiges Entscheidungsgremium. Die Entscheidung über ein übermäßiges Defizit wird von denjenigen getroffen, die für sein Zustandekommen verantwortlich sind. So ist der Vertreter desjenigen Landes, gegen welches ein Verfahren eingeleitet wurde, bei den Ratsentscheidungen, außer bei Abstimmungen über Sanktionen, stimmberechtigt.[83] Zudem könnten Vertreter derjenigen Länder mit unsolidem Haushaltsgebaren Sanktionen gegen andere Staaten verhindern, in der Hoffnung, bei drohenden oder bereits laufenden Sanktionsverfahren selbst das Wohlwollen anderer Ratsmitglieder zu erhalten.[84]

Ein Automatismus wird zudem durch den Vertragstext selbst verhindert: Die Tatbestandseite, also die Frage, ob ein Haushaltsdefizit von über 3%, bei dem die Ausnahmetatbestände nicht anzuwenden sind, als übermäßig zu werten gilt, ist in hohem Maße diskretionären Entscheidungsvorbehalten politischer Mandatsträger ausgesetzt.[85] Erstens, weil die Ausnahmetatbestände des Stabilitäts- und Wachstumspakts nach wie vor Auslegungsspielraum zulassen. Zweitens, weil der Rat die Bemerkungen des „betreffende[n] Mitgliedstaat[es, die er] gegebenenfalls abzugeben wünscht"[86], sowie die „Prüfung der Gesamtlage"[87] berücksichtigt. Er entscheidet also unabhängig

---

[81] Vgl. Brunila/Buti/in t' Veld (2002): S. 1ff. und 28f.
[82] Vgl. Smeets/Vogl (2001): S. 434.
[83] Vgl. Siebert (2002): S. 15 sowie Art. 104 Abs. 13 EGV.
[84] Vgl. Ohr/Schmidt (2003): S. 23.
[85] Vgl. Verordnung (EG) 1467/97 Art. 3 Abs. 3; Peters (2002): S. 139.
[86] Vgl. Art. 104 Abs. 6 EGV.
[87] Vgl. ebenda.

vom EU-Kommissionsbericht.[88] Drittens können sich Defizitsünder bei einem Wirtschaftsabschwung von weniger als 2% auf ein außergewöhnliches Ereignis, „das sich der Kontrolle des betreffenden Mitgliedstaats entzieht und die Finanzlage erheblich beeinträchtigt"[89], berufen.

Was für die Tatbestandseite gilt, gilt auch für die Rechtsfolgenseite.[90] Denn selbst bei Feststellung eines übermäßigen Defizits kommt es keineswegs automatisch, sondern lediglich „in der Regel"[91] zur Verhängung einer unverzinslichen Einlage. Diese wird vom Rat auch nur „in der Regel"[92] in eine Geldbuße umgewandelt. Derart unbestimmte Rechtsbegriffe eröffnen weiten Interpretations- und Definitionsspielraum, der einer strikten Umsetzung der vertraglichen Bestimmungen abträglich ist.[93]

Es muss aber betont werden, dass der disziplinierende Effekt des Stabilitäts- und Wachstumspakts nicht nur aus der Furcht vor Strafen, sondern auch aus dem Prestigeverlust abgeleitet wird, den Regierungen erleiden, wenn gegen ihr Land eine Sanktionsverfahren eingeleitet werden sollte.[94] Cabral betont, dass insbesondere das Haushalts- überwachungsverfahren aufgrund der Tatsache, dass dadurch die Wirtschaftspolitik der jeweiligen Mitgliedsländer allen anderen Ländern und auch der Öffentlichkeit transparent gemacht wird, öffentlichen Druck zu einer soliden Haushaltspolitik („peer pressure") erzeugen kann.[95]

---

[88] Vgl. Ohr/Schmidt (2003): S. 22.
[89] Verordnung (EG) 1467/97 Art. 1 Abs. 1.
[90] Vgl. Peters (2002): S. 140.
[91] Verordnung (EG) 1467/97 Art. 11.
[92] Verordnung (EG) 1467/97 Art. 13. Zwar fordert die „Entschließung des Europäischen Rates" Abschn. „der Rat" Art. 5 den Rat auf, die Einlage immer in eine Geldbuße umzuwandeln. Jedoch handelt es sich hierbei nur um eine politische Erklärung, der wenig Rechtsverbindlichkeit zugeschrieben wird. Vgl. Hahn (1997): S. 11f.
[93] Vgl. Feldmann (2000): S. 212. In Kapitel 4.1. und 4.2. wird überprüft werden, inwiefern die Bestimmungen des Stabilitäts- und Wachstumspakt bislang zur Anwendung gekommen sind.
[94] Vgl. Artis/Winkler (1999): S. 182.
[95] Cabral (1999): S. 48. Diese Ansicht vertritt auch Beetsma (2001): S. 36.

3. Wirtschaftspolitische Begründung für fiskalische Restriktionen in der Europäischen Währungsunion

Nachdem im vorangegangenen Kapitel der institutionelle Rahmen für die Gewähr-leistung gesunder öffentlicher Finanzen erläutert wurde, soll in diesem Kapitel darge-legt werden, inwiefern sich die finanzpolitischen Vorgaben rechtfertigen lassen bzw. warum solide Staatsfinanzen für das Gelingen der EWU notwendig sind. Als Recht-fertigungsgründe werden in der Literatur insbesondere die eingeschränkte Glaubwür-digkeit der „no-bail-out-Klausel", die Vermeidung negativer externer Effekte sowie die Gewährleistung der ungestörten Durchführung einer an Preisstabilität ausgerichte-ten Geldpolitik genannt. Die fiskalpolitischen Konvergenzkriterien und der Stabilitäts-und Wachstumspakt lassen sich aber auch mit politökonomischen Gründen rechtferti-gen. Angesichts der demographischen Alterung dient der Stabilitäts- und Wachstums-pakt zudem der Sicherstellung der Tragfähigkeit der öffentlichen Finanzen in Europa. Nachfolgend werden die jeweiligen Argumente detailliert dargestellt.

3.1. Rechtfertigung des Stabilitäts- und Wachstumspakts aufgrund eingeschränk-ter Glaubwürdigkeit der „no-bail-out-Klausel"

Die Einführung von bindenden Verschuldungsregeln in Europa lässt sich zunächst damit begründen, dass an der Glaubwürdigkeit der „no-bail-out-Klausel" Zweifel an-gebracht werden können und daher der auf die Haushaltspolitik disziplinierend wir-kende Marktmechanismus „Bonitätsrisiko" nicht wirksam ist.[96] Die Finanzmärkte müssen somit nicht zwangsläufig von einer strikten Anwendung der „no-bail-out"-Klausel ausgehen und unsolide Finanzpolitik mit einem Zinsaufschlag sanktionieren.[97]

Die Budgetdisziplin der Regierungen könnte durch die Teilnahme an der EWU abnehmen. Denn durch den Wegfall der nominalen Wechselkurse existiert kein Ab-wertungsrisiko mehr für die einzelnen nationalen Währungen.[98] Der Zinsaufschlag bzw. die Risikoprämien für langfristige Kredite, den Länder, deren Währungen auf-grund unsolider Finanzpolitik dem Verdacht der Abwertung ausgesetzt waren, vorher hatten zahlen müssen, entfällt. Damit verlieren die internationalen Devisenmärkte den

---

[96] Vgl. Smeets/Vogl (2001): S. 425; Schröder (1999): S. 114f.
[97] Vgl. SVR (1997): Ziffer 416.
[98] Vgl. Feldsieper (1980): S. 555.

disziplinierenden Effekt auf die Finanzpolitik.[99] Dies könnte für einige Regierungen die Möglichkeit eröffnen, Kapital zu günstigeren Konditionen zu erhalten und Anreize setzen, sich verstärkt der Kreditaufnahme zu bedienen.[100] Statt des Wechselkursrisikos existiert in der EWU aufgrund der „no-bail-out-Klausel" das Bonitätsrisiko. Daher wurde argumentiert, fiskalpolitische Restriktionen seien nicht notwendig, da die Finanz- und Kapitalmärkte, „gestärkt" durch die „no-bail-out-Klausel", bereits ein effizientes Instrument zur Disziplinierung der Haushaltspolitik der Mitgliedstaaten darstellten.[101] Allerdings sind grundsätzlich Zweifel an der disziplinierenden Wirkung von Finanz- und Kapitalmärkten angebracht. Denn in der EWU gilt, dass sich ein Zinsanstieg aufgrund des einheitlichen Kapitalmarktes über die gesamte Union verteilt und für das Land mit expandierender Fiskalpolitik eher gering ausfallen wird. Ergebnisse empirischer Studien lassen ohnehin den Schluss zu, dass hochverschuldete Länder in der Vergangenheit selten genügend Zinselastizität aufgewiesen haben, um sich angesichts hoher Finanzierungskosten bei der Kreditaufnahme zurückzuhalten.[102] Der Marktmechanismus „Bonitätsrisiko" bzw. die Glaubwürdigkeit der „no-bail-out-Klausel" kann aber nur dann funktionieren, wenn die Marktteilnehmer nicht erwarten, dass ein insolventes Mitgliedsland der Union in irgendeiner Form von anderen Partnerländern finanziell unterstützt wird.[103]

Allerdings können die Marktteilnehmer aus mehreren Gründen, die sich aus dem Maastrichter Vertrag selbst ergeben, mit einem „bail-out" anderer Mitgliedstaaten rechnen. Zunächst ist dort die Europäische Union als Solidargemeinschaft konzipiert, für die der interne Zusammenhalt bzw. die innere Kohäsion ein wesentliches Grundprinzip darstellt.[104] Dieses Prinzip findet seine konkrete Anwendung in den existierenden Struktur- und Kohäsionsfonds der EU, deren Transfers an Länder mit schwächerer Wirtschaftskraft derzeit ca. ein Drittel des EU-Gesamtbudgets ausmachen.[105] Zusätzlich existieren bereits Ausnahmetatbestände im EGV, die den finanziellen Beistand der

---

[99] Vgl. SVR (1995): Ziffer 447; Artis/Winkler (1999): S. 160. Diese Befürchtung ist mehr theoretischer Natur. Empirische Studien in OECD-Staaten deuten darauf hin, dass das Verschuldungsverhalten von Regierungen vom Wechselkursregime eher unabhängig ist. Vgl. Heinemann (1999): S. 2.
[100] Vgl. Ohr/Schmidt (2001): S. 440.
[101] Vgl. hierzu zum Beispiel Repullo (1993): S. 91.
[102] Vgl. Feldmann (2002): S. 171; Schlesinger et al. (1993): S. 135.
[103] Vgl. Lesch (1993): S. 16.
[104] Vgl. Titel XVII EGV „wirtschaftlicher und sozialer Zusammenhalt."

Gemeinschaft legitimieren, sollte ein „Mitgliedstaat aufgrund außergewöhnlicher Ereignisse, die sich seiner Kontrolle entziehen, von Schwierigkeiten betroffen oder von gravierenden Schwierigkeiten ernstlich bedroht [sein].“[106]

3.2. Rechtfertigung des Stabilitäts- und Wachstumspakts zur Verhinderung negativer externer Effekte in einer Währungsunion

Mit dem Stabilitäts- und Wachstumspakt soll ex ante verhindert werden, dass die Mitgliedstaaten einer Währungsunion den öffentlichen Kredit über die Maßen in Anspruch nehmen. Damit lässt sich erreichen, dass keine sogenannten negativen externen Effekte[107] auftreten, die die wirtschaftliche Entwicklung der Mitgliedstaaten in Mitleidenschaft ziehen. Man versucht damit zunächst auf den „Zins-Crowding-out-Effekt“[108] zu reagieren.

Wenn der Staat seine Staatsausgaben mit Kreditaufnahme am Kapitalmarkt finanziert, so hat dies zur Folge, dass nicht nur die gesamtwirtschaftliche Nachfrage zunimmt, sondern sich auch der Kapitalmarktzins erhöht. Dies ist deshalb der Fall, da sich durch die Kreditaufnahme des Staates die gesamtwirtschaftliche Ersparnis verringert. Bei konstanter Sparneigung des Privatsektors übersteigt dann die Kreditnachfrage das gesamte Kreditangebot und es kommt zu einem Anstieg des Kapitalmarktzinses. Dies wiederum hat zur Folge, dass die Investitionsbereitschaft des Unternehmenssektors abnimmt, da sie von der Höhe der Kapitalmarktzinsen abhängt. Man spricht in diesem Zusammenhang von einem durch einen Zinsanstieg ausgelösten Verdrängungseffekt privater Investitionsnachfrage durch fiskalpolitische Maßnahmen.[109]

---

[105] Vgl. Willms (1999): S. 441. Er sieht hierin bereits eine Form von „bail-out“, denn die Fonds dienen ja gerade der Abschwächung des regionalen Wohlstandsgefälles zwischen Regionen in der EU. Vgl. ebenda.

[106] Art. 100 Abs. 2 EGV.

[107] Nach Fritsch/Wein/Ewers liegen externe Effekte dann vor, „wenn in der Nutzen- bzw. Gewinnfunktion eines Akteurs A (U_a) außer dessen eigenen Aktionsparametern (X_{A1}, X_{A2},...X_{Ai}) mindestens eine Variable (Y) enthalten ist, die nicht (vollständig) von A, sondern von einem (oder mehreren) anderen Akteur(en) kontrolliert wird; es gilt also $U_A = U_A(X_{A1}, X_{A2},...X_{Ai},Y)$“. Fritsch/Wein/Ewers (2001): S. 96. Je nachdem, welcher Art die Auswirkungen auf die anderen Akteure sind, spricht man von positiven oder negativen externen Effekten.

[108] „To crowd so. out (engl.): jmdn. hinausdrängen“ LEO (2003). Dieser Verdrängungseffekt tritt auf, „wenn Maßnahmen des Staates im Rahmen der Fiskalpolitik, die zur Belebung der Konjunktur gedacht sind, zu einer Verdrängung privater Wirtschaftsaktivitäten führen.“ Dichtl/Issing (1993): S. 2197.

[109] Vgl. Stalder (1992): S. 31f.; Mankiw (2000): S. 73.

Langfristig kann dies zu Wachstums- und Beschäftigungseinbußen führen.[110] In einer Währungsunion, mit integrierten Kapital- und Finanzmärkten wie in der EWU, tritt der Zinsanstieg im gesamten Währungsgebiet auf, die Investitionsnachfrage wird unionsweit gedämpft.[111] Abbildung 3 verdeutlicht die Wirkungsweise einer gesunkenen Sparquote[112] auf den Zins und die Investitionsnachfrage.[113]

Abbildung 3: Die Wirkungsweise einer gesunkenen Sparquote auf Zins und Investitionsnachfrage

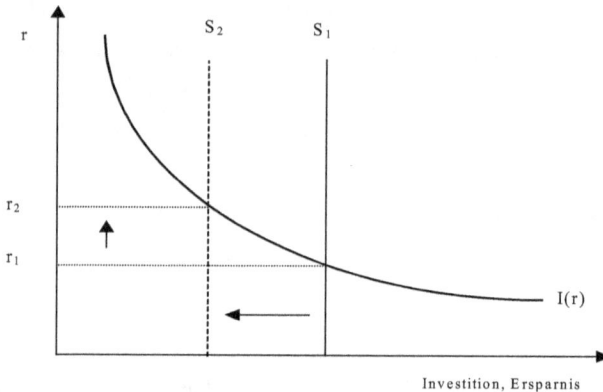

Quelle: Mankiw (2000): S. 73.

Darüber hinaus verhindert die eingeschränkte Möglichkeit zur Nettokreditaufnahme im Stabilitäts- und Wachstumspakt, dass es durch eine fiskalpolitische Expansion zu einer Aufwertung der gemeinsamen Währung kommt. Bedient sich die öffentliche Hand für die Kreditaufnahme der internationalen Kapitalmärkte, so führt der Kapitalimport dazu, dass sich die Nachfrage nach inländischer Währung auf dem Devi-

---

[110] Vgl. Beetsma/ Bovenberg (2000): S. 249. Feldmann verweist auf empirische Untersuchungen, die bestätigen, dass Staatsdefizite zu einem hohen Zinsniveau, zur Verdrängung der privaten Investitionsnachfrage und zu verringertem langfristigen Wirtschaftswachstum führen. Vgl. Feldmann (2000): S. 197f.

[111] Vgl. Feldmann (2000): S. 197.

[112] Als Sparquote bezeichnet man die Relation der gesamtwirtschaftlichen Ersparnisse zum BIP. Vgl. Dichtl/Issing (1993): S. 1939.

[113] Betrachtet sei die Sozialproduktsidentität (1) $Y = C + I + G$. Die Gesamtnachfrage Y setzt sich aus Konsum-, Investitions- und Staatsnachfrage zusammen. Nach Umformung ergibt sich: (2) $Y - C - G = I$. Der linke Term der Gleichung beschreibt diejenige Outputmenge, die übrigbleibt, nachdem die Nachfrage der Konsumenten und des Staates befriedigt wurde. Sie wird auch als gesamtwirtschaftliche Ersparnis S bezeichnet, so dass gilt: (3) $S = I(r)$. I(r) zeigt an, dass die Investitionen von r abhängig sind. Steigt G an, so verringert sich wegen Gleichung (2) S von S_1 auf S_2 und damit auch die I. Damit diese sinken können, muss der Zins r von r_1 auf r_2 ansteigen. Vgl. Mankiw (2000): S. 73; Woll (1990): S. 326.

senmarkt erhöht und es tendenziell zu einer Währungsaufwertung kommt.[114] Damit verteuern sich die Produkte im Vergleich zu denjenigen des Auslands, die Exporte sinken, während sich gleichzeitig die Nachfrage nach den jetzt verhältnismäßig billigeren Gütern des Auslands erhöht.[115] In einem System flexibler Wechselkurse ist die Fiskalpolitik demnach wenig effektiv, da ihre nachfragebelebenden Wirkungen nicht nur im Inland, sondern auch im Ausland zum Tragen kommen, während der negative Effekt in Form von Währungsaufwertung und auch des Zinsanstiegs nur im Inland zu verzeichnen ist.[116] Innerhalb einer Währungsunion stellt sich die Situation grundlegend anders dar. In ihr nimmt die Nachfrage nach den Gütern des Unionsauslands nicht zu, da keine nominalen Wechselkursbewegungen mehr möglich sind und so die Güter des Unionsauslands keinen relativen Preisvorteil mehr besitzen können. Stattdessen wäre eine Aufwertung der gemeinsamen Währung die Folge. Aufgrund des dadurch ausgelösten Anstiegs des Exportgüterpreisniveaus käme es unionsweit zu einer Abnahme des Außenbeitrags.[117] Es handelte sich infolgedessen anstelle eines zins- um einen wechselkursinduzierten Verdrängungseffekt.[118]

Das Auftreten des Zins- und Wechselkurseffekts bewirkt, dass die Fiskalpolitik sehr effektiv ist. Denn der Effekt der staatlichen Tätigkeit auf die Nachfrage verstärkt sich unter den Bedingungen einer Währungsunion. Die Nachfragesteigerung kommt also in erster Linie dem expandierenden Land zugute, während der Zinsanstieg und die Aufwertung der Währung, die Kosten der Kreditaufnahme, auf das Unionsausland abgewälzt werden können.[119] Unter Umständen ist sogar davon auszugehen, dass der Gesamteffekt in den Partnerländern negativ ist, da der Rückgang der Investitionsnachfrage, ausgelöst durch Zinsanstieg, größer ist als der durch die Steigerung der Exporte hervorgerufene Anstieg der Produktion.[120] Durch die Verringerung der Kreditkosten könnte für Regierungen der Anreiz bestehen, sich des öffentlichen Kredits als Finanzierungsform verstärkt zu bedienen.[121] Damit würde die Situation des klassischen „Ge-

---

[114] Vgl. Emerson et al. (1991): S. 120.
[115] Vgl. Mankiw (2000): S. 237.
[116] Vgl. Mankiw (2000): S. 351.
[117] Vgl. Fuest (1993): S. 133.
[118] Vgl. Cabos (1995): S. 97; Wyplosz (1991): S. 178.
[119] Vgl. Folkers (1999): S. 43; Bovenberg et al. (1990): S. 3.
[120] Vgl. Feldmann (2002): S. 168. Gros und Thygesen verweisen auf empirischen Studien, die diesen Sachverhalt bestätigen. Vgl. Gros/Thygesen (1998): S. 322.
[121] Vgl. Artis (2003): S. 104; SVR (1989): Ziffer 183ff.; sowie Wyplosz (1991): S. 178f.

fangenendilemmas" eintreten.[122] Jeder Staat kann seine Position dadurch verbessern, dass er sich stabilitätswidrig verhält, im Vertrauen darauf, dass dies die anderen Länder nicht tun. Selbst wenn die anderen Länder ebenfalls ein nicht-stabilitätskonformes Haushaltsgebaren an den Tag legen, und sich über die Maßen verschulden, ist es vorteilhafter, sich nicht an die Stabilitätsregeln zu halten und der Kreditaufnahme als Finanzierungsform den Vorzug zu geben ("Trittbrettfahrereffekt"). Derartige Überlegungen lassen den Schluss zu, dass die fiskalpolitischen Regelungen des Stabilitäts- und Wachstumspakts geeignete Instrumente sind, um ex ante zu verhindern, dass die Mitgliedstaaten den öffentlichen Kredit über die Maßen in Anspruch nehmen und somit die wirtschaftliche Entwicklung der Partnerländer in Mitleidenschaft ziehen.[123]

Die Heranziehung von negativen externen Effekte als Argument für die Implementierung von Verschuldungsregeln in einer Währungsunion ist allerdings nicht unumstritten. Gros und Thygesen merken an, dass es sich bei den Zins- bzw. Wechselkurseffekten um rein marktmäßige Effekte handele, die keiner externen vertraglichen Regelung bedürfen.[124] Andere Autoren verweisen auf die Größe des europäischen oder gar des weltweiten Kapitalmarktes, so dass mit einem Zinsanstieg nicht, oder wenn überhaupt nur in einem geringen Umfang zu rechnen sei.[125] Zudem können diese Effekte nur von ausreichend großen Volkswirtschaften ausgehen.[126]

3.3. Rechtfertigung des Stabilitäts- und Wachstumspakts zur Sicherstellung einer von der Fiskalpolitik ungestörten Durchführung der Geldpolitik durch die Europäische Zentralbank

Die EZB hat mit dem Maastrichter Vertrag einen eindeutigen stabilitätspolitischen Auftrag erhalten und unterstützt nur „soweit dies ohne Beeinträchtigung des Ziels der Preisstabilität möglich ist, (…) die allgemeine Wirtschaftspolitik in der Gemeinschaft

---

[122] Vgl. hierzu und im folgenden: Ohr/Schmidt (2003): S. 5 und S. 10f.
[123] Vgl. Wyplosz (1991): S. 28ff.; Artis (2003): S. 105; Buti/Franco/Ongena (1998): S. 87.
[124] Vgl. Gros/Thygesen (1998): S. 326.
[125] Vgl. Scheide/Trapp (1991): S. 435; Eichengreen (1994): S. 170; Eichengreen (1996): S. 93.
[126] Eine derartige Situation ist im Zuge der Deutschen Wiedervereinigung eingetreten: Der damalige enorme Kreditbedarf der deutschen Regierung, die dadurch ausgelösten Inflationsgefahren und der Aufwertungsdruck auf die Deutsche Mark hatten die Deutsche Bundesbank zu einem hohen Zinsniveau gezwungen. Die niedrige Inflationsraten war nur unter Inkaufnahme hoher Realzinsen und einer Aufwertung der D-Mark möglich. Neben den beschriebenen negativen realwirtschaftlichen Auswirkungen hatte dies zum Ende des EWS geführt. Vgl. Hillenbrand (2002): S. 462.

24

(...)."[127] Gleichzeitig verfügt sie über eine in Art. 108 EGV garantierte weitreichende Unabhängigkeit.[128] Vertraglich ausgeschlossen ist per Art. 101 EGV die monetäre Finanzierung von Haushaltsdefiziten und per Art. 102 EGV der bevorrechtigte Zugang des öffentlichen Sektors zu Finanzinstituten. Damit ist die unmittelbarste Verbindung zwischen Haushaltspolitik und Inflationsrate, nämlich eine durch Staatsausgaben bedingte Fiskalinflation, beseitigt.[129] Nachstehend soll Antwort auf die Frage gegeben werden, warum der Stabilitäts- und Wachstumspakt für eine an Erhaltung des Geldwertes orientierte Geldpolitik bzw. für die Glaubwürdigkeit[130] der EZB notwendig ist.

Sollte ein Teilnehmerstaat der Währungsunion in eine schwerwiegende Insolvenzkrise geraten, ist es zweifelhaft, ob das Verbot der monetären Alimentierung von Haushaltsdefiziten Bestand hat. Würde in einer solchen Lage keine finanzielle Unterstützung durch die EZB oder die Gemeinschaft erfolgen, bestünde die Gefahr, dass das Finanzsystem des betreffenden Staates kollabiert und, sofern enge Finanzmarktverflechtungen bestehen, wie es in der EWU der Fall ist, auch die Finanzsysteme der Partnerländer betroffen werden könnten.[131] Um dies zu vermeiden, könnte sich die EZB gezwungen sehen, wenigstens partiell Staatsanleihen auf legalem Wege in Offenmarktgeschäften von Geschäftsbanken anzukaufen.[132]

Bevor dieser Extremfall eintritt, wäre zunächst mit erheblichem politischen Druck auf die EZB zu Lockerung ihrer Geldpolitik zu rechnen, da sie durch ihre Zinspolitik den Schuldendienst hochverschuldeter Länder deutlich entlasten kann.[133] Dar-

---

[127] Vgl. Art. 105 Abs. 1 EGV.
[128] Vgl. zu den verschiedenen Dimensionen der Unabhängigkeit der EZB - funktionelle, institutionelle, personelle und budgetäre Unabhängigkeit: Ohr/Schmidt (2001): S. 443ff.
[129] Vgl. Ohr /Schmidt (2001): S. 442.
[130] „Man bezeichnet im allgemeinen eine Notenbank als ‚glaubwürdig', wenn eine von ihr angekündigte Stabilitätspolitik (oder allgemeiner eine auf niedrige Inflationsrate ausgerichtete Politik) von den Privaten bei ihrer Erwartungsbildung zugrundegelegt wird." Bofinger et al. (1996): S. 173.
[131] Vgl. Eichengreen/Wyplosz (1998): S: 71f.
[132] Im weiteren Verlauf der Arbeit wird gezeigt werden, dass dieser Extremfall aufgrund der demographischen Entwicklung in Europa keineswegs ein unrealistisches Szenario ist. Daher wird in der Sicherung der Tragfähigkeit der öffentlichen Finanzen mittlerweile die wichtigste Rechtfertigung für den Stabilitäts- und Wachstumspakt gesehen. Vgl. Ausschuss für Wirtschaft und Währung des Europäischen Parlamentes (2002): S. 11; Rostagno et al. (2001): S. 313.
[133] Vgl. Görgens et al. (2001): S. 59; Feldmann (2000): S. 199. Gleichzeitig kommt es durch die durch eine expansive Geldpolitik ausgelöste Inflation zu einer realen Entwertung der Schuldenstände. Vgl. Ottnad (1996): S. 100. Dies kann allerdings nur unter bestimmten Voraussetzung gelingen. Erstens nehmen bei anhaltender Inflation auch die Inflationserwartungen mit der Zeit zu, sodass die tatsächliche Inflation immer höher ausfallen muss. Reale Entschuldung durch Inflation gelingt also nur im Falle einer ‚Überraschungsinflation' ($\pi > \pi^{erw}$) und wenn die Wertpapiere nicht indexiert sind. Vgl. Görgens (2001): S. 401. In Zeiten weltoffener und integrierter Finanzmärkte müsste eine auf Inflation

über hinaus beeinflusst ein sich abzeichnender Staatsbankrott die Erwartungshaltung der Marktteilnehmer. Rechnen sie mit einer Monetisierung der Staatsverschuldung, stiege die erwartete Inflationsrate.[134] Private Wirtschaftssubjekte würden dann einen höheren Nominalzins und höhere Nominallöhne verlangen, um für die erwartete Inflation entschädigt zu werden, weil sie nicht mehr davon ausgehen könnten, dass Preisstabilität auch langfristig gegeben ist. In einem solchen Fall sähe sich die EZB folgendem Dilemma gegenüber: Entweder sie kauft selbst Staatsanleihen auf, bringt damit zusätzliches Geld in Umlauf und verabschiedet sich von ihrem Ziel der Preisstabilität. Oder sie betreibt zum Erhalt des Geldwertes eine sehr restriktive Hochzinspolitik, verschlimmert dadurch die Situation des notleidenden Staates weiter und nimmt negative Wachstums- und Beschäftigungseffekte in Kauf.

Bei der ersten Möglichkeit akkomodiert die Zentralbank die fiskalpolitische Expansion mit expansiver Geldpolitik im Vertrauen darauf, so die sich abzeichnende Insolvenz des Staatshaushalts abwenden zu können und die durch das hohe Zinsniveau hervorgerufenen Verdrängungseffekte zu vermeiden.[135] Durch die Ausweitung des Geldangebots gäbe sie dann allerdings ihr Ziel der Preisniveaustabilität auf und es käme zu einer durch expansive Fiskalpolitik ausgelösten Inflation.[136] Die Glaubwürdigkeit der Zentralbank wäre stark beschädigt.[137] Insbesondere ein dauerhafter Zustand hoher Haushaltsdefizite wirkt sich auf das Preisniveau aus. Dann besteht die Gefahr, dass die Geldpolitik ins „Schlepptau der Schuldenpolitik des Staates"[138] gerät, indem der Umfang der monetären Expansion und damit das Preisniveau durch die finanziellen Bedürfnisse der Finanzpolitik bestimmt wird. Deswegen muss die Fiskalpolitik langfristige Tragfähigkeit aufweisen, wenn die Zentralbank ihrem Mandat zur Herstellung und Gewährleistung von Preisstabilität gerecht werden soll.[139] Denn Geldund Fiskalpolitik stehen, auch wenn sie institutionell voneinander getrennt sind, durch die intertemporale Budgetrestriktion des öffentlichen Sektors in Zusammenhang. Vergangene und laufende Haushaltsdefizite müssen durch zukünftige Überschüsse ge-

---

angelegte Politik mit Risikoprämien auf alle neuen Schuldverträge rechnen, der Entlastungseffekt wäre also nur kurzfristig. Vgl. Bofinger et al. (1997): S. 99.

[134] Vgl. Issing (1999): S. 5.
[135] Vgl. Allsopp/Vines (1996): S. 98; Gandenberger (1980): S. 486.
[136] Vgl. Issing (1991): S. 184f.
[137] Vgl. Sutter (2000): S. 47.
[138] Neumann (1981): S. 100.

deckt sein. Diese Überschüsse können entweder über Primärüberschüsse oder Geld-schöpfungseinnahmen finanziert werden.[140] Man spricht von einem „fiscal dominant regime"[141], wenn die Regierung sich auf einen Defizitpfad festlegt, und die Einhaltung der intertemporalen Budgetbedingung über ein sich veränderndes Preisniveau (mone-täre Expansion) erfolgen muss, soll staatliche Insolvenz vermieden werden.[142] Wenn die Einhaltung der intertemporalen Budgetrestriktion über eine Anpassung der Haus-haltspolitik erfolgt und die Zentralbank keine inflationäre Geldpolitik betreiben muss, um die Solvenz des Staates sicherzustellen, spricht man von „monetary dominant re-gime."[143] Der Maastrichter Vertrag legt Geldwertstabilität als einen der Grundsätze der Union fest, es handelt sich also um ein „monetary dominant regime."[144] Im Übrigen genügt schon der Verdacht eines „fiscal dominant regime", um die geldpolitischen Entscheidungen der EZB in Abhängigkeit politischer Interessen zu beurteilen. Selbst eine ökonomisch sinnvolle expansive Geldpolitik könnte dann den Eindruck erwecken, die Währungsbehörde wäre dem politischen Druck erlegen.[145] Es lässt sich also zu-sammenfassend feststellen, dass auch eine so umfassende Unabhängigkeit einer Zent-ralbank, wie sie die EZB genießt,[146] nicht ausreicht, um eine von externen Einflüssen ungestörte Geldpolitik zu betreiben. Notwendig hierfür sind ebenso solide Staatsfinan-zen.[147]

Bei der zweiten Möglichkeit hält die Zentralbank zur Bewahrung bzw. Wieder-erlangung ihrer Glaubwürdigkeit an dem Ziel der Preisstabilität fest und betreibt eine restriktiv ausgerichtete Geldpolitik. Trotz hoher Inflationserwartungen ($\pi^{erw}>0$) muss sie eine Politik der Preisstabilität ($\pi = 0$) verfolgen, um das Vertrauen der Marktteil-nehmer zurückzugewinnen.[148] Die negativen Auswirkungen einer solch ungünstigen

---

[139] Vgl. Canzoneri et al. (2002): S. 15. Im weiteren Verlauf der Arbeit wird ausführlich auf die Prob-lematik der Tragfähigkeit der öffentlichen Finanzen in der EWU eingegangen.
[140] Vgl. Görgens et al. (2001): S. 318.
[141] Canzoneri/Diba (2001): S. 66.
[142] Vgl. Artis/Winkler (1997): S. 94. Dieser Gedanke findet sich bereits in Sargent/Wallace (1981): S. 6f.
[143] Canzoneri/Diba (2001): S. 67; Görgens et al. (2001): S. 318.
[144] Vgl. Art. 2 EGV sowie Artis/Winkler (1997): S. 94.
[145] Vgl. Issing (1999): S. 6.
[146] Es gibt allerdings Argumente, die die personelle Unabhängigkeit der EZB relativieren. Beispiels-weise könnten Mitglieder des EZB-Rats aus hochverschuldeten Ländern für eine eher expansive Geld-politik votieren, um im Anschluss an die Tätigkeit bei der EZB die beruflichen Perspektiven im eige-nen Land zu verbessern. Vgl. Feldmann (2000): S. 199.
[147] Vgl. Görgens et al. (2001): S. 319.
[148] Vgl. Bofinger et al. (1996): S. 174.

Konstellation aus expansiver Fiskalpolitik bei gleichzeitig restriktiv ausgerichteter Geldpolitik[149] bestünden erstens in der Verschlimmerung der Notlage der Staatsfinanzen aufgrund hoher Finanzierungskosten für die Staatsverschuldung, und zweitens ergäbe sich aufgrund der hohen Reallöhne bzw. Nominalzinsen ein Rückgang von Output und Beschäftigung.[150] Die EU-Kommission definiert einen ausgewogenen „policymix" folgendermaßen: *„An appropriate policy mix can be defined as a combination of monetary and fiscal policies that ensures price stability and keeps economic activity close to its potential level."*[151] Sowohl Preisstabilität als auch wachstumsseitige Aspekte sollen zum Zuge kommen. Beides miteinander zu vereinbaren ist jedoch nicht unproblematisch: Konjunkturbelebende fiskalische Impulse durch die Politik sind, soll ein übermäßig hohes Zinsniveau vermieden werden, auf ausreichende Liquidität der Geschäftsbanken angewiesen, welche wiederum von der Notenbank beeinflusst wird.[152] Das ist mit einer an Preisstabilität orientierten Geldpolitik nicht vereinbar.[153] Während also der Staat an einem „policy-mix" aus expansiver Fiskal- und expansiver Geldpolitik interessiert ist, bevorzugt eine an Preistabilität orientierte Zentralbank wie die EZB einen „policy-mix", der den Finanzierungsbedarf des Staates mit dem stabilitätsverträglichen Geldschöpfungspotential in Einklang bringt.[154]

Das bisher Angeführte ist auch außerhalb des Kontextes einer Währungsunion relevant. Für das Verhältnis zwischen Geld- und Fiskalpolitik ergeben sich in der EWU besondere Bedingungen. Die Geldpolitik agiert auf gemeinschaftlicher Ebene, wo die Entscheidungen über Zins- und Preisniveau getroffen werden. Dort wird sie mit einer aggregierten Fiskalpolitik konfrontiert, die sich aus der fiskalpolitischen Ausrichtung der einzelnen Länder ergibt.[155] Buiter weist in diesem Zusammenhang darauf hin, dass es der EZB durch die Fragmentierung bzw. Schwächung der Fiskalpolitik leichter fallen sollte, ihre strategische Führungsposition zu behaupten.[156] Dies gilt aber dann nicht, wenn sich einzelne große oder mehrere kleine Länder stabilitätswidrig ver-

---

[149] In diesem Zusammenhang spricht man auch von einem unausgewogenen „Policy mix". Vgl. Issing (1996): S. 219.
[150] Vgl. Artis/Winkler (1999): S. 175.
[151] EU-Kommission (2003): S. 8.
[152] Vgl. Gandenberger (1980): S. 486.
[153] Vgl. Issing (1991): S. 185.
[154] Vgl. Collignon (1996): S. 73.
[155] Vgl. von Hagen/Mundschenk (2002): S. 326.
[156] Vgl. Buiter (1992): S. 13.

halten und sich die EZB dann zu restriktiver Geldpolitik gezwungen sieht.[157] Zudem nimmt Geldwertstabilität in der EWU den Charakter eines öffentlichen Gutes an, von dem alle profitieren, aber zu dem nicht alle in dem selben Maße beitragen müssen.[158] Unsolide Finanzpolitik eines Mitgliedstaates kann zu einem unausgewogenen unionsweiten „policy-mix" führen, von dem alle Mitgliedstaaten betroffen wären. Betreiben ein oder mehrere Mitgliedstaaten unsolide Fiskalpolitik und müssen die Partnerländer entweder die Last der Stabilisierung alleine tragen bzw. unter einer restriktiven Geldpolitik leiden, läge hier ein weiterer Fall eines negativen externen Effekts bzw. Trittbrettfahrerverhaltens vor, da sich einzelne Länder auf die Stabilisierungsbemühungen der anderen verlassen können.[159]

Vor dem Hintergrund der obigen Ausführungen lässt sich feststellen, dass solide Staatsfinanzen zur Herstellung einer glaubwürdigen Geldpolitik und so zur Verbesserung der Voraussetzungen für Preisstabilität beitragen, auch wenn ein direkter Wirkungszusammenhang zwischen Staatsverschuldung und Inflation in der EWU nicht existiert.[160] Die Beschränkung der Nettokreditaufnahme ist ein geeignetes Instrument zur Erreichung solider Staatsfinanzen. Sie dient der Sicherstellung der Glaubwürdigkeit der Geldpolitik.[161] Schlesinger stellt heraus, dass es eines „(...) verbrieften Verhaltenskodex der Finanzpolitik [bedürfe], der die selbständige Stellung und das stabilitätspolitische Primat der Notenbank uneingeschränkt akzeptiert und über das Gebot eines geordneten Haushaltsgebarens zur Minimierung von institutionellen Konflikten und volkswirtschaftlichen Reibungsverlusten beiträgt."[162] Der finanzpolitische Rahmen Europas unter dem Stabilitäts- und Wachstumspakt ist ein derartig verbriefter Verhaltenskodex.[163] Insofern erfüllt der Stabilitäts- und Wachstumspakt eine wichtige Dienstleistung gegenüber der EZB. Damit festigt er das Vertrauen, das die internationalen Finanzmärkte der neuen Währung entgegenbringen müssen, will sie bei ihrem stabilitätspolitischen Auftrag erfolgreich sein.[164] Dies scheint umso mehr geboten, da die EZB noch nicht, wie es zum Beispiel die Deutsche Bundesbank konnte, auf eine

---

[157] Vgl. Siebert (2002): S. 4; Buti et al. (2002): S. 11.
[158] Vgl. Smeets/Vogl (2001): S. 422.
[159] Vgl. SVR (1992): Ziffer 432.
[160] Vgl. Bofinger (2003): S. 4ff.; Artis/Winkler (1999): S. 176; Woodford (1996): S. 33.
[161] Vgl. Masson (1996): S. 998.
[162] Schlesinger (1993): S. 57.
[163] Vgl. Issing (1999): S. 7.
[164] Vgl. Sell (2003): S. 21.

sich durch jahrzehntelange niedrige Inflationsraten auszeichnende Reputation bauen kann.[165]

3.4. Rechtfertigung des Stabilitäts- und Wachstumspakts aus politökonomischen Gründen

Das Problem der Staatsverschuldung ist unabhängig von der EWU seit jeher Gegenstand einer kontrovers geführten wissenschaftlichen Debatte.[166] Die Literatur der „Neuen politischen Ökonomie" hat der Diskussion weitere wichtige Anregungen gegeben.[167] Eine ihrer zentralen Aussagen lautet, dass denjenigen Institutionen, die für die Koordination des politischen Prozesses verantwortlich sind, ein Anreiz zu übermäßiger Inanspruchnahme des öffentlichen Kredits (deficit bias) innewohnt.[168] Denn die politisch Verantwortlichen handeln nicht primär im Interesse des Allgemeinwohls, sondern orientieren sich in erster Linie an ihren persönlichen Nutzenvorstellungen, wie Wiederwahl, Macht und soziales Ansehen, oder an den Präferenzen von wahlentscheidenden Interessengruppen.[169] Diese Interessengruppen sind üblicherweise im Gegensatz zu Steuerzahlern (insbesondere zukünftigen Steuerzahlern) gut organisiert und haben große Einflussmöglichkeiten auf die Regierung.[170] Übertragen auf die Finanzpolitik ist demzufolge davon auszugehen, dass Politiker, insbesondere im Vorfeld von Wahlen versuchen werden, durch populäre staatliche Leistungen politische Unterstützung zu gewinnen, ohne dabei auf unpopuläre Finanzierungsarten, sprich Besteuerung, zurückzugreifen, die kalkülgemäß Wählerstimmen kosten dürften.[171] Ihrer Gegenwartspräferenz folgend bedenken Regierungen bei der Haushaltsaufstellung nicht die Langzeitwirkung der Kreditaufnahme, wie Anstieg des Schuldenstandes und „Crowding-out"-Effekte des Privatsektors. So scheint die Beobachtung eines europaweiten Anstiegs der Staatsverschuldung während der letzten Jahrzehnte diese Theorie zu bes-

---

[165] Vgl. SVR (1995): Ziffer 433.
[166] Auf eine detaillierte Darstellung sämtlicher Aspekte dieser Problematik sei verwiesen auf Schlesinger et al. (1993).
[167] Man bezeichnet diese Theorie auch als ‚Ökonomische Theorie der Politik' bzw. im englischsprachigen Raum als ‚Public-Choice'. Maßgebliches Werk dieser Theorierichtung ist Buchanan/Wagner (1977).
[168] Vgl. Alesina/Perotti (1995): S. 205ff.
[169] Vgl. Heinemann (1994): S. 20f.
[170] Vgl. Scherf (1996): S. 9ff.; von Weizsäcker (1992): S. 58.
[171] Kreditfinanzierung bietet in diesem Sinne den Vorteil „to spend without to tax". Vgl. Buchanan/Wagner (1977): S. 87.

tätigen.[172] Eine wesentliche Forderung der Public-Choice-Theorie lautet demnach, dass staatliche Ausgabenpolitik aufgrund des „deficit bias" bzw. der Kurzsichtigkeit von politischen Entscheidungsträgern fiskalpolitischen Restriktionen unterworfen sein sollte.[173]

Während dies ein Argument für Verschuldungsregeln auch ohne Währungsunion darstellt, so kann man in der EWU aus politökonomischen Gründen den Stabilitäts- und Wachstumspakt damit rechtfertigen, dass sich für die Mitgliedstaaten die Möglichkeit ergibt, das innerstaatliche Politikproblem des „deficit bias" durch Einführung supranationaler Verschuldungsregeln zu lösen.[174] In dieser Hinsicht kann der Stabilitäts- und Wachstumspakt die Rolle eines Sündenbocks spielen, auf den die Regierungen im heimischen politischen Disput verweisen können, wenn sie sich gegen Ausgabenwünsche gut organisierter Interessengruppen wehren.[175] Will die Politik, zur Förderung der Nachhaltigkeit ihrer Finanzpolitik auf eine höhere Besteuerung zurückgreifen, so erhofft sie sich, dass ihr Steuererhebungen oder Ausgabensenkungen von der Wählerschaft nicht angelastet werden.[176]

3.5. Der Stabilitäts- und Wachstumspakt als Instrument zur Herausbildung einer europäischen Stabilitätskultur

In Europa existierte zum Zeitpunkt der Konzeption des Stabilitäts- und Wachstumspakts noch kein einheitlicher Grundkonsens über die Stellung der Geldpolitik in der Wirtschaftsordnung. Für das Gelingen der EWU werden nicht nur die Notwendigkeit institutioneller Regelungen, oder die Konvergenz spezifischer gesamtwirtschaftlicher Indikatoren, sondern auch die langfristige, über mehrere Konjunkturzyklen hinweg bewiesene Ausrichtung aller Länder an einer an Preisstabilität orientierten Geldpolitik für notwendig erachtet.[177] Das „Einvernehmen der politisch Verantwortlichen über diese Erfordernisse zusammen mit einem breit fundierten Stabilitätsbewusstsein in der

---

[172] Bofinger et al. haben allerdings darauf hingewiesen, dass der gegenwärtige Forschungsstand noch nicht über stichhaltige Erklärungsmuster verfügt, mit denen der Einfluss des politischen Systems auf wesentliche Faktoren der Finanzpolitik dargestellt werden kann. Vgl. Bofinger et al. (1997): S. 98
[173] Vgl. von Weizsäcker (1992): S. 60ff.; Artis/Winkler (1999): S. 159.
[174] Vgl. von Weizsäcker (1997): S. 153.
[175] Vgl. Feldmann (2000): S. 199.
[176] Vgl. Folkers (1999): S. 10.
[177] Vgl. Schlesinger et al. (1993): S. 126.

Bevölkerung"[178] wird auch als „Stabilitätskultur" bezeichnet, deren substantiellen Bestandteil die Preisstabilität darstellt.[179] Auch diesbezüglich war in Europa kein Grundkonsens festzustellen. Vielmehr lassen sich hinsichtlich der ordnungspolitischen Vorstellungen über die Rolle der Geldpolitik innerhalb der Wirtschaftsordnung zwei gegensätzliche Auffassungen beobachten: die auf französischer Tradition basierende Sichtweise will die Geldpolitik nicht der demokratischen Legitimation entzogen wissen, sondern in der Verantwortung gewählter, also politischer Entscheidungsträger. Sie hält den Einsatz der Geldpolitik zur Bekämpfung wirtschaftlicher Fehlentwicklungen für legitim.[180] Geldpolitik bedeutete für diesen Ansatz in erster Linie Wechselkurspolitik. Der Preisstabilität wird hier geringere Priorität eingeräumt als der externen Stabilität bzw. der Stabilität des Wechselkurses.[181] Die in deutscher Tradition stehende Auffassung weiß im Gegensatz dazu einerseits um die verheerenden Auswirkungen von Hyperinflation und kann andererseits auf die guten Erfahrungen von einem halben Jahrhundert stabilitätsorientierter Geldpolitik zurückblicken. Diese Sichtweise will die Geldpolitik entpolitisiert und von einer unabhängigen Institution geleitet wissen und lehnt den Einsatz der Geldpolitik für makroökonomische Zwecke ab. Die Geldpolitik soll in erster Linie der Wahrung der Preisstabilität dienen.[182] Diese gegensätzlichen Sichtweisen spiegelten sich auch in der deutsch-französischen Kontroverse über den Stabilitäts- und Wachstumspakt wider. Die französische Regierung stand der deutschen Konzeption der EWU mit unabhängiger Zentralbank und speziellen fiskalpolitischen Arrangements von Beginn an skeptisch gegenüber. Ihrer Meinung nach sollte sich neben der Geld- auch die Fiskalpolitik nicht nur an gesamtwirtschaftlicher Stabilität orientieren, sondern sich auch konjunkturpolitischen Aufgaben zuwenden. Fiskalpolitische Beschränkungen wären aus französischer Sicht nicht mit einer solchen fiskalpolitischen Konzeption zu vereinbaren.[183]

---

[178] Steuer (1997): S. 86.
[179] Vgl. Berndt (1997): S. 5.
[180] Vgl. Steuer (1997): S. 91.
[181] Vgl. Scharrer (1996): S. 607.
[182] Vgl. SVR (1997): Ziffer 418.
[183] Vgl. Scharrer (1996): S. 607. Auch die zur Zeit amtierende deutsche Bundesregierung scheint sich mittlerweile von dem unverrückbaren Primat der Preisstabilität entfernt zu haben. Fiskalpolitische Restriktionen sind ihrer Meinung nach nur dann zulässig, wenn sie nicht im Widerspruch mit konjunkturpolitischen Zielsetzungen steht. Im weiteren Verlauf der Arbeit wird hierauf ausführlich eingegangen.

Die Wirtschaftswissenschaft steht vor dem Problem, dass sie bis dato weder ü-
ber stichhaltige Indikatoren für die Existenz einer Stabilitätskultur noch über ausrei-
chendes Wissen über die Zusammenhänge und Einflussmöglichkeiten kultureller
Faktoren auf wirtschaftliche Strukturen und Prozesse verfügt.[184] Die Institutionenökonomik sieht speziell in der EWU, wo von einigen Ländern wichtige Bestandteile ihrer
Stabilitätskultur, wie beispielsweise die D-Mark von Deutschland, aufgegeben wurden, die Etablierung neuer Institutionen als geboten.[185] Der Stabilitäts- und Wachstumspakt ist eine derartige Institution.[186] Dementsprechend äußern sich Artis und
Winkler: *„In this perspective the Stability Pact appears as a surrogate discipline and
coordination device in the absence of a sufficiently strong common stability culture,
public support or common institutions to back up the ‚empty shell' of central bank in-
dependence."*[187] Sollte es dieser neuen Institution gelingen, über die Entwicklung der
fiskalpolitischen Konvergenzkriterien hinaus, auf Länderebene stabilitätsfördernde
Strukturen zu schafften, so leistet sie einen wichtigen Beitrag zur Entstehung einer
Stabilitätskultur in Europa, die für den Erfolg der EWU entscheidend sein kann.[188]

3.6. Zwischenfazit

Die Ausführung aus Kapitel drei haben gezeigt, dass die Einhaltung der Budgetdisziplin aus mehreren Gründen von Bedeutung ist. Zunächst, weil an der Disziplinierungs-
fähigkeit der Kapitalmärkte bzw. an der Glaubwürdigkeit der „no-bail-out-Klausel"
Zweifel angebracht sind. Ferner könnte sich ein durch übermäßig expansive Fiskalpolitik ausgelöster Zins- bzw. Wechselkursanstieg nachteilig auf das Wirtschaftsgeschehen der Partnerländer auswirken. Das dadurch in der Währungsunion ermöglichte
‚Abwälzen' von Kreditkosten könnte wiederum Anreize für die Regierungen schaffen,
im Zuge der Finanzierung von Staatsausgaben der Kreditaufnahme gegenüber der Erhebung von Steuern den Vorzug zu geben. Dies wird durch die public-choice-Theorie
bestätigt, die davon ausgeht, dass grundsätzlich demokratischen Regierungssystemen

---

[184] Vgl. Bofinger et al. (1997): S. 121.
[185] Häder/Niebaum (1997) S. 94 verweisen auf die Definition von North (1990): S. 3f. nach der die
neue Institutionenökonomik Institutionen als ein System von Werten und Normen definiert, das für
den Fall von Verletzungen mit Sanktionen ausgestattet ist.
[186] Vgl. Häder/Niebaum (1997): S. 94.
[187] Artis/Winkler (1999): S. 170.
[188] Vgl. In Abschnitt 4.1. und 4.2. wird untersucht werden, inwiefern dies in der europäischen Realität
gegeben ist.

ein Hang zur Verschuldung innewohnt. Eine Limitierung des Spielraums zu staatlicher Kreditaufnahme ist für die Durchführung der vergemeinschafteten Geldpolitik der EZB von besonderer Wichtigkeit, weil hohe Staatsschulden eine Gefahr für die Preisstabilität darstellen und ein unausgewogener policy-mix zu negativen Wachstums- und Beschäftigungseffekten führen kann. Eine ‚Flankierung' der Geldpolitik durch gesunde Staatsfinanzen ist auch deshalb wichtig, weil die EZB noch über keine Reputation verfügt und weil noch nicht davon ausgegangen werden kann, dass sich in den europäischen Staaten ein einheitlicher und unumstößlicher Grundkonsens über die Bedeutung gesunder Staatsfinanzen entwickelt hat. Der durch den Stabilitäts- und Wachstumspakt gestärkte und ausgebaute finanzpolitische Rahmen des Maastrichter Vertrags, soll der Verwirklichung gesunder Staatsfinanzen dienen.

4. Eine empirische Analyse der bisher erreichten Ergebnisse des Stabilitäts- und Wachstumspakts

Wie aus Abschnitt 2.3. hervorgeht, war die Konkretisierung und Präzisierung des Maastrichter Vertrags durch den Stabilitäts- und Wachstumspakt nicht weitreichend genug, um die Interpretations- und Definitionsspielräume bei der Defizitfeststellung zu beseitigen.[189] Daher besteht die Gefahr, dass die Entscheidungen im Ratsgremium die Form politischer Tauschgeschäfte annehmen und weniger in stabilitätspolitischer Verantwortung erfolgen.[190] Eine glaubwürdige, uneingeschränkte Anwendung des Sanktionsverfahrens bei stabilitätswidrigem Verhalten ist nicht zu erwarten.[191] Rechnen die Mitgliedstaaten nicht mit einer in jedem Falle erfolgenden Sanktionierung, so können die in einer Währungsunion entstehenden Anreize zu Neuverschuldung nicht unterbunden werden.

Als ein erstes Ergebnis lässt sich somit festhalten, dass der Stabilitäts- und Wachstumspakt kein geeignetes Instrument ist, der demokratischen politischen Systemen innewohnenden Verschuldungsneigung vollkommen zu unterdrücken.[192] Von Hagen zeigt, dass der politische Konjunkturzyklus in Europa auch mit Inkrafttreten des Stabilitäts- und Wachstumspakt noch vorhanden ist.[193] Er hat festgestellt, dass jeweils im Vorjahr von im Zeitraum von 1998 – 2001 stattgefundenen 18 nationalen europäischen Wahlen jeweils immer eine Verschlechterung des Haushaltssaldos stattgefunden hat. Nach Untersuchungen der OECD beläuft sich dieser Wert auf durchschnittlich etwa 0,85% des BIP.[194]

4.1. Zur Umsetzung des Stabilitäts- und Wachstumspakts

Die nachfolgenden Untersuchungen dienen dazu, die bisherige Umsetzung der beiden Verordnungen des Stabilitäts- und Wachstumspakts zu beurteilen. Schwerpunktmäßig wird hierbei auf die Anwendung des Frühwarnmechanismus und des Sanktionsverfahrens eingegangen, denn die Erstellung der Stabilitätsprogramme scheint bislang gelun-

---

[189] Vgl. Feldmann (2000): S. 212.
[190] Vgl. Linsenmann/Wessels (2002): S. 130f.; Hefeker (2002a): S. 64.
[191] Vgl. Hefeker (2002): S. 140; Ohr/Schmidt (2003): S. 22f.
[192] Vgl. hierzu auch von Hagen (2003): S. 16.
[193] Vgl. von Hagen (2002): S. 15f.
[194] Vgl. OECD (2003): S. 66.

gen, keines der Programme wurde in jüngerer Zeit vom Rat aufgrund feststellbarer Mängel zurückgewiesen.[195] Bei der Vorlage der jüngsten Stabilitätsprogramme aus dem Jahr 2003 ließ sich allerdings die allgemeine Tendenz erkennen, die sich bereits in den vorangegangenen Jahren angedeutet hat: Während die Regierungen sich bei der Vorbereitung zum EWU-Beitritt in ihren Stabilitätsprogrammen besonders ehrgeizige Ziele setzten, hat sich seit dem Beitritt zur Währungsunion der Trend umgekehrt: Es werden den Haushaltsplanungen eher pessimistische Wachstumsannahmen zugrundegelegt. Die Regierungen der Mitgliedstaaten können dann einen über den Prognosen liegenden Haushaltssaldo vorweisen, sollte das BIP-Wachstum höher ausfallen als geplant. Davon erhoffen sie sich in der Öffentlichkeitswirkung einen politischen Vorteil.[196] Deutschland hat allerdings in seinem jüngsten Stabilitätsprogramm eine zu optimistische BIP-Wachstumsrate von 1,5% für das Jahr 2003 zugrundegelegt. Hätte es dies nicht getan, wäre schon in der Haushaltsplanung die Einhaltung der 3%-Regel für 2003 nicht möglich gewesen und das Stabilitätsprogramm voraussichtlich vom Rat zurückgewiesen worden.[197]

Auf der einen Seite sind die Stabilitätsprogramme das zentrale Instrument der haushaltspolitischen Koordinierung in der EWU, anhand derer die finanzpolitische Entwicklung dank eines standardisierten Inhalts und buchhalterischen Systems auf nationaler Ebene von supranationaler Warte aus überprüft werden kann. In der Beurteilung von Artis gelten sie sogar als *„one of the most remarkable pieces of policy coordination in world history."*[198] Auf der anderen Seite ist es ihnen nicht gelungen, die Mitgliedsländer an der Realisierung von übermäßigen Defiziten zu hindern, wie sich im Folgenden zeigen wird.

4.1.1. Anwendung des Frühwarnsystems

Ende Januar 2002 hatte sich die Europäische Kommission dafür ausgesprochen, gegenüber Portugal und Deutschland eine frühzeitige Warnung („blauer Brief") auszusprechen.[199] Im Falle Portugals hatte sich abgezeichnet, dass das geschätzte Haushaltsdefizit für 2001 (2,2%) deutlich höher sein würde, als im Stabilitätsprogramm von

---

[195] Vgl. Sell (2003): S. 7.
[196] Vgl. Fischer/Giudice (2001): S. 169; Sell (2003): S. 21ff.
[197] Vgl. Europäischer Rat (2003c): S. 1f.
[198] Artis (2003): S. 101.
[199] Vgl. SVR (2002): Ziffer 536.

2001 veranschlagt (1,1%). Diese Zielverfehlung ließ sich nur teilweise auf das geringe BIP-Wachstum zurückführen. Nach Meinung des Rats haben von der Konjunktur unabhängige Faktoren zu dieser Entwicklung beigetragen, insbesondere die Unterschätzung der mit einer 2001 eingeführten Reform der direkten Steuern verbundenen Ausfälle bei den Steuereinnahmen sowie die Budgetverschlechterung durch einen starken Anstieg der öffentlichen Ausgaben.[200]

Im Falle Deutschlands hatte die Defizitquote im Jahr 2001 2,8% statt der geplanten 1,5% betragen. Die deutsche Bundesregierung führte diese Zielverfehlung in erster Linie auf konjunkturelle Ursachen zurück.[201] Dem widerspricht allerdings die Berechnung des SVR, nach der der konjunkturelle Einfluss nur 0,1% betragen hat.[202] Es war allgemein davon ausgegangen worden, dass der Rat zur Wahrung seiner Glaubwürdigkeit bei diesem Präzedenzfall eine Frühwarnung aussprechen würde.[203] Dies wurde jedoch mit haushaltspolitischen Selbstverpflichtungen der Regierungen der beiden Länder abgewendet: Portugal sagte zu, das Defizit im Jahr 2002 nicht über 3% anwachsen zu lassen und an dem Ziel festzuhalten, im Jahr 2004 einen nahezu ausgeglichenen Haushalt zu erreichen. Deutschland hatte sich nicht nur dazu verpflichtet, das Budgetdefizit im Jahr 2002 nicht über die 3%-Marke ansteigen zu lassen und die Schuldenstandsquote zurückzuführen, sondern ebenfalls bis zum Jahre 2004 einen nahezu ausgeglichenen Haushalt zu erreichen.[204] Der Rat nahm daraufhin von einer Frühwarnung an die beiden Länder am 12. Februar 2002 Abstand.[205]

Der Frühwarnmechanismus wurde somit im Falle Portugals und Deutschlands nicht strikt und fristgerecht angewendet, wie es der Stabilitäts- und Wachstumspakt vorsieht.[206] Der Rat hat durch die Verweigerung der Frühwarnung in den Augen des Europäischen Parlamentes und der EU-Kommission die Glaubwürdigkeit des Stabilitäts- und Wachstumspakts schwer beschädigt.[207] Die EU-Kommission sah sich anlässlich dieses Befundes dazu veranlasst, im November 2002 eine kritische Bestandsauf-

---

[200] Vgl. Europäischer Rat (2002a): S. 20; Vgl. hierzu auch Kapitel 4.3.1.
[201] Vgl. Bundesregierung (2002): o. S.
[202] Vgl. SVR (2001): Ziffer 387.
[203] o.V. (2002): S. 9.
[204] Vgl. Hasse (2002): S. 136.
[205] Vgl. Europäischer Rat (2002a): S. 9 und S. 22.
[206] Im Falle Frankreichs kam der Frühwarnmechanismus allerdings zur erfolgreichen Anwendung. Vgl. Kapitel 4.1.2.3.
[207] Vgl. o.V. (2002a): S. 9; EU-Kommission (2003): S. 47.

name der ersten vier Jahre des Stabilitäts- und Wachstumspakts vorzunehmen.[208] Sie hat dabei festgestellt, dass die Haushaltsverpflichtungen von der Einleitung konkreter Maßnahmen zur Erreichung der Ziele erheblich divergieren und es an politischem Verantwortungsbewusstsein für den Stabilitäts- und Wachstumspakt durch die Mitgliedstaaten mangelt. Dies wird daran deutlich, dass in den Stabilitätsprogrammen wenig Ehrgeiz zur Haushaltskonsolidierung zum Tragen kommt und zudem die Haltung verbreitet ist, von zu optimistischen Wachstumsprognosen auszugehen.[209] Darüber hinaus werden in einigen Mitgliedsländern zu wenig Anstrengungen zur Umsetzung des ESA-95-Standards unternommen. Es ist auch nicht gelungen, der Öffentlichkeit die Vorteile der Herstellung und Aufrechterhaltung solider Staatsfinanzen sowie die grundlegenden Beweggründe für den Stabilitäts- und Wachstumspakt zu vermitteln. Die mangelhafte Unterstützung durch die Öffentlichkeit hat nicht dazu beigetragen, den äußeren Druck auf die Mitgliedstaaten zu verstärken, eine solide Haushaltspolitik zu betreiben. In erster Linie hat sich jedoch der Frühwarnmechanismus als unwirksam erwiesen, um die Entstehung eines übermäßigen Defizits zu verhindern.

Angesichts dieser Bestandsaufnahme hat sich die EU-Kommission für eine modifizierte Anwendung des Stabilitäts- und Wachstumspakts ausgesprochen.[210] Gemäß dieser Neuerung ist erstens die Verpflichtung zu einem nahezu ausgeglichenen oder sich im Überschuss befindlichen Haushalt auf den konjunkturbereinigten Haushalt zu beziehen, wobei eine von der EU-Kommission angewandte Berechnungsmethode maßgeblich ist. Zweitens müssen diejenigen Länder, welche die Ziele des Stabilitäts- und Wachstumspakts noch nicht erreicht haben, eine jährliche Verbesserung des konjunkturbereinigten Defizits von 0,5 Prozentpunkten anstreben.[211] Drittens kann die Vorgabe des Stabilitäts- und Wachstumspakts, einen ausgeglichenen Haushalt zu er-

---

[208] Vgl. hierzu und im Folgenden: EU-Kommission (2002): S. 5ff. Kurze Zeit vorher hatte der Kommissionspräsident Prodi mit der Äußerung, „ich weiß sehr wohl, dass der Stabilitätspakt dumm ist, wie alle starren Entscheidungen", dazu beigetragen, dass sich die EU-Kommission bewegen musste. Vgl. zu dem Zitat Prodis: Stuttgarter-Zeitung (2002).

[209] Vgl. EU-Kommission (2002b): S. 5f.

[210] Vgl. EU-Kommission (2002b): S. 7ff.

[211] Vgl. ausführlich zu der Berechnungsmethode: Fischer/Giudice (2001): S. 162ff. Allerdings muss darauf hingewiesen werden, dass die Modifikation der EU-Kommission nicht unproblematisch ist, denn die exakte Berechnung der konjunkturellen Einflüsse auf den Haushaltssaldo ist mit gravierenden methodischen Schwierigkeiten verbunden. Vgl. SVR (2000): Ziffer 490ff.; Brandner et al. (1998): S. 5ff. Sich dadurch ergebende eventuelle zusätzliche Auslegungsspielräume bei der Defizitfeststellung können der Effektivität des Sanktionsverfahrens weiter abträglich sein. Vgl. Peffekoven (2002): S. 129; Hefeker (2002): S. 138.

reichen, bei denjenigen Ländern weniger strikt angewendet werden, in denen tiefgrei-
fende Strukturreformen durchgeführt werden oder die eine Schuldenquote von weit
unter dem Referenzwert von 60% aufweisen. Viertens soll nach den Vorgaben der EU-
Kommission die Nachhaltigkeit der öffentlichen Finanzen ein ausdrückliches politi-
sches Ziel werden. Zu diesem Zweck ist den Schuldenquoten beim Haushaltsüberwa-
chungsprozess größeres Gewicht beizumessen. Ferner ist die Definition des Schul-
denstandskriteriums zu klären. Insgesamt ist eine effizientere Anwendung des Sanktionsverfahrens und eine Bestätigung der Mitgliedstaaten zur Festlegung auf den Stabi-
litäts- und Wachstumspakt notwendig.

Die Eurogruppe[212] und der Rat der Europäischen Union haben die Überlegungen der EU-Kommission aufgegriffen und – mit Ausnahme Frankreichs - auf ihrer
Tagung am 21. März 2003 diese Vorgehensweise gebilligt.[213]

4.1.2. Einleitung des Verfahrens nach Art. 104 EGV

Trotz des Scheiterns des Frühwarnmechanismus ist gegen Portugal, Deutschland und
Frankreich mittlerweile ein Sanktionsverfahren nach Art. 104 EGV eingeleitet worden,
dessen konkreter Verlauf im Folgenden dargestellt werden soll.[214]

4.1.2.1. Portugal

Als Portugal am 25. Juli 2002 aufgrund aktualisierter Haushaltsdaten[215] nachträglich
ein Haushaltsdefizit in Höhe von 4,2% des BIP für das Jahr 2001 einräumen musste,
hat die Kommission am 24. September 2002 ein Verfahren bei einem übermäßigen

---

[212] Die Eurogruppe ist ein informelles aber politisch wichtiges Gremium, das aus den Finanzministern
der dem Euroraum angehörenden Staaten besteht und am Vorabend des Rates tagt. Vgl. Weiden-
feld/Wessels (2002): S. 392.
[213] Vgl. EU-Kommission (2003): S. 51.
[214] Vgl. zu der Budgetentwicklung Portugals, Deutschlands, Frankreichs Tabellen 1, 2 und 3 im Anhang.
[215] Die Kommission hatte bereits im März 2002 auf die gravierenden Mängel bei der Erstellung der
Daten über die öffentlichen Finanzen in Portugal hingewiesen. Vgl. EU-Kommission (2002c): S. 1.

Defizit eingeleitet.[216] Am 5. November 2002 stellte der Rat gemäß Art. 104 Abs. 6 EGV fest, dass in Portugal ein übermäßiges Defizit besteht und richtete eine Empfehlung gemäß Art. 104 Abs. 7 EGV zum Defizitabbau an das Land.[217] Diese Empfehlung enthielt zunächst die Auflage, das übermäßige Defizit in Jahresfrist abzubauen und haushaltspolitische Maßnahmen zu ergreifen, die sicherstellen, dass das Defizit im Jahr 2003 unter der 3%-Marke bleibt. Zudem musste ein Stabilitätsprogramm aufgestellt werden, welches einen Defizit-Abbaupfad von mindestens 0,5 Prozentpunkten pro Jahr im Zeitraum von 2003 bis 2006 vorsah. Insbesondere mahnte der Rat weitere Anstrengungen zur Verbesserung des statistischen Materials an.[218] Bereits zur Jahresmitte 2002 hatte Portugal unter der neuen Regierung Barroso Maßnahmen zur Sanierung der öffentlichen Haushalte eingeleitet.[219] Dazu gehörte die Erhöhung der Mehrwertsteuer von 17% auf 19%, der Ausgabenstopp für die Finanzierung von Großprojekten wie dem neuen Flughafen in Lissabon, die Schließung von rund 30 staatlichen Institutionen, der Personalabbau in der Justizverwaltung sowie die Rückführung des Rentenniveaus.[220] Eingebettet waren diese Maßnahmen in ein im Juli 2002 verabschiedetes Haushaltsstabilisierungsgesetz (*Lei de estabilidade orçamental*), welches Budgetrestriktionen vorsieht, die von allen dezentralen Ebenen der vertikalen Finanzordnung einzuhalten sind.[221] Damit konnte erreicht werden, dass das Defizit 2002 nur noch 2,7% betrug. Insgesamt hat sich der Rat über die unternommenen Anstrengungen zur Haushaltsverbesserung Portugals befriedigt gezeigt.[222]

Im Gegensatz dazu hat die EU-Kommission die Struktur der Ausgabenkürzungen kritisiert. Ihrer Meinung nach sind noch nicht genügend Anstrengungen unternommen worden, um die für die Defizitentstehung ursächlichen laufenden Primärausgaben des Haushalts zurückzuführen.[223] Die Zunahme dieser Ausgaben im Sozial- und Gesundheitsbereich sowie im öffentlichen Dienst seit 1990 waren so stark, dass das Niveau der Gesamtausgaben des Staates heute über dem EU- und OECD-Durchschnitt

---

[216] Vgl. EU-Kommission (2002d): S. 1ff. Die Einleitung des Verfahrens wurde durch die Verabschiedung eines Berichts gemäß Art. 104 Abs. 3 am 24. Oktober 2002 formalisiert. Vgl. EU-Kommission (2002c): S. 1ff.
[217] Vgl. Europäischer Rat (2002): S. 1ff.
[218] Vgl. ebenda.
[219] Vgl. Vitzthum/Burns (2003): S. 12.
[220] Vgl. Kuntze (2003): S. 60; EU-Kommission (2003): S. 199.
[221] Vgl. Ministério das Finanças (2003): S. 4; Bronchi (2003): S. 13.
[222] Vgl. Europäischer Rat (2003): S. 24-26.
[223] Vgl. EU-Kommission (2003): S. 199f.

liegt.[224] Allein im Zeitraum von 1998 – 2002, unmittelbar nach der Teilnahme an der Währungsunion, sind diese Ausgaben um 4% angewachsen.[225] Stattdessen, so moniert die EU-Kommission, sind den Sparmaßnahmen die für die Wachstums- und Beschäftigungsimpulse wichtigen öffentlichen Investitionsausgaben zum Opfer gefallen.[226] Dass die in das *Lei de Estabilidade* eingebetteten Maßnahmen eher kurzfristiger Natur sind, wird daran deutlich, dass das Haushaltsdefizit 2003 weiter angestiegen ist (2,9%) und sich im Jahr 2004 (3,3%) weiter erhöhen wird. Nicht zu Unrecht wird daher die Rückführung der öffentlichen Ausgaben als die zentrale Aufgabe der Wirtschaftspolitik Portugals der kommenden Jahre angesehen.[227]

4.1.2.2. Deutschland

Nachdem der Erhalt eines „blauen Briefs" in der ersten Hälfte des Jahres 2002 verhindert werden konnte, setzte das Sanktionsverfahren mit der Bekanntgabe der deutschen Bundesregierung, dass die Defizitquote im Jahr 2002 über 3% liegen werde, ein. Die EU-Kommission verabschiedete am 19. November 2002 den in Art. 104 Abs. 3 EGV vorgesehenen Bericht.[228] Am 21. Januar 2003 wurde ein übermäßiges Defizit in Höhe von 3,6% vom Rat formell festgestellt. Dies ist, abgesehen von dem durch die Übernahme der Treuhandgesellschaft bewirkten Sondereffekt des Jahres 1995, das höchste Defizit der Bundesrepublik seit 1981.[229]

Wie im Falle Portugals stellte der Rat fest, dass das übermäßige Defizit nicht mehr mit der unerwarteten Wachstumsverlangsamung zu erklären sei.[230] Vielmehr habe Deutschland in Zeiten vergleichsweise günstigen Wirtschaftswachstums gegen Ende der neunziger Jahre die haushaltspolitische Konsolidierung vernachlässigt. Das gesamtstaatliche Defizit habe damals 1,5% des BIP betragen. Seit 2000 ist das konjunkturbereinigte Defizit wieder angestiegen, in erster Linie aufgrund eines Ausgabenanstiegs im Gesundheitsbereich. Demzufolge sei zu wenig Spielraum für das konjunk-

---

[224] Vgl. Bronchi (2003): S. 2ff.
[225] Vgl. IWF (2003): S. 4.
[226] Vgl. EU-Kommission (2003): S. 199f. In Portugal steigt die Arbeitslosigkeit seit 2001 kontinuierlich an. Während sie 2001 noch 4,1% betrug, stieg sie 2002 auf 5,1%, 2003 auf 6,6% an und 2004 wird sich aller Voraussicht nach die Arbeitslosenquote auf 7,7% erhöhen. Vgl. EU-Kommission (2003b): S. 36.
[227] Vgl. Bronchi (2003): S. 2. Allein seit 1995 sind die Reallöhne der Beschäftigten des öffentlichen Dienstes um 20% gestiegen. Vgl. ebenda.
[228] Vgl. EU-Kommission (2002e): S. 1ff.
[229] Vgl. SVR (2002): Ziffer 532.

turmäßige Atmen des Haushalts vorhanden gewesen, als sich das Wirtschaftswachstum verlangsamte.[231] Der Rat stellte darüber hinaus fest, dass Deutschland mit einer Schuldenquote von 60,8% im Jahr 2002 auch den zweiten Referenzwert des Maastrichter Vertrags verletze. Am selben Tag verabschiedete der Rat eine Empfehlung zum Defizitabbau an Deutschland. Laut dieser Empfehlungen müsse Deutschland im Jahr 2003 das Defizit auf 2,75% des BIP reduzieren. Darüber hinaus dürfe kein Schuldenanstieg 2003 stattfinden, und in den nachfolgenden Jahren müsse die Schuldenquote zurückgeführt werden. Der Rat mahnte in dieser Empfehlung an, dass die deutsche Bundesregierung dringend die notwendigen Strukturreformen umsetzen müsse, damit das Wachstumspotential der deutschen Wirtschaft gestärkt werde und auf diesem Wege ein nahezu ausgeglichener Haushalt erreicht und die Verringerung der Schuldenquote umgesetzt werden könne. Deutschland habe damit bis zum 21. Mai dieses Jahres Zeit, wirksame Maßnahmen zur Erreichung dieses Ziels zu ergreifen.[232]

Die deutsche Bundesregierung hat daraufhin das Reformprogramm „Agenda 2010" verabschiedet, dessen Schwerpunkte in der Neuausrichtung und Flexibilisierung des Arbeitsmarkts und des Gesundheitswesens, der Anpassung der Rentenversicherung aber auch in der Konsolidierung des Bundeshaushalts liegen, mit dem erklärten Ziel der Einhaltung der Vorgaben des europäischen Stabilitäts- und Wachstumspaktes sowie der Sicherung der langfristigen Tragfähigkeit der öffentlichen Finanzen.[233] Am 17. April 2003 beispielsweise hat das Bundeskabinett eine nationale Nachhaltigkeitsstrategie verabschiedet, in dessen Mittelpunkt die Verbesserung der Entwicklung des Staatsdefizits steht.[234] In ihrer Bewertung vom 21. Mai 2003 erkennt die Europäische Kommission an, dass die von Deutschland zum Defizitabbau eingeleiteten Maßnahmen der Empfehlung des Rats entsprechen. Mit dieser Feststellung ruhte das Verfahren gegen Deutschland.[235] Allerdings ist die deutsche Finanzpolitik in jüngster Zeit vom Kurs einer strikten Haushaltskonsolidierung abgewichen und wendet sich stattdessen konjunkturpolitischen Zielsetzungen zu. Die deutsche Bundesregierung selbst ist von ihrem Ziel, bis zum Jahr 2006 einen ausgeglichenen Haushalt zu erreichen, be-

---

[230] Vgl. hierzu und im Folgenden: Europäischer Rat (2003): S. 1ff.
[231] Vgl. EU-Kommission (2003): S. 46.
[232] Vgl. Europäischer Rat (2003a): S. 22.
[233] Vgl. BMF (2003): S. 1f.
[234] Vgl. BMF (2002b): S. 54.
[235] Vgl. Deutsche Bundesbank (2003a): S. 63.

reits abgerückt, und der deutsche Bundesfinanzminister hat Anfang Juli 2003 verkündet, dass, sollte die dritte Stufe der Steuerreform von 2005 auf 2004 vorgezogen werden, weder 2003 noch 2004 mit einem Haushaltsdefizit von unter 3% gerechnet werden könne.[236] Im Jahr 2003 wird das „Rekordergebnis" vom vorangegangenen Jahr mit 4,2% Finanzierungsdefizit noch übertroffen. Die Defizitquote wird 2004 voraussichtlich auf 3,9% nur leicht zurückgehen. Diese Quoten entsprechen einem Betrag von 86,6 Mrd. bzw. 74,8 Mrd. Euro. Konjunkturelle Ursachen können für die Verschlechterung nicht angeführt werden. Das konjunkturbereinigte Defizit ist 2003 sogar um 0,1 Prozentpunkte gestiegen.[237]

Aufgrund diese Haushaltsdaten hat die EU-Kommission am 18. November 2003 vertragsgemäß weitere Sparmaßnahmen beschlossen, die zu einer stärker als bisher eingeplanten Verringerung des deutschen Finanzierungsdefizits beitragen sollen. Zu diesem Maßnahmen gehörte insbesondere die Forderung, das strukturelle Defizit im Jahr 2004 um 0,8 Prozentpunkte statt der geplanten 0,6 Prozentpunkte zu verringern. Dies hätte einem Wert von 6 Milliarden Euro entsprochen. Im Gegenzug hat die EU-Kommission angeboten, dass Deutschland bis 2005 Zeit habe, das Defizit unter die 3%-Marke zu bringen.[238]

Diese Vorschläge der Kommission, die zu Schritt 6 in Abbildung 1 im Anhang geführt hätten, sind vom Rat bei seiner Tagung am 26. November 2003 in einer Mehrheitsentscheidung abgelehnt worden.[239] Deutschland muss, wie von Bundesfinanzminister Eichel ohnehin beabsichtigt, sein konjunkturbereinigtes Defizit im Jahr 2004 nur um 0,6 Prozentpunkte verringern.[240]

4.1.2.3. Frankreich

Im November 2002 gab die französische Regierung bekannt, dass die Defizitquote für dasselbe Jahr voraussichtlich 2,8% betragen werde. Damit war das tatsächliche Defizit doppelt so hoch wie das im Stabilitätsprogramm 2001 geplante von 1,4%.[241] Aufgrund

---

[236] Vgl. Sell (2003): S. 4. Zum Zeitpunkt der Fertigstellung der Arbeit war im dafür vorgesehenen Vermittlungsausschuss noch nicht über das Vorziehen entschieden worden.
[237] Vgl. EU-Kommission (2003a): S. 40.
[238] Vgl. F.A.Z. (2003c): S. 15.
[239] Spanien, Finnland, Österreich und die Niederlande haben für die Annahme der Vorschläge der EU-Kommission gestimmt. Vgl. F.A.Z. (2003d): S. 2.
[240] Vgl. F.A.Z. (2003d): S. 1.
[241] Vgl. hierzu und im Folgenden: EU-Kommission (2003): S. 47f.

dieser Abweichung, die der Rat nur zu deren Hälfte auf konjunkturelle Ursachen zurückführt, sprach der Rat am 21. Januar 2003 eine Frühwarnung gegenüber Frankreich aus. Es war das erste Mal, dass das Frühwarnsystem zur Anwendung gelangte. Gleichzeitig erging die Aufforderung an Frankreich, alle geeigneten Maßnahmen zu treffen, um die Entstehung eines übermäßigen Defizits zu vermeiden.[242] Dieser Aufforderung ist die französische Regierung nicht nachgekommen. Bei der Veröffentlichung der aktualisierten Haushaltszahlen im März 2003 wurde erstens ein Defizit von 3,1% für das Jahr 2002 bekannt gegeben und für 2003 (2004) eine Defizitquote von 3,4% (3,5%) eingeplant.[243] Daraufhin verabschiedete die Kommission am 2. April 2003 einen Bericht, der das Verfahren bei einem übermäßigen Defizit gegenüber Frankreich einleitete. Die Finanzminister der EU haben auf Empfehlung der Europäischen Kommission vom 7. Mai 2003 am 3. Juni 2003 (also erst zwei Monate nach dem Kommissionsbericht) entschieden, dass in Frankreich ein übermäßiges Haushaltsdefizit besteht und die französische Regierung dazu aufgefordert, so schnell wie möglich, spätestens jedoch bis Jahresende 2004, das übermäßige Defizit abzubauen. Binnen vier Monaten, also bis zum 3. Oktober 2003, sollten dazu geeignete Maßnahmen eingeleitet werden. Zusätzlich müsse im Jahr 2004 eine Verbesserung des konjunkturbereinigten Defizits von mindestens 0,5 Prozentpunkte erreicht werden. Auch die Schuldenquote dürfe sich im Jahr 2003 nicht weiter erhöhen.[244] Die niederländische Regierung hat sich dieser Empfehlung nicht angeschlossen. Sie verwies darauf, dass nach der Frühwarnung und der neuen Interpretation des Stabilitäts- und Wachstumspakts bereits 2003 eine Verbesserung des strukturellen Haushalts um 0,5 Prozentpunkte stattfinden müsse. Unter dem Hinweis, dass Portugal und Deutschland wesentlich mehr Anstrengungen unternommen haben, ihre Defizite zu verringern, sei eine Sonderbehandlung Frankreichs nicht akzeptabel.[245]

Am 8. Oktober 2003 hat die Kommission festgestellt, dass Frankreich die gesetzte Frist habe verstreichen lassen, ohne die vom Ministerrat geforderten Maßnahmen zur Verringerung seines Haushaltsdefizits einzuplanen. Zwar hat die Regierung eine geringfügige Verbesserung des Saldos durch eine Erhöhung der Tabaksteuer und

---

[242] Vgl. Europäischer Rat (2003): S. 23f.
[243] Vgl. Europäischer Rat (2003b): S. 6ff.
[244] Vgl. Europäischer Rat (2003b): S. 5ff.
[245] Vgl. EU-Kommission (2003): S. 48.

durch die Nicht-Erstattung von Medikamenten mit unzureichendem medizinischen Nutzen erreicht. Zudem wurde eine Rentenreform beschlossen, die derzeit noch im Gesetzgebungsverfahren anhängig ist. Diese Maßnahmen werden aber weder dazu führen, das strukturelle Haushaltsdefizit um 0,5 Prozentpunkte im Jahr 2003 zu senken, noch das Defizit für 2004 unter die 3%-Marke zu bringen. Das Haushaltsdefizit in Frankreich beträgt 2003 4,2% und wird 2004 auf etwa 3,8% absinken, auch der Schuldenstand hat sich im Jahr 2003 um 3,6 Prozentpunkte erhöht.[246]

Am 21. Oktober 2003 hat die EU-Kommission eine Empfehlung an den Rat verabschiedet und damit den nächsten Schritt des Sanktionsverfahrens, die In-Verzug-Setzung, in Gang gesetzt.[247] In ihrer Empfehlung fordert sie den Rat auf, die französischen Finanzbehörden zu einem harten Sparkurs anzuhalten. Im Gegenzug müsse Frankreich aber nicht, wie ursprünglich gefordert, sein übermäßiges Etatdefizit schon im Jahr 2004 unter die 3%-Grenze drücken, sondern erst 2005. Dafür müsse aber eine Verbesserung des konjunkturbereinigten Defizits von einem vollen Prozentpunkt erreicht werden und nicht nur von 0,6 Prozentpunkte, wie es die französischen Behörden angeboten haben. Zusätzlich müssen die vom Rat bei der Festlegung der Grundzüge der Wirtschaftspolitik für 2003 bis 2005 geforderten Maßnahmen beachtet werden, nämlich massive Kürzungen bei den Ausgaben im Gesundheitsbereich.[248] In der Empfehlung fordert die EU-Kommission den Rat dazu auf, vom französischen Finanzminister Francis Mer die Vorlage von vier Berichten innerhalb der nächsten zwei Jahre zu verlangen (jeweils im April und Oktober unmittelbar nach der festgelegten Meldung der Haushaltsdaten), aus denen möglichst genau hervorgeht, welche Reformen und geplanten Maßnahmen die Regierung umzusetzen gedenkt. Der Rat ist dieser Empfehlung nicht nachgekommen, sondern hat seine Entscheidung auf Ende November 2003 vertagt, den Stabilitäts- und Wachstumspakt damit nicht fristgerecht angewendet und ihn in eine „existenzielle Krise"[249] gestürzt. Auf seiner Tagung am 26. November 2003, bei der auch die weiteren Sparauflagen gegen Deutschland verhindert worden waren, hat der Rat die Krise des Stabilitäts- und Wachstumspakts jedoch noch ausgeweitet. Die Mehrheit der europäischen Finanzminister hat sich gegen die Vor-

---

[246] Vgl. Tabellen 2 und 5 im Anhang.
[247] Vgl. hierzu und im Folgenden: EU-Kommission (2003d): 1ff.
[248] Vgl. Rat der Europäischen Union (2003): S. 49.
[249] SVR (2003): Ziffer 30.

schläge der EU-Kommission ausgesprochen, beiden Staaten zusätzliche Sparmaßnahmen abzuverlangen, da sie im Jahr 2004 nach eigenem Bekunden zum dritten Mal in Folge gegen die Defizitauflagen verstoßen werden. Frankreich und Deutschland haben sich außerhalb des bestehenden Rechtsrahmens dazu verpflichtet, erst 2005 das Haushaltsdefizit unter die 3%-Marke zu bringen.[250]

4.2. Zwischenfazit zur Umsetzung des Stabilitäts- und Wachstumspakts

Der Frühwarnmechanismus ist in zwei Fällen nicht so angewendet worden, wie es der Stabilitäts- und Wachstumspakt vorsieht. Ihm ist es nicht gelungen, das Entstehen übermäßiger Defizite zu verhindern. Dennoch hat der Stabilitäts- und Wachstumspakt aber durch die Einleitung des Verfahrens gegen drei Länder der EWU, darunter die beiden wegen ihrer politischen Bedeutung und wirtschaftlichen Stärke als Kernländer zu bezeichnenden Mitgliedstaaten Deutschland und Frankreich, zunächst an Glaubwürdigkeit gewonnen.[251] Allerdings wurde das Verfahren von Anfang an nicht so angewendet, wie es der Stabilitäts- und Wachstumspakt vorsieht, sondern ist Gegenstand von politischen Entscheidungen geworden. Die EU-Kommission ist somit verschiedentlich in die Lage versetzt worden, von einer „strikten[n], zeitgerechte[n] und wirksame[n]"[252] Umsetzung des Stabilitäts- und Wachstumspakts abzurücken. Sie hat auch das Ziel eines ausgeglichenen Haushalts für alle Länder der EWU, das ursprünglich auf 2002 festgelegt worden war, zuerst auf 2004 und dann auf 2006 zurückverlegt.[253]

Insbesondere die Ratsentscheidung vom 26. November 2003, das Aussetzen des Verfahrens gegen Frankreich und Deutschland, hat die Glaubwürdigkeit der Fiskalregeln Europas sehr stark beschädigt. Zum gegenwärtigen Zeitpunkt kann mit einer konsequenten Umsetzung des Stabilitäts- und Wachstumspakts nicht mehr gerechnet werden. Die politischen Einschätzungen darüber, ob das Regelwerk überhaupt noch für die Gestaltung der nationalen Haushaltspolitik von Bedeutung ist, gehen gegenwärtig auseinander.[254] Issing betont allerdings, dass der Stabilitäts- und Wachstumspakt keineswegs ,tot' sei, da sich ohne ihn Deutschland und Frankreich nicht dazu verpflichtet

---

[250] Vgl. F.A.Z. (2003d): S. 1. Diese Verpflichtung ist allerdings an ein deutsches Wirtschaftswachstum von 1,6% im Jahr 2004 und 1,8% im Jahr 2005 gekoppelt.
[251] Vgl. Artis (2003): S. 109.
[252] Vgl. Europäischer Rat (1997): Abschnitt „Die Kommission" Art. 1.
[253] Vgl. Cabral (2001): S. 154; Sell (2003): S. 7.
[254] Vgl. F.A.Z. (2003d): S. 1f.

hätten, ihre Defizite möglichst rasch und spätestens bis 2005 auf weniger als 3% zu reduzieren.[255] Zusätzlich muss auch betont werden, dass die Debatte um den Stabilitäts- und Wachstumspakt im Anschluss an die gescheiterte Frühwarnung des Jahres 2002 in Portugal, Deutschland und Frankreich sowie in anderen Ländern Europas die Problematik der öffentlichen Finanzen in den Mittelpunkt der politischen Auseinandersetzung gerückt hat.[256] Alle drei Staaten haben in unterschiedlich großem Umfang Reformschritte eingeleitet. Neben den bereits dargestellten Maßnahmen hat beispielsweise der deutsche Finanzplanungsrat, in dem die Fiskalpolitik zwischen Bund und Ländern koordiniert wird, am 21. März 2003 einen nationalen Stabilitätspakt zur innerstaatlichen Umsetzung des europäischen Stabilitäts- und Wachstumspakts vereinbart, um die Einhaltung der Haushaltsdisziplin auf den unterschiedlichen staatlichen Ebenen zu sichern.[257] Auch andere Länder, in denen sich das Problem ergibt, dass dezentrale Gebietskörperschaften über eine mehr oder minder große Kontrolle der öffentlichen Finanzen des Gesamtstaats verfügen, während nur die Zentralregierung das gesamtstaatliche Defizit in Brüssel zu verantworten hat, haben mittlerweile „interne Stabilitätspakte" verabschiedet, die dem Zweck dienen, alle Ebenen in die innerstaatliche haushaltspolitische Verantwortung einzubinden. So wurde bereits im „österreichischen Stabilitätspakt" von 1998 eine Koordination der Haushaltsführung zwischen der Bundesregierung, den neun Bundesländern und den Städten- und Gemeindevertretern in nationalem Gesetz verankert, deren Ziele noch weitreichender sind als die europäischen Regelungen.[258] In Belgien, Spanien und Italien existieren ähnliche, wenn auch nicht so ambitionierte, Vereinbarungen zwischen der Zentralregierung und den Vertretern der Regionen.[259] Aus Sicht der Institutionenökonomik entsprechen solche Vereinbarungen den notwendigen „Institutionen", die für die Herausbildung einer Stabilitätskultur notwendig sind.[260] Daher lässt sich konstatieren, dass der Stabilitäts- und Wachstumspakt ein geeignetes Instrument zur Herausbildung einer europäischen Stabilitätskultur ist.[261]

---

[255] Vgl. Issing (2003): S. 12.
[256] Vgl. EU-Kommission (2003): S. 47.
[257] Vgl. hierzu ausführlich BMF (2002): S. 15ff.
[258] Vgl. Berthold/Drews (2003): S. 518.
[259] Vgl. hierzu ausführlich von Hagen (2002): S. 11ff.
[260] Vgl. Beetsma (2001): S. 35.
[261] In diesem Sinne hat sich auch der EU-Kommissar für Wirtschafts- und Währungsfragen, Pedro Solbes, geäußert. Vgl. F.A.Z. (2003b): S. 14.

4.3. Die Entwicklung der Staatsfinanzen in der Europäischen Union und in den Beitrittsländern in Folge des Maastrichter Vertrags und des Stabilitäts- und Wachstumspakts

Solide Staatsfinanzen verbessern die Voraussetzungen für die Gewährleistung von Preisstabilität. Ob der Maastrichter Vertrag und der Stabilitäts- und Wachstumspakt geeignete Mittel zur Herstellung solider Staatsfinanzen sind, soll in den folgenden Abschnitten untersucht werden, in denen die Entwicklung des Haushaltsdefizits und der Staatsverschuldung in Europa seit Beginn der 90er Jahre nachgezeichnet wird.

Bevor auf die beiden Referenzwerte des Maastrichter Vertrags im Detail eingegangen wird, soll die Entwicklung des öffentlichen Sektors sowie der Staateinnahmen und –ausgaben kurz skizziert werden, da in ihrer Entwicklung die Ursachen für die heute herrschenden Probleme der öffentlichen Finanzen zu sehen sind. Die vergangenen drei Jahrzehnte zeichnen sich in fiskalpolitischer Hinsicht durch eine kontinuierliche Zunahme der Staatsquote aus.[262] Die Ausgaben der öffentlichen Haushalte des heutigen Eurowährungsgebiets stiegen von 36% des BIP im Jahre 1970 bis zu ihrer Höchstmarke von 53% im Jahre 1993. Danach setzte eine Konsolidierungsphase ein, welche die Staatsquote auf 47% im Jahr 2000 sinken ließ. Seitdem ist dieser Wert wieder auf durchschnittlich 48,1% gestiegen und verharrt auf diesem Niveau.[263] Begünstigt wurde diese Entwicklung in starkem Maße durch ein sehr niedriges Zinsniveau in der zweiten Hälfte der 90er Jahre, in der die Zinsausgaben der öffentlichen Hand im EU-Durchschnitt von jährlich 5,5% in 1995 auf nur noch 4,3% in 1999 zurückgingen. Das bedeutet, dass etwa die Hälfte der Reduktion der Staatsausgaben der öffentlichen Hand im Zeitraum von 1995 bis 1999 auf das gefallene Zinsniveau zurückzuführen ist.[264] In nahezu allen Ländern der EU verbesserten sich die Primärbudgetsalden (Einnahmen minus Ausgaben ohne die Zinszahlungen).[265] Die Zunahme der Staatsausgaben in den vergangenen Jahrzehnten hat ihre Ursache in einem über die

---

[262] Vgl. EU-Kommission (2000a): S. 11f. Unter der Staatsquote ist das prozentuale Verhältnis der Staatsausgaben zum Sozialprodukt zu verstehen. Sie wird häufig als Indikator der gesamtwirtschaftlichen Aktivität des Staats angesehen. Vgl. Dichtl/Issing (1993): S. 1955.

[263] Siehe hierzu auch Abbildung A6 im Anhang. Zum Vergleich: in Japan und den USA lag im Jahr 2002 der Wert bei ca. 40% bzw. 33,2%. Vgl. OECD (2002): S. 248. Siehe hierzu auch Abbildung A7 im Anhang. Innerhalb der EU bestehen allerdings starke Unterschiede zwischen den einzelnen Ländern in Bezug auf die Größe des Staatssektors. Vgl. Abbildung A8 im Anhang.

[264] Vgl. Fatás/Mihov (2002): S. 129.

Jahre stattgefundenen Ausbau des Sozial- und Wohlfahrtsstaats, dessen Sozialtransfers (Ausgaben für Gesundheitswesen, soziale Sicherungssysteme und Altersvorsorge) heute einen beträchtlichen Anteil an der Staatsquote haben. Während die Ausgaben im Sozialbereich steigen, sank der Anteil der staatlichen Ausgaben für öffentliche Investitionen: von 4% im Jahre 1975 auf 2,5% im Jahre 1998.[266] Ebenso wie die Staatsausgaben haben auch die staatlichen Einnahmen zugenommen, notwendig geworden durch das Erfordernis, die gestiegenen öffentlichen Ausgaben zu finanzieren. Im Gegensatz zu der Entwicklung der Ausgaben, ist bei der Einnahmenquote allerdings kein Rückgang zu Mitte der neunziger Jahre zu verzeichnen. Insgesamt lag in dem betrachteten Zeitraum die Ausgabenquote stets über der Einnahmenquote, eine Entwicklung, die sich voraussichtlich auch in den nächsten Jahren fortsetzen wird.[267]

4.3.1. Empirische Befunde zur Entwicklung der Haushaltssalden in der Europäischen Union

Eine Begleiterscheinung der Zunahme der Staatsquote war das Auftreten zum Teil beträchtlicher tatsächlicher wie auch konjunkturbereinigter öffentlicher Haushaltsdefizite.[268] Beinahe ohne Ausnahme lag das durchschnittliche öffentliche Haushaltsdefizit in der EU seit 1975 über der 3%-Marke.[269] Kurz nach Inkrafttreten des Maastrichter Vertrags betrug das Haushaltsdefizit noch 5,4%. Danach setzte ein Prozess ein, den man als „Maastricht-Effekt" bezeichnen kann. Denn ab 1994 sind die Haushaltsdefizite in jedem Jahr gesunken. Mit der Einführung der 3%-Marke als Voraussetzung für den Beitritt zur EWU setzte „in der europäischen Nachkriegsgeschichte ein beispielloser Wettbewerb unter den EU-Ländern bei der Senkung der Defizitquoten ein."[270] Im Jahr 1997, dem Referenzjahr für die Teilnahme an der EWU, lag das durchschnittliche Haushaltsdefizit mit 2,6% unter der 3%-Marke und im Jahr 2000 wurde gar ein unionsweiter Haushaltsüberschuss von 1% erreicht. Besonders bemerkenswert in dieser Hinsicht sind die Konsolidierungserfolge in Italien und Griechenland, wo ein Rückgang des Defizits von 11,7% bzw. 11% im Jahre 1990 auf 0,6% bzw. 1,9% im Jahr

---

[265] Vgl. hierzu auch Abbildungen A9, A10, A11, A12, sowie Tabelle 1 im Anhang.
[266] Vgl. EU-Kommission (2002a): S. 82.
[267] Vgl. EU-Kommission (2003): S. 6. Siehe hierzu auch Abbildung A13 im Anhang.
[268] Vgl. hierzu auch Tabelle 2 und 3 im Anhang.
[269] Vgl. Brunila/Martinez-Mongay (2002): S. 156.
[270] Vgl. Leibfritz et al. (2001): S. 109; Kröger (2002): S. 202.

2000 erreicht werden konnte. Auch in Irland konnte aufgrund eines starken Wirtschaftswachstums das Defizit ab 1997 in Überschüsse transformiert werden und im
Jahr 2000 wurde gar ein Überschuss von 4,4% erreicht.

Mit dem Feststehen des Teilnehmerkreises in der EWU ließen die Bemühungen
um die Konsolidierung der öffentlichen Haushalte in den europäischen Ländern jedoch
nach. Dies zeigt sich deutlich an der Entwicklung des konjunkturbedingten Haushaltssaldos. Dieser hat sich seit 1999 nicht mehr verbessert und liegt auf einem Niveau von
durchschnittlich 2,3% im Jahr 2003. Der Haushaltsüberschuss im Jahr 2000 von 1% ist
somit allein auf die gute Konjunkturlage zurückzuführen (vgl. Abbildung 4). Wichtige
Institutionen der EU bescheinigen den Staaten demnach auch nur einen „minimalisti-
schen Ansatz zur Herbeiführung einer stabilen Haushaltslage."[271]

Abbildung 4: Konjunkturbereinigter und tatsächlicher Haushaltssaldo in der EU

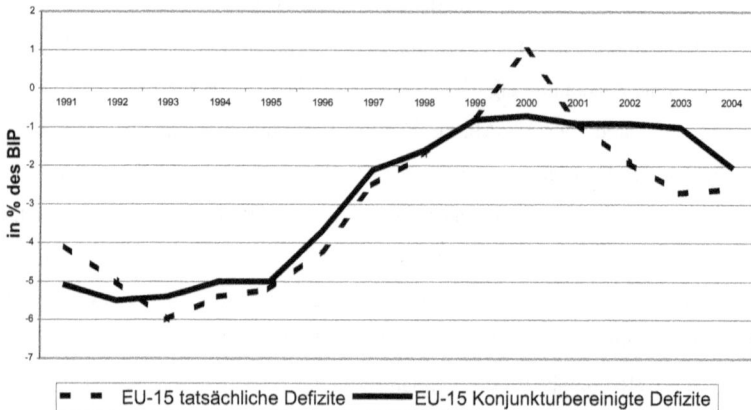

- - EU-15 tatsächliche Defizite ———EU-15 Konjunkturbereinigte Defizite

Quelle: EU-Kommission (2003b): S. 176.

Die Fiskalpolitik in den drei größten Ländern der EWU, Deutschland, Frankreich und
Italien war im Zeitraum zwischen 1999 und 2000, in dem die Wirtschaft im Euroraum
um 4,0% bzw. 5,0% wuchs, sogar expansiv ausgerichtet und wirkte damit prozyklisch.
Die sichtbare Konsequenz war, dass sich im Jahr 2002, als sich die Konjunktur ein-
trübte, auch die Budgetsalden deutlich verschlechterten, und sich in drei Fällen eine

Verletzung der Defizitgrenze ereignete.[272] Die in der 2001-Auflage der Stabilitätspro-gramme enthaltene Absicht, 2002 ein durchschnittliches Haushaltsdefizit von 0,3% und 2003 einen ausgeglichenen Haushalt zu erreichen, wurde verfehlt. Tatsächlich betrug das durchschnittliche Defizit der EU im Jahr 2002 2,2%, im Jahr 2003 2,8% und wird 2004 bei 2,7% liegen.[273] Das letzte Mal war das Defizit 1996 mit 4,3% hö-her. Auch der in der 2002-Auflage der Stabilitätsprogramme angestrebte Haus-haltsausgleich der Mitgliedsländer bis zum Jahr 2006 ist aller Voraussicht nach nicht zu erreichen, auch weil die den Stabilitätsprogrammen zugrundeliegenden Wachs-tumsprognosen (2,1% für 2003, 2,6% für 2004 und 2,7% für die darauffolgenden Jah-re) von der Kommission als zu optimistisch eingeschätzt werden.[274] Das nominale BIP wird dieses Jahr um etwa 3,2% und nächstes Jahr um 4,2% wachsen.[275] Nur fünf Län-der (Belgien, Finnland, Schweden, Spanien und Dänemark) konnten in diesem Jahr einen nahezu ausgeglichenen oder einen überschüssigen Haushalt aufweisen, während in Deutschland, Frankreich, Italien, Großbritannien, Portugal und den Niederlanden das Haushaltsdefizit nahe am oder im Falle Deutschlands und Frankreichs mit jeweils 4,2% weit über dem zulässigen Referenzwert liegt. Für 2004 und 2005 wird eine leichte Verbesserung der Haushaltssituation im Euroraum erwartet.[276]

Es bestehen länderspezifische Unterschiede bei der Budgetentwicklung in der Vergangenheit.[277] Einige Länder konnten erhebliche Verbesserungen ihrer Budgetsal-den herbeiführen. Genannt seien hier stellvertretend zum einen Irland, das seit der Konzeption des Maastrichter Vertrags eine kontinuierliche Verbesserung des Budget-defizits erreichte und im Jahr 2000 einen Haushaltsüberschuss von 4,4% aufweisen konnte. Zum anderen ist in dieser Hinsicht Spanien erwähnenswert. Seit vier Jahren, also auch während konjunkturell schwierigen Phasen, weist das Land einen nahezu ausgeglichenen oder sich im Überschuss befindlichen Haushalt auf. Bei der sich davon ungünstig abhebenden Situation der öffentlichen Finanzen in Deutschland können al-lerdings nicht die besonderen Verhältnisse nach der Wiedervereinigung für die Ursa-

---

[271] Vgl. EZB (1999): S. 64.
[272] Siehe hierzu auch Abbildungen A14 und A15 im Anhang.
[273] Vgl. OECD (2003a): S. 58.
[274] Laut einer Prognose der EU-Kommission würde dies für Deutschland bedeuten, dass es zur Errei-chung des Ziels des Ausgleichs des Bundeshaushalts das Defizit binnen vier Jahren um 3,8% senken muss. Vgl. EU-Kommission (2003): S. 12.
[275] Vgl. hierzu auch Tabelle 4 im Anhang.
[276] Vgl. EU-Kommission (2003a): S. 16-38.

chen der derzeitigen schlechten Haushaltslage außen vor gelassen werden. Zum einen war man sich des Ausmaßes der notwendigen finanziellen Leistungen anfänglich nicht bewusst, und zum anderen ließ der wirtschaftliche Aufschwung im Anschluss an die Wiedervereinigung die haushaltspolitische Entwicklung in einem günstigeren Licht erscheinen, als sie tatsächlich war.[278] Jedenfalls konnte in Deutschland zwischen 1991 bis 1996 das Haushaltsdefizit nur in den Jahren 1992 und 1994 unter die 3%-Marke gesenkt werden. Aber auch in Frankreich lässt sich kein nachhaltiges Bemühen erkennen, die öffentlichen Finanzen auf ein solides Fundament zu stellen. Es erreichte im Referenzjahr 1997 exakt den verlangten Wert von 3,0% und selbst in den wirtschaftlich starken Jahren 2000 und 2001 sank das Defizit nicht unter 1,4%.

4.3.2. Empirische Befunde zur Entwicklung der öffentlichen Bruttoverschuldung in der Europäischen Union

Während die Bruttoverschuldung in der EU 1980 noch 38,5% betragen hatte[279], und 1990 zum Zeitpunkt der Beschlussfassung des Maastrichter Vertrags mit 55,0% nahe am Referenzwert von 60% lag, betrug der durchschnittliche Schuldenstand in der EU im Jahr 1996 72,0% und in der EWU 75,4%.[280] Diese Zunahme innerhalb von nur sechs Jahren beruht hauptsächlich auf der Schuldenexpansion der vier größten Länder des Euroraumes. In Deutschland stieg die Schuldenquote von 42,3% auf 59,8%, in Frankreich von 35,1% auf 57,1%, in Italien von 97,2% auf 122,1% und in Spanien von 43,6% auf 68,1%.[281] Ab 1996 ging die durchschnittliche Bruttoverschuldung kontinuierlich zurück und lag 2002 nur noch bei 69,0%, aber damit immer noch weit über dem Referenzwert. Dass die Verschuldung des Euroraumes zwischen 1993 und 1996 anstieg, obwohl sich die Defizite bereits absenkten, hängt damit zusammen, dass der reale Zins über dem realen BIP-Wachstum lag. Die Differenz zwischen den beiden Werten, hat von 1991 bis 1997 von 0,1 Prozentpunkte auf 3,6 Prozentpunkte zugenommen. Erst als sich diese Differenz (auch als „Zins-Wachstum-Differential" bezeichnet[282]) wieder auf 0,5 Prozentpunkte im Jahr 2001 verringerte, ging auch die Ver-

---

[277] Vgl. hierzu auch Abbildungen A16, A17, A18, A19, A20 und A21 im Anhang.
[278] Vgl. Ratzinger (1997): S. 114.
[279] Vgl. EU-Kommission (2002d): S. 368.
[280] Vgl. zu den Werten der Bruttonominalverschuldung in der EU Tabelle 5 im Anhang.
[281] Vgl. von Hagen et al. (2001): S. 50f. Siehe hierzu auch Abbildung A22 im Anhang.
[282] Vgl. hierzu ausführlich mathematischer Anhang.

schuldung wieder zurück. Auch daran wird deutlich, dass der Erfolg bei der Rückführung der Schuldenquoten in der EU in der zweiten Hälfte der neunziger Jahre nicht nur auf den Sparmaßnahmen in den Mitgliedsländern, sondern auch auf einem günstigen Zinsniveau beruhte.[283]

Andere Länder hingegen konnten ihre Schuldenstände in der Vergangenheit erheblich zurückführen.[284] So ging die Schuldenquote in Belgien von 138,2% im Jahr 1993 auf 103,5% im Jahr 2003, in Finnland von 55,9% auf 44,6%, in Griechenland von 110,1% auf 100,6%, in den Niederlanden von 79,3% auf 54,6% und in Portugal von 64,3% im Jahr 1995 auf 53,3% im Jahr 2000 zurück. Auch Italien konnte seine Schuldenquote von 123,8% im Jahr 1994 auf 106,4% im Jahr 2003 zurückführen. Irland verdient gesonderte Erwähnung, denn der Schuldenstand sank von 100,1% im Jahr 1992 auf nur noch 32,4% im Jahr 2002.

Den Referenzwert von 60% verfehlten im Jahr 2003 sechs Länder (Belgien, Deutschland, Frankreich, Griechenland, Italien und Österreich), der durchschnittliche Schuldenstand im Eurowährungsgebiet steig auf 70,4% (EUR-12) an. In Belgien, Italien und Griechenland bleibt trotz der Rückführung der Schuldenwerte in den vergangenen Jahren die Lage nach wie vor prekär, da die öffentliche Verschuldung jeweils den Wert des Volkseinkommens übersteigt.[285] Besorgniserregend bei der Lage der öffentlichen Finanzen im Eurowährungsgebiet insgesamt ist, dass es ausgerechnet die drei größten und wirtschaftlich bedeutendsten Länder Deutschland, Frankreich und Italien sind, die entweder, wie im Falle Deutschlands und Frankreichs bereits beide Maastricht-Kriterien verletzen, oder wie im Falle Italiens kurz davor stehen, dies zu tun.

4.3.3. Exkurs: Die Beitrittsländer

In diesem Kapitel soll die haushaltspolitische Situation der Beitrittsländer in Bezug auf die Maastrichter Referenzkriterien beleuchtet werden. Dabei geht es nicht um eine umfassende Analyse, vielmehr sollen einige auffallende Aspekte angesprochen werden,

---

[283] Vgl. EU-Kommission (2000a): S. 23f. Siehe zur Entwicklung der Staatsverschuldung in der EU im Zeitablauf Abbildung A23 im Anhang.
[284] Vgl. Abbildungen A24 und A25 im Anhang.
[285] Vgl. EU-Kommission (2002): S. 5.

und ein allgemeines Bild und Trends aufgezeigt werden.[286] Es soll auch aufgrund ihrer politischen Bedeutung in erster Linie die Haushaltssituation der mittel- und osteuropäischen Beitrittsländer, weniger Maltas und Zyperns, beleuchtet werden.

Am 1. Mai 2004 werden Estland, Lettland, Litauen, Polen, die Tschechische Republik, die Slowakische Republik, Ungarn, Slowenien, Malta und Zypern neue Mitgliedstaaten der EU.[287] Das bedeutet für die Beitrittsländer, dass sie die Anforderungen der zweiten Stufe der EWU erfüllen müssen, wie beispielsweise die Zentralbankunabhängigkeit, die Koordinierung der Wirtschaftspolitiken, die Liberalisierung des Kapitalverkehrs sowie die Vorgaben des Art. 104 EGV.[288] Der Beitritt zur Währungsunion erfolgt zu einem späteren Zeitpunkt und frühestens dann, wenn die Länder mindestens zwei Jahre am Wechselkursmechanismus teilgenommen haben und auch die übrigen in Art. 121 Abs. 1 und dem dazugehörigen Protokoll festgelegten Konvergenzkriterien erfüllen.[289] Erst ab diesem Zeitpunkt wird der sanktionierende Teil des Stabilitäts- und Wachstumspakts angewendet.[290] Seit Juni 2001 koordiniert die EU-Kommission auch die Etatpolitik der neuen Mitgliedstaaten. Grundlage hierfür ist das *pre-accession fiscal surveillance procedure* (PFSP), welches die künftigen Mitgliedstaaten auf die fiskalpolitische Anforderungen der EU vorbereiten soll. Die neuen Länder übermitteln die Haushaltsdaten nach ESA-95-Standard und erstellen *pre-accession economic programes (PEP)*. Im Rahmen des Überwachungsverfahrens findet ein nicht näher definierter multilateraler haushaltspolitischer Dialog statt.[291] Die *PEP's* sind mit den Stabilitäts- und Konvergenzprogrammen vergleichbar, im Mittelpunkt steht aber zunächst der Aufbau der technischen, statistischen, institutionellen und analytischen Kapazitäten im haushaltspolitischen Rahmenwerk der Beitrittsländer.[292] Im Gegensatz zu den Stabilitäts- und Konvergenzprogrammen zielen die *PEP's* auf die besonderen wirt-

---

[286] Dieses Vorgehen begründet sich auch aus dem Umstand, dass die Erhebung und Übermittlung des statistischen Materials nach dem ESA 95-Standard einige Beitrittsländer nach wie vor große Probleme stellt. Insofern sei hier ausdrücklich auf die eingeschränkte Vergleichbarkeit und Genauigkeit der Daten hingewiesen. Vgl. EU-Kommission (2003): S. 30.

[287] Beim Europäischen Rat Kopenhagen wurden am 13. Dezember 2002 die Beitrittsverhandlungen mit den zehn Beitrittsländern abgeschlossen. Für Rumänien und Bulgarien wurde als Beitrittstermin das Jahr 2007 vereinbart. Auf dem Europäischen Rat im Dezember 2004 soll über die Eröffnung der Beitrittsverhandlungen mit der Türkei beraten werden.

[288] Vgl. Schäfer (2001): S. 260.

[289] Für das Datum der Einführung des Euro existiert bislang kein konkreter Zeitplan. Vgl. hierzu und zu weiteren Details der Euro-Einführung: Italianer (2002): S. 4.

[290] Dies geht aus Art. 122 Abs. 3 hervor. Vgl. auch: Köhler-Töglhofer (2003): S. 38.

[291] Vgl. hierzu ausführlich: Italianer (2002): S. 7.

schaftlichen Erfordernisse in der Übergangsperiode ab und konzentrieren sich vornehmlich auf die Einhaltung der Kopenhagener Kriterien.[293]

4.3.3.1. Die Entwicklung des staatlichen Haushaltsdefizits

Der Zusammenbruch der politischen Systeme und der Übergang von einer Plan- zu einer freien Marktwirtschaft in den mittel- und osteuropäischen Beitrittsländern zu Beginn der Neunziger Jahre hatte zur Folge, dass das Wirtschaftswachstum zunächst stark absank, sich dann aber Mitte der Neunziger wieder erholen konnte und zwischen 1994 und 1999 sehr stark anwuchs.[294] In jüngerer Zeit konnte sich das Wirtschaftswachstum trotz ungünstiger weltwirtschaftlicher Konjunkturlage stabilisieren und ging 2002 nur leicht zurück.[295]

Ähnlich wie in den bisherigen EU-Staaten sind die Volkswirtschaften der mittel- und osteuropäischen Beitrittsländer dadurch charakterisiert, dass der öffentliche Sektor im Wirtschaftsgeschehen einen großen Raum einnimmt. Die Staatsquote liegt heute mit 45,2%[296] annähernd auf dem Niveau der EU-15 (48,1%), obwohl der Entwicklungsstand der neuen Mitglieder gemessen am BIP pro Kopf weniger als die Hälfte desjenigen der EUR-12 beträgt.[297] Auch hier liegt die Ursache im Ausbau der sozialen Wohlfahrtssysteme.[298] So betrugen beispielsweise die staatlichen Ausgaben für die Rentensysteme in den drei größten Beitrittsländern Polen, der Tschechischen Republik und Ungarn im Jahr 2000 durchschnittlich etwa 8,2% des BIP, verglichen

---

[292] Vgl. Deutsche Bundesbank (2003): S. 22.
[293] Vgl. EU-Kommission (2002d): S. 148. Die „Kopenhagener Kriterien" wurden auf der Tagung des Europäischen Rats im Juni 1993 in Kopenhagen als Beitrittsvoraussetzungen für Bewerberländer beschlossen. Es handelt sich hierbei um A) das politische Kriterium: Institutionelle Stabilität als Garantie für demokratische und rechtsstaatliche Ordnung, für die Wahrung der Menschenrechte sowie die Achtung und den Schutz von Minderheiten. Dieses Kriterium erfüllen alle Beitrittskandidaten; B) das wirtschaftliche Kriterium: funktionsfähige Marktwirtschaft sowie die Fähigkeit, dem Wettbewerbsdruck und den Marktkräften innerhalb der Union standzuhalten. Dieses Kriterium erfüllen bislang nur Malta und Zypern und C) das Besitzstandskriterium: Kriterium der Übernahme des gemeinschaftlichen Besitzstands ‚Acquis Communautaire', d. h. der Anwendung des Gemeinschaftsrechts als „die Fähigkeit, die aus einer Mitgliedschaft erwachsenden Verpflichtungen zu übernehmen und sich die Ziele der politischen Union sowie der Wirtschafts- und Währungsunion zu eigen zu machen." Vgl. FifoOst (2003). In Anlehnung an das Vorgehen der Europäischen Kommission wird auf diese Tagung der Beginn des Transformationsprozesses datiert. Vgl. EU-Kommission (2001): S. 11.
[294] Vgl. EU-Kommission (2001): S. 13 und S. 26f. In dem Zeitraum von 1994 bis 2000 lag das durchschnittliche nominale BIP-Wachstum der Tschechischen Republik, der Slowakischen Republik, Polens und Ungarns bei 28,3%. Siehe hierzu auch Tabelle 4 im Anhang.
[295] Vgl. EU-Kommission (2003c): S. 4. Siehe hierzu auch Tabelle 6 im Anhang.
[296] Vgl. EU-Kommission (2003): S. 34.
[297] Vgl. Deutsche Bundesbank (2003): S. 33.
[298] Vgl. EU-Kommission (2002d): S. 137.

mit 8,9% der alten EU-Länder,[299] eine Entwicklung, die auch bei Haushaltssalden zu Buche schlägt.[300]

Im Jahr 2003 liegt das gesamtstaatliche Finanzierungsdefizit außer in den baltischen Staaten und Slowenien jenseits der 3%-Marke und erreichte einen Durchschnittswert von 5,0%.[301] Bei länderspezifischer Betrachtung zeigt sich ein uneinheitliches Bild. Weit jenseits der 3%-Marke lag das Haushaltsdefizit in Ungarn (5,4%). Hier ist die schlechte Haushaltslage in erster Linie auf defizitrelevante Umbuchungen, die die Umstellung auf den ESA-95-Standard erforderte wie auch auf Lohnerhöhungen im Vorfeld der Parlamentswahlen im April 2002 zurückzuführen.[302] Aber auch die Slowakischen Republik (5,1%), die Tschechische Republik (8,0%) und Malta (7,6%) haben hohe Finanzierungsdefizite zu verzeichnen. Während das Haushaltsdefizit in der Slowakischen Republik seit 2000 abnimmt[303], steigt das Haushaltsdefizit in der Tschechischen Republik in diesem Jahr bereits das vierte Mal in Folge. In beiden Ländern werden die Staatsfinanzen durch Umstrukturierungsmaßnahmen zur Behebung einer schwerwiegenden Krise im Bankensektor belastet, die sich im Falle der Tschechischen Republik auf einen Größenordnung von ca. 20% des BIP belaufen.[304] Auch in Polen, dem mit Abstand bevölkerungsstärksten Beitrittsland verschlechterte sich der Budgetsaldo zum vierten Mal in Folge und erreicht 2003 ein Defizit von 4,3%. Auch wenn die Defizitquoten in den letzten zehn Jahren durchschnittlich gesunken sind, haben die mittel- und osteuropäischen Beitrittsländer die gute wirtschaftliche Entwicklung ab der zweiten Hälfte der Neunziger Jahre nicht zu weiteren Haushaltskonsolidierungsmaßnahmen genutzt.[305] Im Gegenteil, es bleibt problematisch, dass die schlechte Haushaltslage weniger auf der enttäuschenden konjunkturellen Entwicklung in jüngster Zeit, als vielmehr auf die Zunahme der staatlichen Transferleistungen beruht.[306] Die bisherigen EU-Staaten haben im Vorfeld des Beitritts zur Währungsunion große haus-

---

[299] Vgl. Buiter/Grafe (2002): S. 21.

[300] Siehe zur Entwicklung der Budgetsalden in den Beitrittsländern Abbildungen A26, A27, A28, A29, A30 und A31 im Anhang.

[301] Siehe hierzu auch Tabelle 7 und 8 im Anhang.

[302] Vgl. Kiss (2003): S. 138ff.; Barisitz et al. (2003): S. 19.

[303] Die sich seit September 2002 im Amt befindende Mitte-Rechts-Regierung beabsichtigt, durch Steuerreformen das Defizit im kommenden Jahr auf unter 5% zu bringen. Vgl. Barisitz et al. (2003): S. 26.

[304] Vgl. Deutsche Bundesbank (2003): S. 24.

[305] Vgl. Köhler-Töglhöfer (2003): S. 86.

[306] Siehe zu weiteren Details für die Tschechische Republik: EU-Kommission (2003): S. 16; Barisitz et al. (2003): S. 16.

haltspolitische Konsolidierungsbemühungen unternommen, was sich an der Entwicklung der Primärbudgetsalden ablesen lässt[307] Ein analoges Verhalten der Finanzpolitik in den mittel- und osteuropäischen Beitrittsländern, die ebenfalls in absehbarer Zeit der EWU beitreten können, ist bislang nicht zu erkennen.[308] Im nächsten Jahr wird in mindestens sechs Ländern das gesamtstaatliche Finanzierungsdefizit die 3%-Marke überschreiten.

Die baltischen Staaten sind in der letzten Dekade innerhalb der Gruppe der mittel- und osteuropäischen Beitrittsländer in positiver Weise in Erscheinung getreten. So hat seit 1997 das Defizit in Lettland und Litauen die 3%-Marke nur im Jahr 1999 überschritten, das heißt im Folgejahr der Russlandkrise von 1998, welche aufgrund der engen Handelsverflechtungen auch in den baltischen Staaten zu einem rückläufigen Wirtschaftswachstum führte. Heutzutage befinden sich alle drei Länder im Zielbereich ihrer mit der EU-Kommission abgestimmten mittelfristigen *PEP*-Haushaltsplanung.[309] Vor allem Estland zeichnet sich seit seiner Unabhängigkeit 1991 durch eine besonders solide Haushaltspolitik aus, denn im Jahr 2003 konnte das Land bereits zum vierten Mal in Folge einen nahezu ausgeglichenen Haushalt realisieren. In Lettland und Litauen scheint sich allerdings eine gewisse Diskrepanz zu Estland aufzutun, denn Litauen verfehlte im letzten Jahr nur knapp die 3%-Marke und wird aller Voraussicht nach 2003 und 2004 ein Defizit von 2,7% erreichen. In Lettland hat sich 2003 mit 2,6% das Defizit gegenüber dem Vorjahr um 0,9 Prozentpunkte erhöht, und wird im kommenden Jahr wahrscheinlich über dem zulässigen Referenzwert liegen.

4.3.3.2. Die Entwicklung der staatlichen Bruttoverschuldung

Während die Einhaltung des Defizitreferenzwerts teilweise erheblich verfehlt wird, zeigt sich bei der Betrachtung des Schuldenstandes ein günstigeres Bild.[310] Mit Ausnahme von Malta (66,4%) und Zypern (60,3%) liegen die Schuldenquoten aller Länder im Jahr 2003 unterhalb des Referenzwerts von 60%. Allerdings ist für den Zeitraum von 2000-2005 ein kontinuierlicher Anstieg der Bruttoverschuldung zu beobachten, der durch die Verschlechterung des durchschnittlichen Primärbudgetsaldos in den

---

[307] Vgl. Kapitel 4.3.1 sowie Abbildungen A9, A10, A11 und A12 im Anhang.
[308] Vgl. Halpern/Neményi (2002): S. 7.
[309] Vgl. Kutan/Pautola-Mol (2002): S. 12f.
[310] Siehe hierzu auch die Abbildungen A32, A33 und A34 sowie Tabelle 9 im Anhang.

Beitrittsländern seit 1999 bedingt ist.[311] Besonders in der Tschechischen Republik verläuft die Entwicklung der Bruttoverschuldung in beunruhigender Weise. Betrachtet man den Zeitraum von 1997 bis 2005 so hat sich der Schuldenstand in acht Jahren verdreifacht. Auch hier sind weniger die konjunkturellen Einflüsse der Grund. Vielmehr ist die Zunahme der laufenden Staatsausgaben vor allem im Gesundheits- und Altersvorsorgebereich sowie eine ineffizient arbeitende und auf der Ebene der Gebietskörperschaften stark fragmentierte Finanzverwaltung hierfür verantwortlich.[312] Die impliziten Verbindlichkeiten in diesen Systemen werden einen immer höheren staatlichen Transfer notwendig machen, der voraussichtlich auf eine Steigerung von 2% im Jahr 2002 auf 4% im Jahr 2010 und 8% im Jahr 2020 herauslaufen wird.[313] Dadurch wird die Finanzpolitik in ihrer Stabilisierungsfunktion beeinträchtigt, und es verbleiben nur wenige Möglichkeiten zur antizyklischen Stabilisierung.[314] Matalík/Slavik kommen gar zu folgendem Schluss: *„fiscal policy is becoming one of the key medium-term risks to macroeconomic development in the Czech Republic."*[315]

Auch in Polen nimmt die Staatsverschuldung kontinuierlich zu und wird von 37,2% im Jahr 2000 auf 49,2% im Jahr 2005 ansteigen. Hier ist der Anstieg eng mit der Entwicklung des Primärdefizits verknüpft, das sich seit 1997 kontinuierlich auf zuletzt 1,1% erhöht hat.[316] Eine besondere Belastung für den polnischen Staatshaushalt stellt das staatliche Vorsorgesystem für Landwirte dar, das zu 95% aus Steuergeldern gespeist wird, und das öffentliche Budget mit ca. 2% des BIP jährlich belastet.[317] In Ungarn, das mit hoher Staatsverschuldung zu Beginn des Transformationsprozesses belastet war, konnte sich der Schuldenstand auf hohem Niveau bei 57,9% im Jahr 2003 stabilisieren.

Das recht unterschiedliche Maß der heutigen Staatsverschuldung der Beitrittsländer ist auch auf die Höhe der öffentlichen Verschuldung, welche zu Beginn des Transformationsprozesses in den einzelnen Ländern vorhanden war, zurückzuführen. Während die baltischen Staaten zu Beginn ihrer Unabhängigkeit keine Schulden hatten, so

---

[311] Das Primärbudgetsaldo betrug im Jahr 2000 durchschnittlich 4,6% und wird im Jahre 2004 voraussichtlich bei nur noch 0,6% liegen. Vgl. Tabelle 8 im Anhang.
[312] Vgl. Burns/Yoo (2002): S. 20.
[313] Vgl. OECD (2003b): S. 11.
[314] Vgl. Matalík/Slavik (2003): S. 112ff.
[315] Matalík/Slavik (2003): S. 119.
[316] Vgl. Barisitz et al. (2003): S. 23.
[317] Vgl. Golik/Jędrzejowicz (2003): S. 122ff.

übernahmen Polen und Ungarn Altlasten in sehr großem Umfang.[318] Im Vergleich zu den Staaten der EU befinden sich die Schuldenstände in allen drei baltischen Staaten heute auf einem sehr niedrigen Niveau.

4.4. Der Stabilitäts- und Wachstumspakt als Instrument zur Sicherstellung der Tragfähigkeit der öffentlichen Finanzen

Die europäischen Staaten werden sich in den kommenden Jahrzehnten hinsichtlich ihres demographischen Aufbaus grundlegend verändern. Dies wird dazu führen, dass es zunehmend schwieriger wird, die Vorgaben des Stabilitäts- und Wachstumspakts zu erfüllen. Ohne Berücksichtigung von Reformen in den Daseinsvorsorgesystemen, auf die hier nicht näher eingegangen werden kann, wäre daher auch mit einem Anstieg der Schuldenstandsquote in Europa zu rechnen, der in der Nicht-Tragfähigkeit der Finanzpolitik in Europa und damit in der Gefährdung der Preisstabilität enden kann.[319] Werden in zunehmendem Maße Mittel der öffentlichen Hand bei der Rentenfinanzierung eingesetzt, stehen außerdem an anderer Stelle, nämlich öffentlichen Investitionen, weniger Mittel zur Verfügung, was langfristig zu geringen wirtschaftlichen Wachstumsraten führen dürfte.[320]

Daher soll in diesem Abschnitt zunächst das Konzept der Tragfähigkeit der öffentlichen Finanzen erläutert und die wichtigsten Aspekte der demographischen Entwicklung und ihre Auswirkungen auf die Staatsfinanzen dargestellt werden, um untersuchen zu können, ob die öffentlichen Haushalte der EU und der Beitrittsländer langfristige Tragfähigkeit aufweisen.

4.4.1. Das Konzept der Tragfähigkeit der öffentlichen Finanzen

Bei einer Analyse der Nachhaltigkeit der Finanzpolitik stellt sich zunächst das Problem, dass herkömmliche finanzpolitische Indikatoren, wie das Finanzierungsdefizit im Staatshaushalt oder der Schuldenstand, als „Momentaufnahme" wenig geeignet sind, die langfristigen Folgen und Implikationen der gegenwärtigen Haushaltspolitik abzu-

---

[318] Vgl. Köhler-Töglhöfer (2003): S. 91.
[319] Vgl. EZB (2000): S. 68; OECD (2002): S. 158ff.; von Hagen (2002): S. 4.
[320] Vgl. Masson (1996): S. 999; Eichengreen (1996): S. 94. Die OECD quantifiziert die Wachstumseinbußen und schätzt, dass das durchschnittliche jährliche BIP-Wachstum bis zum Jahr 2050 nicht über 1,25% liegen wird. Vgl. OECD (2001): S. 177.

schätzen.[321] Sie vermögen es nicht, die sich aus Ansprüchen an die Rentenkassen ergebenden künftigen Verpflichtungen des Fiskus adäquat in Rechnung zu stellen.[322] Darum lässt sich mit ihnen nicht beurteilen, ob die Finanzpolitik der Gegenwart so konzipiert ist, dass das heutige Maß der öffentlichen Verschuldung auch dauerhafte Tragbarkeit aufweist.[323]

Im Rahmen der Finanzpolitik kann der Begriff der Nachhaltigkeit allgemein als die langfristige Sicherung der Handlungsfähigkeit des Staates definiert werden.[324] Im Rahmen des von Blanchard[325] entwickelten Konzepts der „fiscal sustainability", dessen sich auch die OECD sowie die Europäische Kommission bedienen, bedeutet Nachhaltigkeit bzw. eine „auf Dauer tragbare Finanzlage der öffentlichen Hand" (Art.121 EGV), dass sich eine ex ante festgelegte Schuldenquote auch langfristig nicht erhöhen darf.[326] Daraus folgt wiederum, dass die intertemporale Budgetrestriktion nicht verletzt werden darf.[327] Demnach müssen nicht nur die heutigen, sondern auch alle zukünftigen Haushalte (und deren Auszahlungen) in die Betrachtung miteinbezogen werden. Dazu werden alle zukünftigen Zahlungen auf die Gegenwart diskontiert, also in Gegenwartswerten (Barwerten) ausgedrückt. Das heißt, dass der Barwert aller heutigen und künftigen Primärüberschüsse der momentan ausstehenden Staatsverschuldung entsprechen muss. Ist dies nicht der Fall, ist eine gegebene Finanzpolitik nach Blanchard als nicht nachhaltig zu bezeichnen.[328] Es entsteht eine Nachhaltigkeitslücke, die als Gegenwartswert aller Abweichungen von dem intertemporalen Budgetausgleich zu verstehen ist. Diese Lücke kann ihren Ursprung sowohl auf der Einnahmen- wie auch auf der Ausgabenseite des Staatshaushalts haben.[329] Die Formalisierung dieser Lücke kann somit entweder als „Steuerlücke" oder als „primäre Budgetlücke" erfolgen.[330]

---

[321] Vgl. Currie (1992): S. 263.
[322] Vgl. EZB (2000): S. 67.
[323] Vgl. Blankart (2001): S. 354.
[324] Vgl. Beirat beim BMF (2001): S. 6.
[325] Vgl. Blanchard (1990): S. 7-36.
[326] Vgl. Emerson et al. (1991): S. 120f.; Raffelhüschen (2002): S. 74 und das dort von ihm vorgestellte Alternativkonzept der „Generationenbilanzierung." Vgl. zu diesem Konzept auch: Deutsche Bundesbank (2001): S. 30.
[327] Vgl. Arlt (1994): S. 15.
[328] Vgl. Beirat beim BMF (2001): S. 13.
[329] Vgl. Kitterer (2002): S. 68.
[330] Vgl. Beirat beim BMF (2001): S. 16 sowie Kitterer (2002): S. 68.

4.4.2. Die demographische Entwicklung und deren Auswirkungen auf die öffentlichen Finanzen in der Europäischen Union

Laut einer Studie des EPC wird der Rückgang der Geburtenraten und der Anstieg der Lebenserwartung in Europa dazu führen, dass im Jahr 2050 die Anzahl der Personen der Altersgruppe bis 14 Jahre von heute 64 Millionen auf 58 Millionen und die der Erwerbsfähigen (Bevölkerungsgruppe zwischen 15 und 64 Jahren) von 246 Millionen auf 203 Millionen gesunken sein wird. Die Anzahl der über 64-jährigen wird von derzeit 61 Millionen auf 103 Millionen ansteigen.[331] Dabei wird sich der Altenquotient[332] in der EU von derzeit 24% auf 49% im Jahr 2050 mehr als verdoppeln.[333] Auf durchschnittlich eine Person im Rentenalter kommen dann nur noch 2 (bisher 4) Erwerbstätige. Der Anteil der sehr alten Personen (Bevölkerungsgruppe über 80 Jahre) bei der Bevölkerungsgruppe der über 65-jährigen wird sich bis zum Jahr 2050 um 64% erhöhen.[334] Paradoxerweise wird es trotz längerer Lebenserwartung zu einer Bevölkerungsschrumpfung kommen. Die Gesamtbevölkerung der EU-12 wird von 376,4 Millionen auf etwa 346 Millionen Einwohner im Jahr 2050 zurückgehen.[335] Trotz dieses allgemeinen Trends zeigt sich bei der länderspezifischen Betrachtung ein heterogenes Bild. Während beispielsweise Frankreich mit einem Zuwachs von knapp 5% rechnen kann, sinkt die Bevölkerung in Deutschland um 8%. Besonders in Spanien und Italien ist der Rückgang der Gesamtbevölkerungszahl (-11% bzw. −17%) besonders dramatisch.[336]

Derartige demographische Verschiebungen werden die Altersrentenausgaben in allen Staaten der EU erhöhen, da die Altersvorsorge überwiegend aus einem umlagefinanzierten Pflichtversicherungssystem besteht, welches zu einem mehr oder minder großen Anteil aus Steuergeldern finanziert wird.[337] Die auf der Annahme der Fort-

---

[331] Vgl. EPC (2001): S. 10ff. Die Geburtenrate wird langfristig bei etwa 1,7 liegen, während für die Gewährleistung des natürlichen Ersatzes einer Bevölkerung eine Geburtenrate von etwa 2,1 nötig wäre. Die Lebenserwartung der Frauen wird bis 2050 von 81 auf 85 Jahre und die der Männer von 75 auf 80 Jahre steigen. Vgl. OECD (2001): S. 172.

[332] Als Altenquotient bezeichnet man das Verhältnis der Anzahl der über 65-jährigen zur Anzahl der Personen im erwerbsfähigen Alter (15 bis 64 Jahre). Vgl. Coded (2003).

[333] Vgl. hierzu Tabelle 10 im Anhang.

[334] Vgl. OECD (2001): S. 173. Vgl. hierzu Tabelle 11 im Anhang.

[335] Vgl. hierzu Tabelle 12 im Anhang. Unterstellt wurde hierbei eine EU-weite jährliche Nettozuwanderung von 200.000 Personen. An dieser Einwanderungszahl dürfte sich aus politischen Gründen auch längerfristig wenig ändern. Dass Bevölkerungsschrumpfung und -alterung durch Zuwanderung aufgehalten wird, kann damit ausgeschlossen werden Vgl. EZB (2000): S. 63.

[336] Vgl. EZB (2000): S. 64.

[337] Vgl. EPC (2001): S. 15 sowie für eine detaillierte Darstellung zu den einzelnen Vorsorgesystemen EPC (2001): S. 84ff.

schreibung der heutigen Finanz- und Ausgabenpolitik fußenden Projektionen deuten darauf hin, dass die Altersruhegelder der öffentlichen Hand, die derzeit durchschnittlich etwa 10% des BIP betragen, bis zum Jahr 2050 um etwa 3-5 Prozentpunkte zunehmen werden.[338] Großbritannien ist das einzige EU-Mitglied, in dem diese Ausgaben zurückgehen werden, während Spanien und Griechenland mit Mehrausgaben von 8 bzw. 12 Prozentpunkten zu rechnen haben.[339] Die Alterung der Bevölkerung wird nicht allein zu Mehrausgaben bei der Altersvorsorge führen, auch die Gesundheits- und Alterspflegeausgaben werden von dieser Entwicklung betroffen sein. Auch wenn die Quantifizierung in diesem Ausgabenbereich ungleich schwieriger ist, deuten Untersuchungen der OECD und des EPC darauf hin, dass mit einer Erhöhung der Ausgaben um etwa 3% des BIP zu rechnen ist.[340] Diesen Prognosen zufolge wird sich das Finanzierungsdefizit, das aufgrund der Erhöhung bei den laufenden Ausgaben voll zu Lasten des Primärdefizits geht, in den EU-Ländern bis zum Jahr 2050 auf ca. 6-7% pro Jahr ansteigen.[341]

4.4.3. Die Tragfähigkeit der öffentlichen Finanzen in der Europäischen Union

Ausgehend von den Projektionen des EPC hat die EU-Kommission auf Grundlage der jüngsten Auflage der Stabilitätsprogramme von 2002 aller EU-Staaten die Nachhaltigkeit der heutigen Finanzpolitik einer Untersuchung unterzogen.[342] Es wurden zwei verschiedene Szenarien entwickelt. Ein Szenario[343] fußt auf der Annahme, dass die Vorgaben des Stabilitäts- und Wachstumspakts eingehalten werden, d.h. dass im Jahr 2006, so wie es in den jüngsten Stabilitätsprogrammen vorgesehen ist, die Länder einen ausgeglichenen Haushalt realisiert haben werden. Neben der Annahme, dass sich die alterungsbezogenen Ausgaben so entwickeln, wie in der Studie des EPC, wurde zugrundegelegt, dass die Steuerquote und nicht-alterungsbezogenen Staatsausgaben

---

[338] Vgl. hierzu auch Tabelle 13 im Anhang. Dabei wurde angenommen, dass die Erwerbsquote der Männer gleich bleiben, die der Frauen um 5% zunehmen und dass die Arbeitslosenquote langfristig bei etwa 8% liegen wird, der Produktivitätsfortschritt 1,8% beträgt und das Wirtschaftswachstum bei 1,6%/BIP liegen wird. Vgl. EPC (2001): S. 17f.
[339] Vgl. hierzu sowie zu den Faktoren, die zu diesem Anstieg führen EPC (2001): S. 24ff.
[340] Vgl. EPC (2001): S. 65 und Tabelle 14 im Anhang.
[341] Vgl. OECD (2002): S. 159.
[342] Vgl. hierzu und im Folgenden EU-Kommission (2003): S. 18ff. Letztlich vermag dieses Konzept allerdings nur die Konsequenzen einer Fortführung der momentanen Haushaltspolitik zu analysieren. Dies sollte bei der Bewertung der Resultate berücksichtigt werden. Vgl. Beirat beim BMF (2001): S. 15.
[343] „Szenario 1" in Tabelle 15 im Anhang.

konstant bleiben und das Zins-Wachstums-Differential ab dem Jahr 2010 zwei Prozentpunkte betragen wird. Wird die Finanzpolitik mit diesen Parametern fortgesetzt, lässt sich die Schuldenquote für das Jahr 2050 berechnen. Das zweite Szenario[344] geht von denselben Annahmen aus, mit dem Unterschied, dass im Jahr 2006 kein aggregierter Haushaltsausgleich erreicht wird, sondern sich der Haushaltssaldo aus dem Jahr 2002 permanent fortsetzt. Dieses Szenario trägt der Tatsache Rechnung, dass von einem EU-weiten Haushaltsausgleich im Jahr 2006 realistischerweise nicht mehr ausgegangen werden kann. Die EU-Kommission ist zu dem Ergebnis gekommen, dass, selbst wenn alle Mitgliedstaaten 2006 einen Haushaltsausgleich erreichen, in der Hälfte der EU-Länder die Gefahr einer nicht-tragfähigen Haushaltslage besteht. Die Schuldenquoten in diesen Ländern liegen im Jahr 2050 weit über dem Referenzwert von 60%. Zudem wurde festgestellt, dass bei Fortsetzung der Finanzpolitik des Jahres 2002 das Risiko eines haushaltspolitischen Fiaskos bei den Ländern, die im Jahr 2002 hohe Defizite hatten, beträchtlich zunimmt. Schließlich hat die Untersuchung der EU-Kommission ergeben, dass der Verlauf der Schuldenentwicklung bei den meisten Ländern U-förmig ist. Erst in 10 Jahren beginnt sich der demographische Faktor bei den Staatsfinanzen niederzuschlagen und wird im Jahrzehnt zwischen 2020 und 2030 die Haushalte am stärksten belasten.[345]

Die EU-Kommission hat neben der Entwicklung der Schuldenstände „Steuerlücken" berechnet, die angeben, um wie viel Prozent sich die jährlichen Einnahmen des Staates erhöhen müssten, damit die intertemporale Budgetbeschränkung des Staates nicht verletzt wird, d.h., damit sich der Einnahmenstrom und der Ausgabenstrom über einen unbegrenzten Zeithorizont hinweg ausgleichen. Die Steuerlücken stellen Indikatoren dar, mit denen sich grob der Konsolidierungsbedarf für das Erreichen gesunder Staatsfinanzen abschätzen lässt. Tabelle 16 im Anhang verdeutlicht, dass nach Szenario 2 (Fortschreibung der Finanzpolitik des Jahres 2002) Deutschland und Frankreich mit jeweils 5,7 Prozentpunkten besonders hohe Steuerlücken aufweisen. Bei anderen Ländern, wie Belgien und vor allem den drei skandinavischen Staaten, ist davon auszugehen, dass sie bereits heute über eine tragbare Finanzpolitik verfügen.

---

[344] „Szenario 2" in Tabelle 15 im Anhang.
[345] In Tabelle 15 im Anhang sind die voraussichtlichen Schuldenstände im Jahr 2050 verzeichnet. Abbildungen A35 und A36 im Anhang verdeutlichen den Schuldenanstieg in der EU und in Deutschland.

Die EU-Kommission bezieht bei ihrer Beurteilung der Tragfähigkeit auch die länderspezifischen Unterschiede bei den Alterssicherungssystemen ein. Unter Berücksichtigung dieses Faktors zeigt sich, dass in Spanien und Griechenland das Risiko einer nicht-nachhaltigen Finanzpolitik wegen der sehr starken Belastung der Staatsfinanzen durch die altersbezogenen Ausgaben besonders hoch ist. Hier sind dringend Reformen der Alterssicherungssysteme notwendig. In Deutschland, Frankreich, Österreich und Portugal besteht ein hohes Risiko, dass erhebliche Budgetverwerfungen auftreten können. Erstens liegt die Zunahme der altersbezogenen Ausgaben über dem EU-Durchschnitt. Zweitens ist eine Rückführung der Schuldenquote aufgrund der bereits heute bestehenden hohen Defizite mit besonderen Schwierigkeiten behaftet und drittens verfügt diese Ländergruppe wegen Arbeitsmarktrigiditäten über geringe BIP-Wachstumsaussichten. Hochverschuldete Länder wie Belgien, Italien und Griechenland sehen sich einer besondern Herausforderung gegenüber, weil sie allein für den Haushaltsausgleich in der Periode zwischen 2020 und 2030 einen Primärüberschuss von 3%, 3,6% bzw. 3,7%, im Vergleich zu 1%-2% der übrigen Länder, erzielen müssen. Einige Länder wie Dänemark, Luxemburg, Niederlande, Frankreich, Schweden und Großbritannien, also insgesamt nur drei Länder aus der EWU, verfügen über positivere Ausgangsbedingungen. Die öffentliche Finanzen stehen auf tragfähigerer Basis, da sie durch Einführung von teilweiser Kapitaldeckung die notwendigen Anpassungen in den Rentensystemen eingeleitet oder bereits durchgeführt haben. In Irland besteht nur dann ein geringes Risiko für die Tragfähigkeit der öffentlichen Finanzen, wenn sich die öffentlichen Ausgaben für Renten- und Gesundheitssysteme dem Niveau der übrigen EU-Länder annähern und die Schuldenquote konstant bleibt.

4.4.4. Die Tragfähigkeit der öffentlichen Finanzen in den Beitrittsländern

Die Deutsche Bundesbank hat im Juli 2003 die Nachhaltigkeit der Finanzpolitik der neuen EU-Ländern analysiert.[346] Den Ausgangspunkt für diese Untersuchung bildet die Gleichung (5) des mathematischen Anhangs: $\Delta b_t = p_t + (i - g)b_{t-1}$. Nach Nullsetzen von Δb_t (keine Veränderung des Schuldenstandes im Zeitablauf) und Umformung lässt sich ein Primärsaldo p_t in Höhe von

(6) $p_t = (i-g)b_{t-1}$

---

[346] Vgl. Deutsche Bundesbank (2003): S. 29ff.

bestimmen, der notwendig wäre, damit die Schuldenquote auf ihrem momentan existierenden Niveau stabilisiert wird. Wenn der Primärüberschuss geringer ist als in Gleichung (6), die Schuldenquote also steigt, existiert eine „primäre Budgetlücke".[347] Diese würde als Barwert „dem Betrag entsprechen, um den der Barwert der Primärüberschüsse steigen müsste, damit die Schuldenstandsquote konstant bleibt."[348] Legt man das nominale Wirtschaftswachstum und das Zinsniveau der Jahre 1999 bis 2002 zugrunde, sind in den meisten Länder teilweise erhebliche „Primärlücken" zu verzeichnen.[349] So muss Ungarn künftig eine jährliche Saldoverbesserung von 3 Prozentpunkten, die Slowakische Republik von etwa 4,5 Prozentpunkten und die Tschechische Republik von annähernd 5 Prozentpunkten erreichen, damit die Schuldenquote langfristig stabilisiert wird. Estland, Lettland und Zypern weisen unter diesen Bedingungen hingegen eine positive „Primärlücke" auf. Ohne Veränderung der Budgetpositionen zeichnet sich jetzt schon ab, dass in einigen Ländern die Schuldenquoten im Jahre 2015 teils erheblich die 60%-Hürde überschreiten werden. In Ungarn würde sich die nominale Bruttoverschuldung von 56,3% im Jahre 2002 auf 89,8%, in der Tschechischen Republik von 39,7% auf 84,1% und in der Slowakischen Republik von 44,3% auf 110,3% erhöhen.[350]

Im Gegensatz dazu könnte Estland allerdings eine Nettovermögensposition aufbauen. Allerdings kann nicht davon ausgegangen werden, dass die in dieser Vorausschau verwendeten gesamtwirtschaftlichen Bedingungen nach dem Beitritt unverändert bleiben. Wahrscheinlicher ist, dass sich die gesamtwirtschaftlichen Bedingungen den Verhältnissen der bisherigen EWU annähern werden. Aus diesem Grund hat die Deutsche Bundesbank ein zweites Szenario erstellt, das auf dem durchschnittlichen BIP-Wachstum und Zinsniveau des heutigen Euro-Währungsgebiet beruht.[351] In Estland, der Slowakischen Republik, Slowenien und Zypern würden demnach die Schuldenquoten im Jahre 2015 niedriger ausfallen als bei der Fortschreibung des nationalen Zinsniveaus und des durchschnittlichen Wirtschaftswachstums der Jahre 1999 bis 2002. Diese positive Entwicklung begründet sich damit, dass die Verzinsung der Staatsschuld unter Bedingungen der EWU wesentlich geringer ausfiele, und somit –

---

[347] Deutsche Bundesbank (2003): S. 28.
[348] Beirat beim BMF (2001): S. 16.
[349] Vgl. hierzu Abbildung A37 im Anhang.
[350] Vgl. „Aktuelles Szenario" in Tabelle 17 im Anhang.
[351] Vgl. „EWU-Szenario" in Tabelle 17 im Anhang.

über ein kleineres Zins-Wachstums-Differential - der Schuldenverlauf eine günstigere Entwicklung nähme. Bei den anderen sechs Ländern wäre die Entwicklung genau umgekehrt: Sie müssten mit einer Vergrößerung des Abstandes zwischen Realzins und realem BIP-Wachstum rechnen, so dass sie sich einer schneller steigenden Schuldenquote gegenübersähen. Die Ergebnisse sind also uneinheitlich.

Insgesamt betont die Deutsche Bundesbank allerdings, dass sich das Zinsniveau der 10 Länder nach dem Beitritt aufgrund der gesunkenen Risikoprämien auf Staatsanleihen verringern wird, während die BIP-Wachstumsraten auch längerfristig vergleichsweise hoch ausfallen dürften.[352] Insofern ist mit einer eher langsamen Entwicklung der nominalen Bruttoverschuldung zu rechnen. Zu diesem Ergebnis kommt auch die Österreichische Nationalbank. Sie weist darauf hin, dass das „Zins-Wachstums-Differential" bereits in den letzten Jahren einen eher dämpfenden Effekt auf die Entwicklung der Staatsverschuldung hatte.[353] Andererseits weisen Halpern/Neményi darauf hin, dass aufgrund von Intransparenz und Ungenauigkeiten bei der Berechnung und Erfassung des statistischen Materials die ausgewiesenen Haushaltsdaten nur eingeschränkte Aussagekraft besitzen. Die Autoren äußern die Vermutung, dass nach vollständiger Implementierung des ESA 95-Standards die Primärüberschüsse, die notwendig sind, um das Maß der öffentlichen Verschuldung im Zustand der Tragfähigkeit zu halten, höher ausfallen könnten, als dies momentan der Fall ist.[354] Inwieweit sich der EU-Beitritt letztlich auf das Budget der Mitgliedstaaten auswirkt, ist zum gegenwärtigen Zeitpunkt nur schwer abzuschätzen. Einerseits kommen auf die AC-10 Mehrausgaben zur Finanzierung des EU-Haushalts und der vollständigen Implementierung des *Acquis Communautaire* in Höhe von etwa 1% ihres BIP zu.[355] Andererseits sind sie Empfänger von Transfers aus den Struktur- und Kohäsionsfonds, die bis zu 4% des BIP erreichen können.[356]

---

[352] Vgl. Deutsche Bundesbank (2003): S. 34f.
[353] Vgl. Köhler-Töglhöfer (2003): S. 91f.
[354] Vgl. Halpern/Neményi (2002): S. 14.
[355] Vgl. Deutsche Bundesbank (2002): S. 34.
[356] Vgl. Backé (2002): S. 153.

4.5. Zwischenfazit zu der Entwicklung der öffentlichen Finanzen in der Europäischen Union und in den Beitrittsländern

Insgesamt muss man bei einer Beurteilung der Entwicklung der öffentlichen Finanzen im Euroraum seit 1990 zunächst den Konsolidierungserfolg hervorheben, den die Länder im Vorfeld der dritten Stufe der EWU geleistet haben.[357] Seit 1998 jedoch, nachdem der Europäische Rat seine Entscheidung über den Teilnehmerkreis der EWU getroffen hatte, lässt sich ein Nachlassen in den Konsolidierungsbemühungen der öffentlichen Haushalte konstatieren. Dies wird an der Entwicklung der um den Zinsendienst bereinigten strukturellen bzw. Primärdefizite deutlich, denn anhand dieser Größen lässt sich der haushaltspolitische Kurs der jeweils amtierenden Regierungen am besten beurteilen.

Im Gegensatz zum Maastrichter Vertrag drängt sich vor dem Hintergrund der haushaltspolitischen Entwicklung bezüglich der Eignung des Stabilitäts- und Wachstumspakts zur Sicherstellung einer soliden Finanzpolitik ein eher negatives Ergebnis auf. Der Stabilitäts- und Wachstumspakt konnte nicht verhindern, dass es in einigen Mitgliedsländern zum Überschreiten der Defizitgrenze gekommen ist. Ein Erfolg des finanzpolitischen Regelwerks der EU ließe sich noch am ehesten im Zusammenhang mit der Rückführung der Schuldenquote konstatieren.

Zwar könnte man anführen, dass sich die heutigen Haushaltsdefizite Europas im Vergleich zu den 80er Jahren auf eher niedrigem Niveau befinden[358] und bis zum heutigen Tag keine größeren Spannungen zwischen der europäischen Geldpolitik und der Fiskalpolitik festzustellen sind. Insofern kann dem fiskalpolitischen Regelwerk der EU durchaus bescheinigt werden, dass es für eine von haushaltspolitischem Störpotential unbeeinträchtigte Durchführung der einheitlichen Geldpolitik gesorgt hat.[359] Trotzdem ist die heutige Verschuldungslage der öffentlichen Hand aufgrund der sich abzeichnenden Bevölkerungsentwicklung zu hoch. Denn hinsichtlich der langfristigen Umsetzung des Stabilitäts- und Wachstumspakts zeigt sich, dass nahezu alle Länder Europas aufgrund der Alterung der Bevölkerung einen Konsolidierungskurs einschlagen müs-

---

[357] Vgl. EZB (1999): S. 63.

[358] Zwischen 1980 und 1989 betrug das durchschnittliche Finanzierungsdefizit der öffentlichen Haushalte der EU 4,2%. Vgl. EU-Kommission (1998): S. 364f.

[359] Vgl. Artis (2003): S. 110. Die Inflationsrate bewegt sich im Euroraum schon seit geraumer Zeit auf niedrigem Niveau und stabilisierte sich im Verlauf des Jahres 2003 bei einem Niveau von 2%. Vgl. SVR (2003): Ziffer 139.

sen, der in einer grundlegenden Reform der Alterssicherungssysteme besteht. Andern-falls wird die Staatsverschuldung ein Niveau erreichen, dass in manchen Ländern Europas ein Vielfaches des jährlichen Gesamteinkommens übersteigt.

4.6. Einschränkung des finanzpolitischen Bewegungsspielraums durch den Stabilitäts- und Wachstumspakt?

Die finanzpolitischen Vorgaben des EGV und des Stabilitäts- und Wachstumspakts werden seit Beginn ihres Bestehens von einer kontrovers geführten wissenschaftlichen Auseinandersetzung begleitet[360], deren erschöpfende Darstellung den Rahmen der vorliegenden Arbeit überschreiten würde.[361] Zunächst besteht ein wesentlicher Kritikpunkt in der Debatte darin, dass die numerische Festlegung der Referenzwerte rein willkürlicher Art ist.[362] Tatsächlich folgen die Maastrichtkriterien keiner ökonomischen Logik.[363] Dass die Werte speziell auf die Bedürfnisse Deutschlands zugeschnitten worden seien, ist eine besondere Facette dieses Kritikpunkts. Denn ein Schuldenstand von 60% steigt bei einem Finanzierungsdefizit von 3% dann nicht an, wenn die Wachstumsrate des Nominaleinkommens 5% pro Jahr beträgt. Alle drei Werte entsprachen dem Durchschnitt der Werte der 80er Jahre in der Bundesrepublik Deutschland.[364]

Der Hauptvorwurf an den Stabilitäts- und Wachstumspakt besteht jedoch darin, dass er den Spielraum der Finanzpolitik zu sehr einschränke. Dies sei, so die Kritiker[365], insbesondere in einer Währungsunion von Nachteil, da die Wirtschaft nach dem Auftreten asymmetrischer Schocks nicht mehr durch Auf- und Abwertungen der nominalen Wechselkurse bzw. durch Anpassungen der Geldpolitik stabilisiert werden kann. Daher bedarf es alternativer Anpassungsinstrumente. Dabei kommt neben der

---

[360] Vgl. Balassone/Franco (2001): S. 46.
[361] Zu einem vertieften Einblick in die Auseinandersetzung um den finanzpolitischen Rahmen Europas sei verwiesen auf: Buti et al. (2002); Brunila/Martinez-Mongay (2002); Eichengreen/Wyplosz (1998); Buiter et al. (1993); Buiter/Grafe (2002); Buiter (1992) und die dort verwendete Literatur.
[362] Vgl. Buiter (1992): S. 1ff.
[363] Vgl. mathematischer Anhang.
[364] Vgl. Ratzinger (1997): S. 101. Daher wurde die Vermutung geäußert, dass die fiskalpolitischen Referenzwerte in dieser Form notwendig gewesen wären, weil sonst die deutsche Öffentlichkeit der EWU nicht zugestimmt hätte. Vgl. Hefeker (2003): S. 16. Diese Vermutung lässt sich insofern entkräften, als dass die wesentliche Grundlage des Maastrichter-Vertrags (und damit die Grundlage der EWU in ihrer heutigen Konzeption) der einstimmig und von Mitgliedern verschiedener Nationalitäten verabschiedete Delors-Bericht (1989) gewesen ist. Vgl. Willett (1999): S. 38.
[365] Vgl. hierzu zum Beispiel Alho (2001): S. 6.

Mobilität der Produktionsfaktoren Arbeit und Kapital, der Lohn- und Preisflexibilität aber auch die Fiskalpolitik in Betracht.[366] Da die Volkswirtschaften Europas von einer geringen Mobilität der Produktionsfaktoren bzw. Flexibilität der Relativpreise (Lohnrigiditäten) gekennzeichnet sind[367], verbleiben als Anpassungsmechanismus zur wirtschaftlichen Stabilisierung nur noch die nationale Lohn- und Sozialpolitik bzw. die Fiskalpolitik.[368]

Dieser Vorwurf wird insbesondere im Zusammenhang mit der EU-Erweiterung erhoben. Die mittel- und osteuropäischen Volkswirtschaften befinden sich im wirtschaftlichen Aufholprozess gegenüber den jetzigen EU-Mitgliedern und weisen zwar vergleichsweise hohe Defizite auf, verfügen aber ebenfalls über relativ hohe BIP-Wachstumsraten, so dass eine unsolide Haushaltspolitik weniger unmittelbar in einem Schuldenanstieg resultiert als in den alten EU-Ländern. Zugleich ist der weitere wirtschaftliche Aufholprozess von den Infrastrukturmaßnahmen der öffentlichen Hand, insbesondere Verkehrswegebau und Investitionen in Humankapital, abhängig. Durch eine einheitliche Anwendung der 3%-Regel könnten, so die Befürchtung, wichtige öffentliche Investitionsvorhaben unterbleiben.[369]

Es lässt sich jedoch zeigen, dass von einer Einschränkung der Finanzpolitik durch den Stabilitäts- und Wachstumspakt nicht gesprochen werden kann. Denn wenn die Mitgliedstaaten die Vorgabe des Stabilitäts- und Wachstumspakts erfüllen, einen ausgeglichenen Haushalt zu erreichen, können die automatischen Stabilisatoren uneingeschränkt wirksam werden.[370]

Ob die Finanzpolitik durch die 3%-Marke eingeschränkt wird, hängt davon ab, wie stark sich die Haushaltssalden konjunkturbedingt verändern bzw. in welchem Umfang die automatischen Stabilisatoren in der EU wirksam sind.[371] Wäre die Marke zu eng gefasst, dann würden bereits normale Konjunkturabschwünge dazu führen, dass die Haushaltssalden die 3%-Marke überschreiten. Die Mitgliedstaaten wären dann gezwungen, „ungerechtfertigt" Sanktionen zu bezahlen oder kontraktive fiskalpolitische Maßnahmen einzuleiten, um Strafen zu vermeiden. Damit würde sich der konjunktu-

---

Vgl. SVR (1997): Ziffer 414; Heinemann (2001): S. 226.
Vgl. Belke/Baumgärter (2002): S. 387 und auf die dort verwiesenen Studien.
Vgl. Emerson et al. (1991): S. 119; Wagner (1998): S. 84ff.
Vgl. Artis (2003): S. 112; Eichengreen/Ghironi (2002): S. 395; Sell (2001): S. 288.
Vgl. Buti/Sapir (2002): S. 17; Smeets/Vogl (2001): S. 438; Artis/Winkler (1999): S. 169.
Vgl. Buti/Sapir (2002): S. 15.

relle Abschwung noch verstärken, was zu weiteren Wachstums- und Beschäftigungseinbußen führen würde.[372]

Von verschiedenen Organisationen durchgeführte Konjunkturreagibilitätsanaly-
sen[373] haben ergeben, dass im EU-Durchschnitt die Defizitquote um ca. 0,5% zunimmt, wenn der „output-gap"[374] um 1% ansteigt.[375] Bei einem output-gap von 3%[376]
ergäbe sich dann durchschnittlich ein konjunkturbedingtes Defizit von 1,5%. Bei
Haushaltsausgleich würde die 3%-Marke nicht überschritten werden.

Es kann sogar gezeigt werden, dass in den meisten Fällen dafür nicht einmal ein
Haushaltsausgleich notwendig ist, sondern eine ausreichend große Sicherheitsmarge
ausreicht. Dalsgaard/de Serres zeigen, dass sich die Mehrheit der EU-Länder sogar ein
strukturelles Defizit zwischen 1,0% und 1,5% leisten könnte, um im Falle eines out-
put-gaps von 3% mit 90%-Wahrscheinlichkeit die 3%-Marke in einem Zeithorizont
von drei Jahren nicht zu überschreiten. Gleiches gilt für einen Zeithorizont von fünf
bis sieben Jahren wenn die Haushaltssalden ein strukturelles Defizit zwischen 0% und
1% aufweisen.[377] Länder mit hohen automatischen Stabilisatoren, insbesondere Finnland und Schweden, benötigen allerdings eine größere Sicherheitsmarge:[378] Schweden
müsste einen Überschuss von 2,5% des BIP und Finnland von 1,8% einhalten. Für
England, Dänemark und die Niederlande genügt eine Sicherheitsmarge zwischen 0%
und –1%, während Portugal –1,5%, Irland –1,5%, Deutschland –1,7% und die restli-
chen Länder etwa –2,0% benötigen.[379]

Außerdem widerspricht der Einengung der Fiskalpolitik eine Studie der EU-
Kommission, aus der hervorgeht, dass in dem Zeitraum von 1961 bis 1996 bei normalen Konjunkturabschwüngen, also bei einem BIP-Rückgang von weniger als 2% pro

---

[372] Vgl. Leibfritz et al. (2001): S. 36; Smeets/Vogl (2001): S. 434; Buti/Giudice (2002): S. 22.
[373] Vgl. Leibfritz et al. (2001): S. 36ff. stellen die von OECD, IWF und EU durchgeführten Analysen
ausführlich dar.
[374] Der output-gap (auch: Produktionslücke) mißt die „Lücke zwischen der tatsächlichen Produktion
und der Produktion, die die Volkswirtschaft bei Vollbeschäftigung und den gegebenen Ressourcen
produzieren könnte." Dornbusch/Fischer (2002): S. 17f.
[375] Vgl. Buti/Martinot (2000): S. 94. Es bestehen Unterschiede zwischen den einzelnen Ländern, so ist
die Sensitivität in den nordeuropäischen Ländern wegen des dort umfangreicheren Staatssektors höher
als in den südeuropäischen Staaten. Vgl. Smeets/Vogl (2001): S. 436f.
[376] Dalsgaard/de Serres (2001): S. 207 stellen fest, dass dieser Wert grosso modo dem "mean value of
the maximum output gaps recorded in recessions in the major EU economies during 1975-97"
entspricht.
[377] Vgl. Dalsgaard/de Serres (2001): S. 232; Artis/Buti (2001): S. 197 verweisen auf Studien der O-
ECD und des IWF, die zu ähnlichen Ergebnissen kommen.
[378] Vgl. Artis (2003): S. 108; Kröger (2002): S. 201.

Jahr, die EU-Staaten nicht die 3%-Defizitmarke überschritten hätten, wenn zu Beginn der Rezession ein ausgeglichener Haushalt vorhanden gewesen wäre. Nur im Falle von langanhaltenden Rezessionen wäre es auch bei ausgeglichenem Haushalt in fünf Fällen zu einem nachhaltigen Überschreiten der Defizitgrenze gekommen.[380] Dabei hätten sich die Mitgliedstaaten allerdings auf die Ausnahmeregelungen berufen können, so dass kein sanktionswürdiger Tatbestand vorgelegen hätte.[381]

Die Kritik der Einengung trifft auch nicht im Kontext der EU-Erweiterung zu. Denn für die Beitrittsländer besteht das Risiko, in der Übergangsphase bis zum EWU-Beitritt Opfer beträchtlicher und unvorhergesehener Kapitalbewegungen und spekulativer Attacken auf ihre Währung zu werden, was seinen Niederschlag in einer hohen Volatilität des Wechselkurses und in einem Anstieg der Risikoprämien finden könnte. Dies wiederum würde die Kapitalkosten verteuern und könnte in der Abnahme wichtiger öffentlicher Investitionen münden. Um ein solches Risiko auszuschalten und dem Markt positive Stabilitäts- und Wachstumssignale zu setzen, könnte sich gerade für die Beitrittsländer eine haushaltspolitische Selbstbindung positiv auswirken.[382]

Anders gelagert ist der Fall bei den Ländern, deren Haushalte nicht ausgeglichen waren, als die Abschwungperiode einsetzte. Bereits 1997 wurde davor gewarnt, dass es im Falle eines Rückgangs des BIP-Wachstums zu einem Überschreiten des Defizit-Referenzwertes kommen könnte.[383] Als sich das nominale BIP-Wachstum von 5,1% im Jahr 2000 auf nur noch 3,5% im Jahr 2002 verlangsamte, bestätigte sich diese Befürchtung. Weil in den Jahren zwischen 1998 und 2001 die automatischen Stabilisatoren nicht symmetrisch gewirkt haben, die Länder also keine Überschüsse gebildet hatten, verfügten die Haushalte in der sich anschließenden konjunkturellen Schwächephase nur über einen eingeschränkten Bewegungsspielraum.[384] Die Haushaltssalden näherten sich der 3%-Marke, bzw. überschritten diese im Falle Deutschlands, Frankreichs und Portugals. Die eigentliche Verletzung des Stabilitäts- und Wachstumspakts durch diese Länder besteht somit nicht im Überschreiten des Referenzwertes im Wirtschaftsabschwung, sondern in einer expansiv ausgerichteten Fiskalpolitik in früheren

---

[379] Vgl. Barrell (2001): S. 280; Artis (2003): S. 110.
[380] Vgl. Buti/Franco/Ongena (1997): S. 19ff.
[381] Vgl. Smeets/Vogl (2001): S. 49.
[382] Vgl. Kopits (2001): S. 66.
[383] Vgl. Buti/Franco/Ongena (1997): S. 29; Sell (2001): S. 288.
[384] Vgl. Schuknecht (2002): S. 99.

Jahren. Die haushaltspolitische Fehlplanung lässt sich beispielsweise im Falle Deutschlands auf die Jahre 1999/2000 datieren, als bei einem BIP-Wachstum von 2,6% keine ausreichend große Sicherheitsmarge zum Defizitreferenzwert eingehalten wurde.[385] Wäre in diesem Zeitraum eine prozyklische Finanzpolitik vermieden worden, hätte beim Konjunkturabschwung in den nachfolgenden Jahren ein Kreditspielraum von über 60 Mrd. Euro pro Jahr zur Verfügung gestanden.[386]

Offensichtlich besteht ein Trade-Off zwischen wachstumsfreundlicher Finanzpolitik und striktem Einhalten der Defizitgrenze dann, wenn der Haushaltssaldo bereits die 3%-Marke überschritten hat. Die Wirtschaftswissenschaft ist weit davon entfernt, eindeutige Antworten zu liefern, wie dieser Zielkonflikt aufgelöst werden kann.[387] Aufgrund vorangegangener Versäumnisse steht beispielsweise die deutsche Finanzpolitik momentan vor dem Problem, dass sie mehrere Ziele zur gleichen Zeit verfolgen muss, die nicht miteinander vereinbar sind. Auf der einen Seite ist eine strenge Sparpolitik bzw. restriktive Finanzpolitik gefordert, um die Maastrichtkriterien in den kommenden Jahren nicht erneut zu durchbrechen. Dies kann die Konjunktur belasten. Auf der anderen Seite ist eine Senkung der Abgabenlast notwendig, um die Konjunktur zu stimulieren. Dies kann aber die Absenkung des Haushaltsdefizits weiter erschweren.[388]

Insgesamt spricht vieles dafür, ein kurzfristiges Überschreiten der Defizitgrenze zuzulassen, sofern die Politik langfristig durch Steuersenkungen Wachstumsimpulse zu setzen vermag, und Krisen wenigstens nicht dadurch noch zu verstärken, dass Zinsen und Abgaben gerade dann steigen, wenn die Konjunktur lahmt.[389] Aber es ist äußerst fragwürdig, ob eine expansive Fiskalpolitik überhaupt den gewünschten Nachfrageimpuls bewirken kann. Die Wirtschaftssubjekte könnten damit rechnen, dass die Steuersenkung oder Ausgabenerhöhung der Gegenwart ohnehin nur zu Defiziten führt, die in der Zukunft mit neuen Steuern finanziert werden müssen. Dies würde dazu führen, dass das zusätzliche Geld der Gegenwart gespart wird, und kein Nachfrageimpuls

---

[385] Vgl. Europäisches Parlament (2002): S. 24; EZB (2002a): S. 2; Buti/Sapir (2002): S. 31.
[386] Vgl. Peffekoven (2003): S.15.
[387] Vgl. Wyplosz (2003): S. 16.
[388] Vgl. Arbeitsgemeinschaft deutscher wirtschaftswissenschaftlicher Forschungsinstitute (2003): S. 60.
[389] Vgl. Fricke (2003): S. 26; Rogoff (2003): S. 26.

stattfinden würde.[390] Nicht zu Unrecht lässt sich daher gegenüber dem Stabilitäts- und Wachstumspakt der Vorwurf erheben, er intendiere zwar die Vermeidung übermäßiger Defizite, setze aber keinen Anreiz, in Zeiten hohen Wirtschaftswachstums Ausgaben zu kürzen, bzw. Steuern zu erhöhen und damit Rücklagen für wirtschaftliche Schwächeperioden zu bilden.[391] Expansive Fiskalpolitik in wirtschaftlichen Boomphasen (prozyklische Fiskalpolitik) verhindert nicht nur das symmetrische Wirken der automatischen Stabilisatoren, sondern zwingt darüber hinaus die Zentralbank zu einer eher restriktiven Geldpolitik, bzw. verhindert eine geldpolitische Lockerung, wenn die Wirtschaft lahmt.[392]

---

[390] Vgl. Wyplosz (2003): S. 16; Tanzi (2003): S.16. Die Tatsache, dass kreditfinanzierte Steuersenkungen keinen Effekt auf die aggregierte Nachfrage haben, ist auch unter dem Namen „Ricardianisches Äquivalenztheorem" bekannt. Vgl. hierzu ausführlich: Felderer/Homburg (2003): S. 256ff.
[391] Vgl. Bean (1998): S. 106; Buti/Sapir (2002): S. 31; Brunila/Martinez-Mongay (2002): S. 163ff.
[392] Vgl. Buti/Martinot (2000): S. 97; Korkmann (2001): S. 299.

5. Fazit und Ausblick

In der vorliegenden Arbeit konnte zunächst gezeigt werden, dass der Stabilitäts- und Wachstumspakt den institutionellen Rahmen des Maastrichter Vertrags in wichtigen Bereichen ergänzt und konkretisiert, es ihm aber nicht gelungen ist, eine wirksame Disziplinierung der Haushaltspolitik durch automatisches Einsetzen des Sanktionsverfahrens zu erreichen. Die Ausführungen des dritten Kapitels belegen, dass die Vermeidung hoher Defizite jedoch Grundvoraussetzung für das Gelingen der EWU ist. Insbesondere aus geldpolitischen Gründen ist die Begrenzung zur Kreditaufnahme der öffentlichen Hand zu befürworten. Politökonomische Argumente sprechen dafür, externe Verschuldungsregeln in der EU zu implementieren, da nicht davon ausgegangen werden kann, dass Regierungen eine solide Haushaltspolitik von alleine herbeiführen. Die Existenz des Stabilitäts- und Wachstumspakts aufgrund des erst seit kurzer Zeit bestehenden gemeinsamen Währungsraumes ist auch dadurch gerechtfertigt, dass ein allgemeiner Grundkonsens hinsichtlich der überragenden Bedeutung des Ziels der Preisstabilität, eine Stabilitätskultur, in Europa bestehen muss, soll die EWU auf Dauer Bestand haben. Nicht zuletzt vermag der Stabilitäts- und Wachstumspakt externen politischen Druck („peer pressure") zu erzeugen, der die Länder zu einer stabilitätsbewußten Haushaltpolitik anhält.

Jedoch hat sich gezeigt, dass sich die Vorgaben des Stabilitäts- und Wachstumspakts nur beschränkt durchsetzen lassen. So konnte das Überschreiten der Defizitgrenze durch einige Mitgliedsländer der EU nicht verhindert werden. Es wäre jedoch verfehlt, die Verletzung des Defizitreferenzwerts durch Portugal, Deutschland und Frankreich auf konjunkturelle Ursachen zurückzuführen. Die Gründe sind vielmehr in einem Nachlassen der Anstrengungen zur Herbeiführung einer soliden Hauhaltslage seit der Mitgliedschaft zur EWU zu sehen. Dass die Staaten zu einer stabilitätsbewussten Schuldenpolitik in der Lage sind, hat die Entwicklung der öffentlichen Haushaltsdefizite vor dem Start der dritten Stufe der EWU gezeigt.

Der von politischer Seite häufig geäußerte Vorwurf, der Stabilitäts- und Wachstumspakt enge die Fiskalpolitik zu stark ein und verhindere eine wachstumsfreundliche Wirtschaftspolitik[393], lässt sich nicht aufrechterhalten. Zunächst lässt sich

---

[393] Vgl. F.A.Z. (2003): S. 15; F.A.Z. (2003a): S. 13.

die These empirisch widerlegen. Der Vorwurf greift aber auch ins Leere, da schon in naher Zukunft die überwiegende Mehrheit der alten und neuen EU-Staaten aufgrund der Alterung der Bevölkerung Haushaltsüberschüsse realisieren muss, welche die derzeitigen Überschüsse, sofern überhaupt welche bestehen, um ein Weites übertreffen.

Seit sich gezeigt hat, dass der Stabilitäts- und Wachstumspakt nicht so angewendet wird, wie es ursprünglich vorgesehen war, findet in Wissenschaft und Politik eine vielschichtige Debatte um den institutionellen Rahmen Europas statt. Dabei wird allgemein die Bedeutung gesunder Staatsfinanzen anerkannt, umstritten ist jedoch die Art und Weise, wie dieses Ziel erreicht werden kann. Die mit Sicherheit optimalste Strategie wäre es, diejenigen Faktoren zu eliminieren, die auf nationaler Ebene für das Entstehen übermäßiger Defizite verantwortlich sind.[394] Darunter fallen beispielsweise Reformen der Budgetprozesse[395], die Etablierung unabhängiger finanzpolitischer Komitees auf nationaler Ebene, welche die Haushaltspolitik auf mehrere Jahre im Voraus und für die Regierung verbindlich festlegen. Insgesamt böte sich durch die einzelstaatliche Lösung der Vorteil, dass die Budgetpolitik dem Einsatz für politische Machterhaltungszwecke entzogen werden könnte.[396]

In die gleiche Richtung zielt im europäischen Kontext der radikale Vorschlag, die integrationspolitische Asymmetrie der EWU aufzuheben und der Währungsunion auf supranationaler Ebene ein gleichwertiges Pendant in Form einer europäischen Wirtschaftsregierung zur Seite zu stellen, so dass auch die Finanzpolitik vergemeinschaftet wäre.[397] Die Forderung fußt auf dem Argument, dass mit einer weitreichenden ex ante Koordinierung der Fiskalpolitik auf europäischer Ebene die Problematik der von der nationalen Wirtschaftspolitik ausgehenden „spill-over-Effekte" auf die anderen Mitgliedstaaten oder auf die gemeinschaftliche Geldpolitik beseitigt werden würde, da kein Staat mehr Budgetpolitik zum Nachteil der anderen Partnerländer betreiben könnte.[398]

Diesem in Richtung der Schaffung eines europäischen Fiskalföderalismus gehenden Ansatz sind schwerwiegende Argumente entgegenzuhalten. Neben den praktischen und organisatorischen Schwierigkeiten bei der Ausarbeitung einer für alle ge-

---

[394] Vgl. Beetsma (2001): S. 34.
[395] Vgl. Frey/Kirchgässner (1994): S. 438.
[396] Vgl. Wyplosz (2002): S: 10f.
[397] Vgl. Hillenbrand (2002): S. 464; BMF (2002a): S. 71.
[398] Vgl. Ongena/Winkler (2001): S. 315.

rechten vorab bestimmten Fiskalpolitik, würde eine Zentralisierung und ex ante Koordinierung der Wirtschaftspolitik die klare Zuweisung der Aufgaben und Verantwortlichkeiten zwischen den jeweiligen Akteuren ‚verwischen'. Insbesondere ein Wesensmerkmal der EU, nämlich das Subsidiaritätsprinzip, welches in der Präambel des Maastrichter Vertrags verankert wurde, wäre ausgehebelt.[399] Eine Änderung der in vielen Jahrzehnten gewachsenen Kompetenzaufteilung zwischen der EU-Kommission, als gemeinschaftlicher supranationaler Institution, und dem Rat, als intergouvernementales Gremium der Interessenvertretung der Mitgliedstaaten in der Haushaltspolitik, kann nicht erwartet werden. Die Übertragung haushaltspolitischer Kompetenzen von einer demokratisch legitimierten Regierung auf eine unabhängige Institution kann somit auf absehbare Zeit ausgeschlossen werden.[400]

Neben solchen weitreichenden Reformvorschlägen wird die aktuelle Debatte von einer Vielzahl kürzer greifender Ansätze bestimmt. So wird eine modifizierte Anwendung des Stabilitäts- und Wachstumspakts dahingehend gefordert, bestimmte Staatsausgaben, beispielsweise für Bildung, oder öffentliche Investitionen bei der offiziellen Defizitberechnung auszugliedern. Dies trage dazu bei, so die Befürworter, die „Qualität" der öffentlichen Finanzen zu verbessern, indem ökonomisch sinnvolle Haushaltsposten von eventuellen Sparmaßnahmen unbetroffen blieben.[401] Ein Argument für die Reform des Stabilitäts- und Wachstumspakts ist es, dass sich gegenüber dem Zeitpunkt der Ausarbeitung des Maastrichter Vertrags die gesamtwirtschaftlichen Rahmenbedingungen verändert haben. Im Sinne dieser Argumentation sind die Bedenken von damals hinsichtlich des Geldwertschwunds einer gemeinsamen Währung der Besorgnis um langanhaltendes niedriges Wirtschaftswachstum in Europa gewichen.[402] Zudem habe sich die Währungsunion bisher als Erfolg erwiesen, sodass gerade jetzt einer Reform nichts mehr im Wege stehe.[403]

Dementgegen befürchten die Gegner einer Modifikation der bestehenden Regeln, dass die Transparenz und Simplizität des Stabilitäts- und Wachstumspakts abhanden kommen könnte, und der Stabilitäts- und Wachstumspakt durch zusätzlichen diskretionären Handlungs- und Definitionsspielraum weiter an Glaubwürdigkeit ein-

---

[399] Vgl. Issing (2002): S. 323; BMF (2003d): S. 66.
[400] Vgl. Müller-Graff (2002): S. 388; Gros/Thygesen (1998): S. 318; Buti et al. (2002): S. 15.
[401] Vgl. Balassone/Franco (2001a): S. 371.
[402] Vgl. Calmfors et al. (2003): S. 57.
[403] Vgl. ebenda.

büßen würde.[404] Der institutionelle Rahmen des finanzpolitischen Regelwerks in Europa bietet den Vorteil, dass er für die Öffentlichkeit gut zugänglich ist und seine Einhaltung ohne große Schwierigkeit überprüft werden kann. Gerade vor dem Hintergrund der zunehmenden Komplexität des institutionellen und gesetzesmäßigen Gefüges der Europäischen Union[405] gewinnt dieses Argument an Bedeutung.[406] Zusätzlich muss berücksichtigt werden, dass eine Abänderung des Art. 104 nur durch einstimmigen Beschluss einer Regierungskonferenz möglich ist.[407]

Der gewichtigste Einwand gegen die Demontage des Stabilitäts- und Wachstumspakts ergibt sich aus dem unabschätzbaren Vertrauensverlust, den die gemeinsame Währung kurz vor der EU-Erweiterung erleiden würde.[408] Sollte der Stabilitäts- und Wachstumspakt jetzt abgeändert werden, oder die tatsächliche Anwendung weiterhin von der vertraglich vorgesehenen Anwendung abweichen, würde er zur „formaljuristischen Hülse"[409] ohne praktische Auswirkungen degradiert werden. Es könnte der Eindruck entstehen, dass die Regeln dem politischen Verhalten angepasst werden.[410] Gerade für die neuen Beitrittsländer wäre aber ein Signal wichtig, dass die Teilnahme an der Stabilitätsgemeinschaft nur um den Preis soliden Finanzgebarens zu haben ist. Ansonsten könnte die Defizitverletzung eher die Regel als die Ausnahme werden.[411] Weiterhin erscheint eine Abänderung des Stabilitäts- und Wachstumspakts bzw. eine Nichteinhaltung der Vorgaben fatal, da es sich abzeichnet, dass in der neuen EU-Verfassung hinsichtlich der Geld- und Währungspolitik Veränderungen eintreten werden. Zum einen soll die EZB als „sonstiges Organ" der EU eingestuft werden. Die Sonderstellung, die der Maastrichter Vertrag der EZB eingeräumt hat, würde somit verloren gehen. Zum anderen soll das Ziel der Preisstabilität aus dem Katalog der Unionsziele gestrichen werden. In diesem Zusammenhang weist die Deutsche Bundesbank zurecht darauf hin, dass eine solche Veränderung der noch jungen Stabilitätskultur in Europa abträglich ist und die Politik in der Pflicht steht, gerade jetzt zu deren Erhalt substantiell beizutragen: „Bei der Aufgabe der D-Mark hat die Politik das Versprechen

---

[404] Vgl. Buti et al. (2002): S. 18.
[405] Vgl. Wessels (2002): S. 329.
[406] Vgl. Kopits (2001): S. 68; Calmfors et al. (2003): S. 58f.
[407] Vgl. F.A.Z. (2003e): S. 15.
[408] Vgl. hierzu Feldsieper/Kilger (2004), o.S.
[409] SVR (2003): Ziffer 32.
[410] Vgl. Starbatty (2003): S. 15.
[411] Vgl. Deutsche Bundesbank (2003a): S. 63.

gegeben, dass Stabilitätskultur und Unabhängigkeit der Notenbank auf europäischer Ebene Bestand haben; daran ist jetzt zu erinnern.“[412]

Wäre der Abgabetermin der vorliegenden Arbeit Mitte November 2003 gewesen, so hätte man abschließend von einem Scheideweg sprechen können, an dem sich die EU befindet: Entweder die Regierungen Frankreichs und Deutschlands ringen sich dazu durch, den Stabilitäts- und Wachstumspakt nicht zugunsten kurzfristiger politischer Interessen zu opfern, oder ein wesentlichen Bestandteil der EU und das Fundament der gemeinsamen Währung droht irreparablen Schaden zu nehmen. Nach der Ratsentscheidung Ende November 2003 muss man jedoch realistischerweise davon ausgehen, dass die EU diesen irreparablen Schaden bereits erlitten hat.

---

[412] Vgl. Deutsche Bundesbank (2003a): S. 71.

ANHANG

A) MATHEMATISCHER ANHANG

Ausgangspunkt für nachstehende Betrachtungen bildet die intertemporale Budgetrestriktion. Unter Vernachlässigung der Seigniorage-Einnahmen gilt: [413]

$$(1) \quad G_t + iB_{t-1} = D_t + T_t$$

wobei G die Staatsausgaben, T_t die Staatseinnahmen (Steuern und sonstige laufende Einnahmen), iB_{t-1} den Zinsendienst und D_t das Budgetdefizit darstellen, wobei das Subskriptum $_t$ (bzw. $_{t-1}$) die betrachtete Zeitperiode wiedergibt. Nach Umstellung der Gleichung ergibt sich das Haushaltsdefizit D_t:

$$(2) \quad G_t - T_t + iB_{t-1} = D_t$$

D_t, das hier als Stromgröße dargestellt ist, besteht folglich aus zwei Komponenten: erstens, dem Primärdefizit $G_t–T_t$ (im Folgenden P_t), welches die laufenden Ausgaben ohne Zinszahlungen minus laufende Einnahmen darstellt. Die zweite Komponente des Defizits („Sekundärdefizit") sind den Zinszahlungen für aus der Vorperiode resultierenden Staatsschulden iB_{t-1}.

Das Budgetdefizit kann aber auch als Bestandsgröße, nämlich als die Differenz zwischen der Staatsverschuldung aus B_t und aus B_{t-1} definiert werden:

$$(3) \quad D_t = B_t - B_{t-1}$$

Durch Einsetzen von (3) in (2) und Umstellen erhält man

$$(4) \quad B_t = B_{t-1} + iB_{t-1} + P_t$$

Die Staatsschuld am Ende einer Periode t (B_t) ergibt sich demnach aus dem Schuldenstand am Ende der Vorperiode (B_{t-1}), dem Zinsendienst auf die Schulden der Vorperiode (iB_{t-1}), und dem Primärdefizit P_t.[414] Das Wirtschaftswachstum ist für die Entwicklung und Finanzierung der öffentlichen Verschuldung von großer Bedeutung, da sich ein Land mit stärkerem Wirtschaftswachstum höher verschulden kann als ein Land mit geringerer Wirtschaftsleistung.[415] Eine derartige Zusammenhänge berücksichtigende dynamische Budgetbeschränkung des Staates erhält man, indem alle Aus-

---

[413] Vgl. hierzu Blanchard/Illing (2003): S. 778f. sowie zu identischem Vorgehen: Lesch (1993): S. 54f.; Deutsche Bundesbank (2003): S. 28.
[414] Vgl. Deutsche Bundesbank (2003): S. 28.
[415] Vgl. Lesch (1993): S. 56.

drücke aus Gleichung (4) in Relation zum BIP (Y_t) gesetzt werden und dieses mit der Rate g wächst. Dann gilt für die Veränderung der Schuldenquote ($db_t = b_t - b_{t-1}$)

$$(5) \quad db_t = p_t + (i - g)b_{t-1}{}^{416}$$

Aus Gleichung (5) wird ersichtlich, dass die Veränderung des Schuldenstandes von der Höhe des Primärdefizits und von dem aus der Vergangenheit angesammelten Schuldenstand abhängt, der mit einem Term multipliziert wird, der sich aus der Differenz zwischen Realzins und Wachstumsrate des BIP zusammensetzt (i-g).[417] Den Term (i-g) bezeichnet man auch als „Zins-Wachstums-Differential".[418] Ist dieses Differential positiv, liegt also der Realzins über dem realen Wirtschaftswachstum, so steigt die Staatsverschuldung kontinuierlich an und kann nur durch entsprechend hohe Kompensation der Primärüberschüsse konstant gehalten werden.[419] Aus (5) wird ebenfalls deutlich, dass es keinen eindeutigen Zusammenhang zwischen Schuldenquote und Haushaltsdefizit gibt. Die Entwicklung der Staatsverschuldung hängt wesentlich vom Wirtschaftswachstum und dem Kapitalmarktzins ab.[420] Die Referenzwerte des Maastrichter Vertrags berücksichtigen dies nicht. Sie differenzieren nicht zwischen Ländern mit unterschiedlichem BIP-Wachstum oder unterschiedlich hohem Schuldenstand. Ihre numerische Festlegung ist rein willkürlich.[421]

---

[416] Vgl. für eine explizitere Herleitung der Gleichung Lesch (1993): Anhang II.
[417] Vgl. v. Weizsäcker (1992): S. 53.
[418] Vgl. Schlesinger et al. (1993): S. 24.
[419] Vgl. Beirat beim BMF (2001): S. 11.
[420] Vgl. Lesch (1993): S. 56.
[421] Vgl. Buiter (1992): S. 3f.

Abbildung A5: Verfahren bei einem übermäßigen Defizit nach Art. 104 EGV

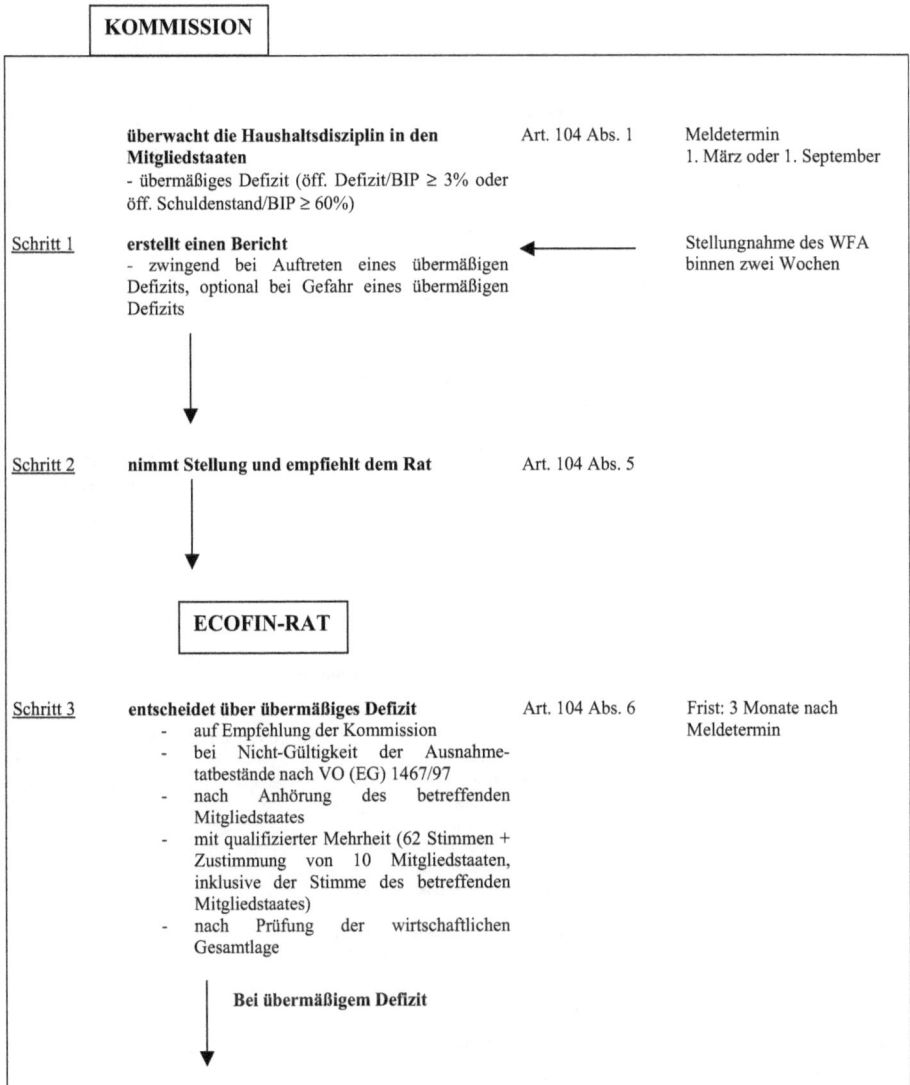

KOMMISSION

	überwacht die Haushaltsdisziplin in den Mitgliedstaaten - übermäßiges Defizit (öff. Defizit/BIP ≥ 3% oder öff. Schuldenstand/BIP ≥ 60%)	Art. 104 Abs. 1	Meldetermin 1. März oder 1. September
Schritt 1	**erstellt einen Bericht** - zwingend bei Auftreten eines übermäßigen Defizits, optional bei Gefahr eines übermäßigen Defizits	◄―――――――	Stellungnahme des WFA binnen zwei Wochen

↓

Schritt 2	**nimmt Stellung und empfiehlt dem Rat**	Art. 104 Abs. 5

↓

ECOFIN-RAT

Schritt 3	**entscheidet über übermäßiges Defizit** - auf Empfehlung der Kommission - bei Nicht-Gültigkeit der Ausnahmetatbestände nach VO (EG) 1467/97 - nach Anhörung des betreffenden Mitgliedstaates - mit qualifizierter Mehrheit (62 Stimmen + Zustimmung von 10 Mitgliedstaaten, inklusive der Stimme des betreffenden Mitgliedstaates) - nach Prüfung der wirtschaftlichen Gesamtlage	Art. 104 Abs. 6	Frist: 3 Monate nach Meldetermin

Bei übermäßigem Defizit

↓

Schritt 4	**empfiehlt und setzt eine Frist**	Art. 104 Abs. 7	
	- auf Empfehlung der Kommission		
	- mit 2/3-Mehrheit, ohne Stimme des betreffenden Mitgliedstaates		
	- Ergreifung von Maßnahmen zur Korrektur des Defizits		Frist: 4 Monate
	- Defizitkorrektur spätestens im nachfolgenden Jahr		

Nach ergebnisloser Fristverstreichung

Schritt 5	**veröffentlicht die Empfehlung und stellt Untätigkeit fest**	Art. 104 Abs. 8	Frist: unmittelbar nach Ablauf der 4-Monatsfrist au▮
	- auf Empfehlung der Kommission		Schritt 4
	- mit 2/3-Mehrheit, ohne Stimme des betreffenden Mitgliedstaates		

bei weiterer Untätigkeit

nur für Teilnehmer der dritten Stufe der Währungsunion

Schritt 6	**In-Verzug-Setzung**	Art. 104 Abs. 9	Frist: 1 Monat nach Einleitung von Schritt 5
	- auf Empfehlung der Kommission		
	- mit 2/3-Mehrheit, ohne Stimme des betreffenden Mitgliedstaates		
	- Fristsetzung durch den Rat		
	- Vorgabe von Sanierungsmaßnahmen		
	- Optional: Berichterstattungspflicht durch den betreffenden Mitgliedstaat		

Bei Nichtbefolgung durch Mitgliedstaat

Schritt 7	**Sanktionen**	Art. 104 Abs. 11	Frist: 2 Monate nach In-Verzug-Setzung des
	- Kumulativ oder alternativ		Mitgliedstaates, spätestens
	- auf Empfehlung der Kommission		jedoch 10 Monate nach
	- mit 2/3-Mehrheit, ohne Stimme des betreffenden Mitgliedstaates		Meldetermin
	- EIB wird ersucht, die Darlehenspolitik gegenüber Mitgliedstaat zu überprüfen		
	- Aussetzung der Mittelvergabe aus dem Kohäsionsfonds		
	- in der Regel: Hinterlegung einer unverzinslichen Bareinlage bei der Kommission		
	- ist 2 Jahre nach Sanktionsbeschluss das Defizit nicht korrigiert, wird die Bareinlage in eine Geldbuße umgewandelt		

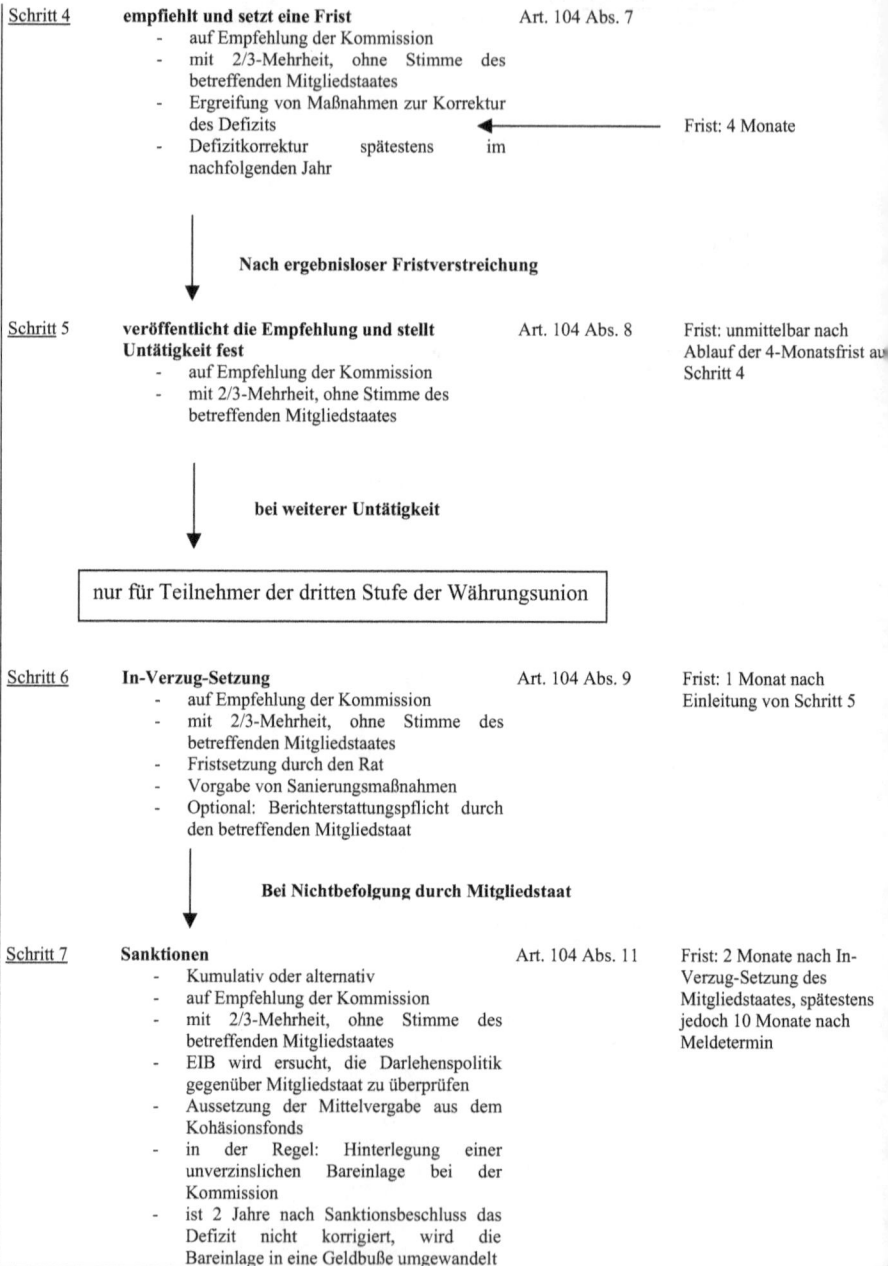

Quelle: Eigene Darstellung nach BMF (2003a): S. 37.

Abbildung A6: Entwicklung der Staatsquote in der EU

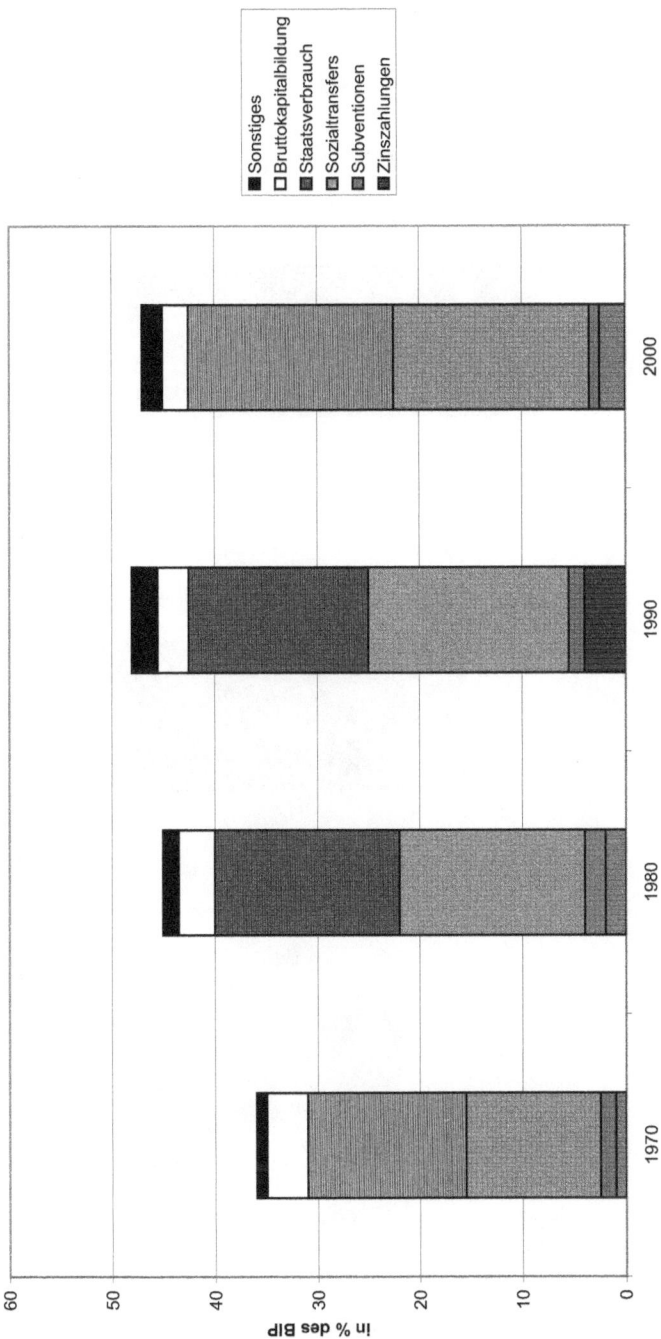

Quelle: EU-Kommission (2000a): S. 12.

84

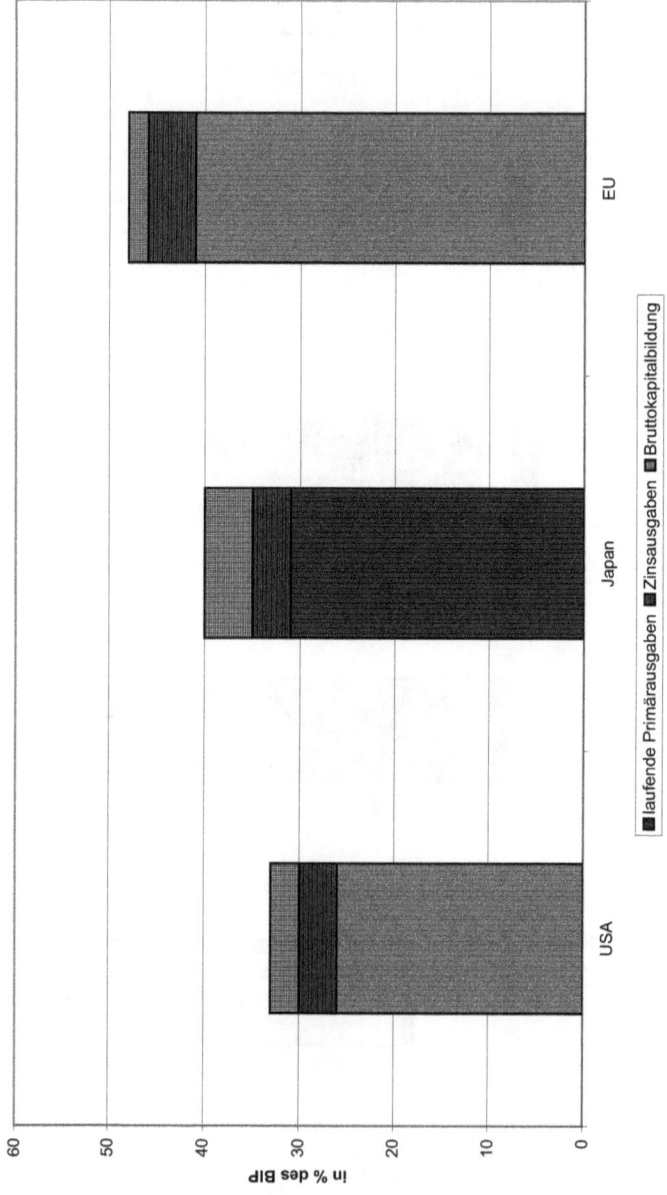

Abbildung A7: Vergleich Staatsquote in USA, Japan und EU im Jahr 2001

Quelle: EU-Kommission (2002a): S. 81.

Abbildung A8: Staatsquoten in der EU im Jahr 2001

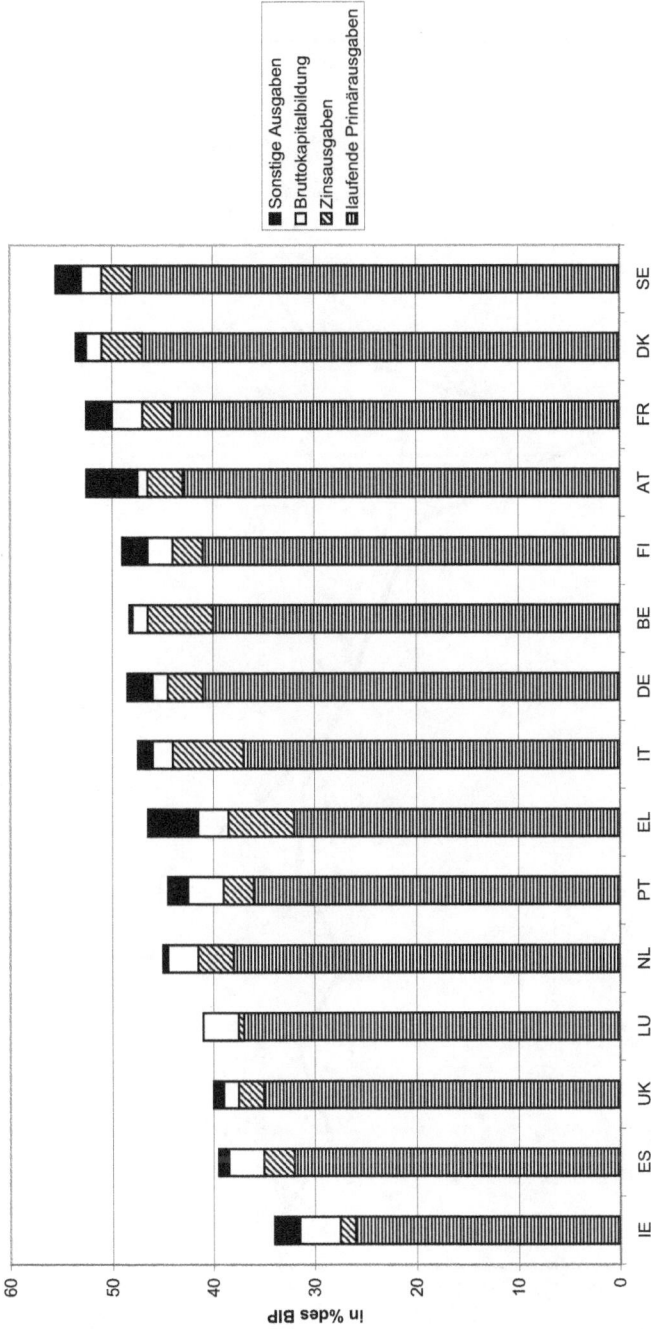

Quelle: EU-Kommission (2002a): S. 82.

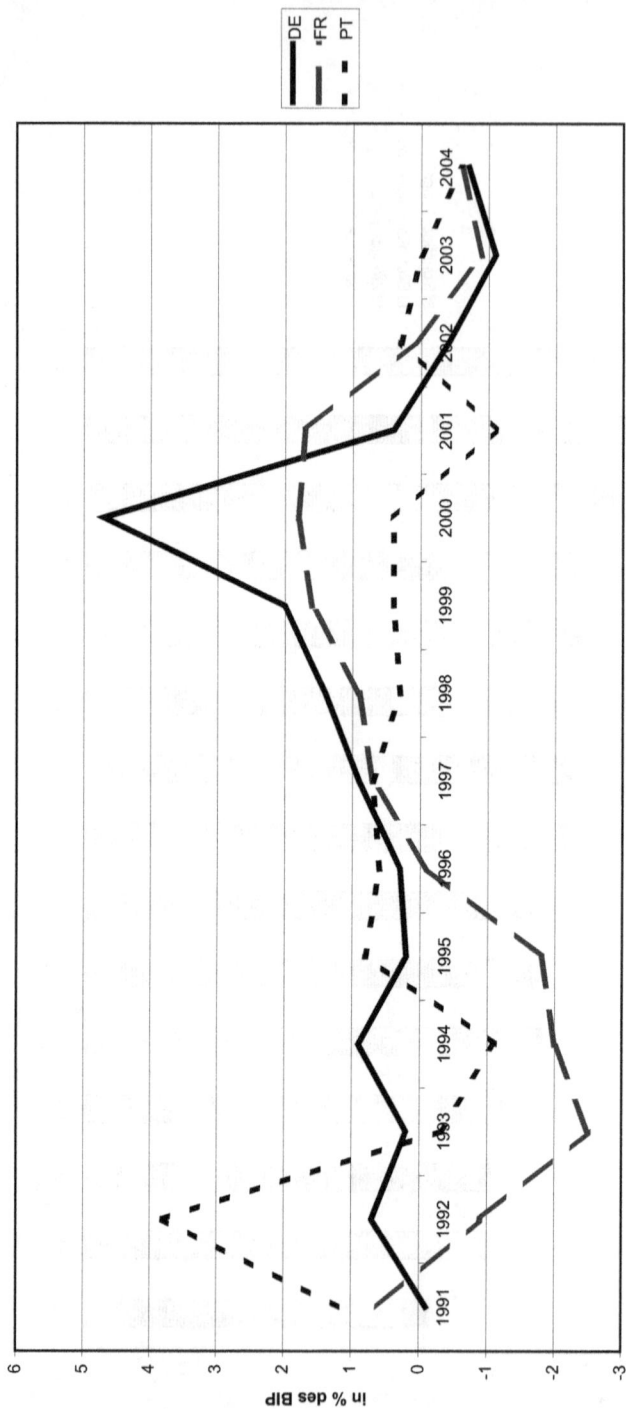

Abbildung A9: Primärbudgetsalden Frankreich, Portugal und Deutschland

Quelle: EU-Kommission (2003b): S.178.

Abbildung A10: Primärbudgetsalden in Belgien, Dänemark, Griechenland, Spanien

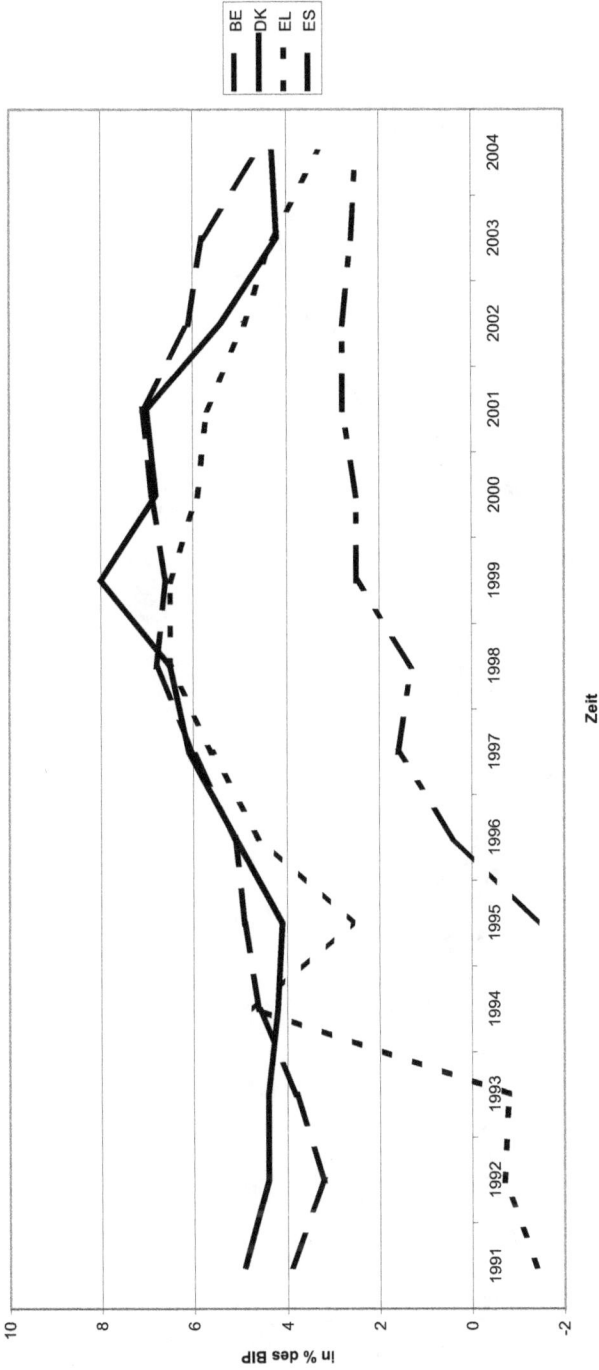

Quelle: EU-Kommission (2003b): S. 178.

87

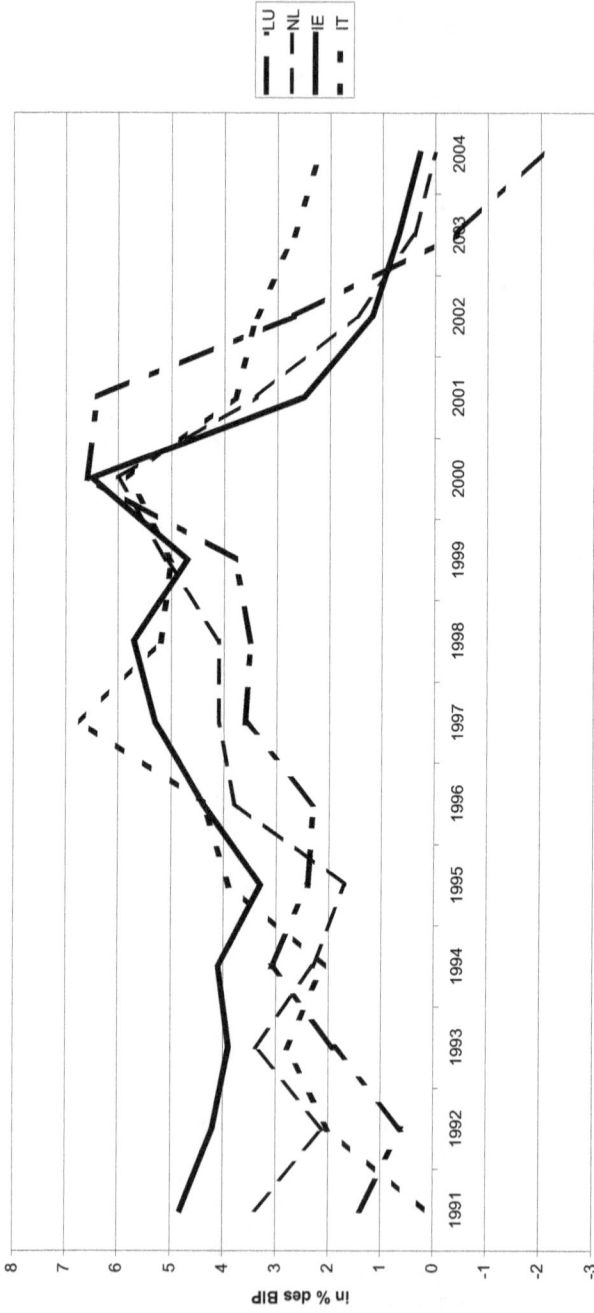

Abbildung A11: Primärbudgetsalden in Irland, Italien, Luxemburg und Niederlande

Quelle: EU-Kommission (2003b): S. 178.

Abbildung A12: Primärbudgetsalden in Österreich, Finnland, Schweden, Großbritannien, EU-15

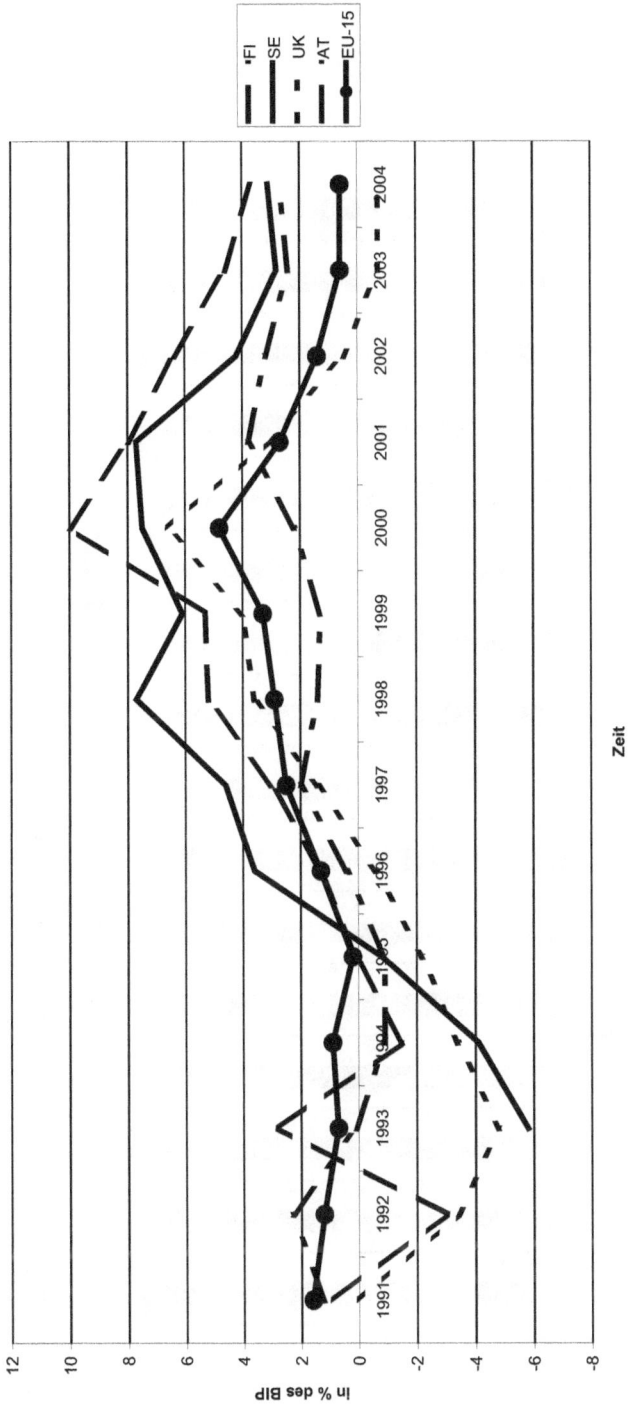

Quelle: EU-Kommission (2003b): S. 178.

Abbildung A13: Entwicklung der Staatseinnahmen und -ausgaben in der EU seit 1980

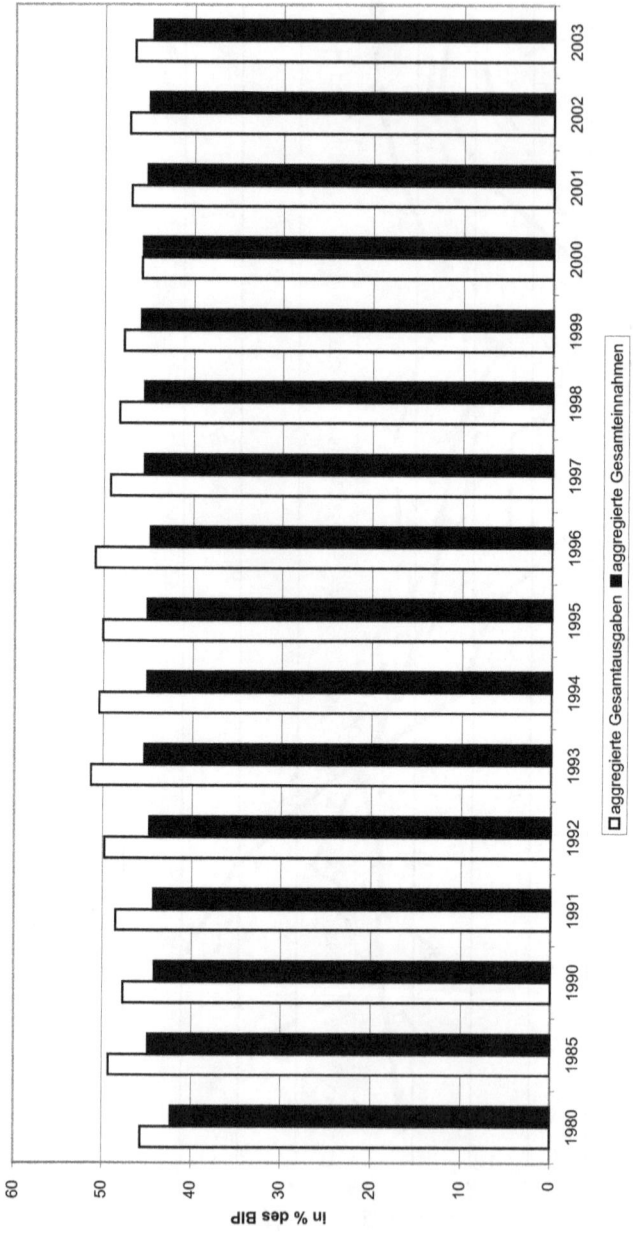

Quelle: EU-Kommission (2002a): S. 348f. und 362f.

Abbildung A14: Haushaltssalden in Frankreich, Portugal und Deutschland

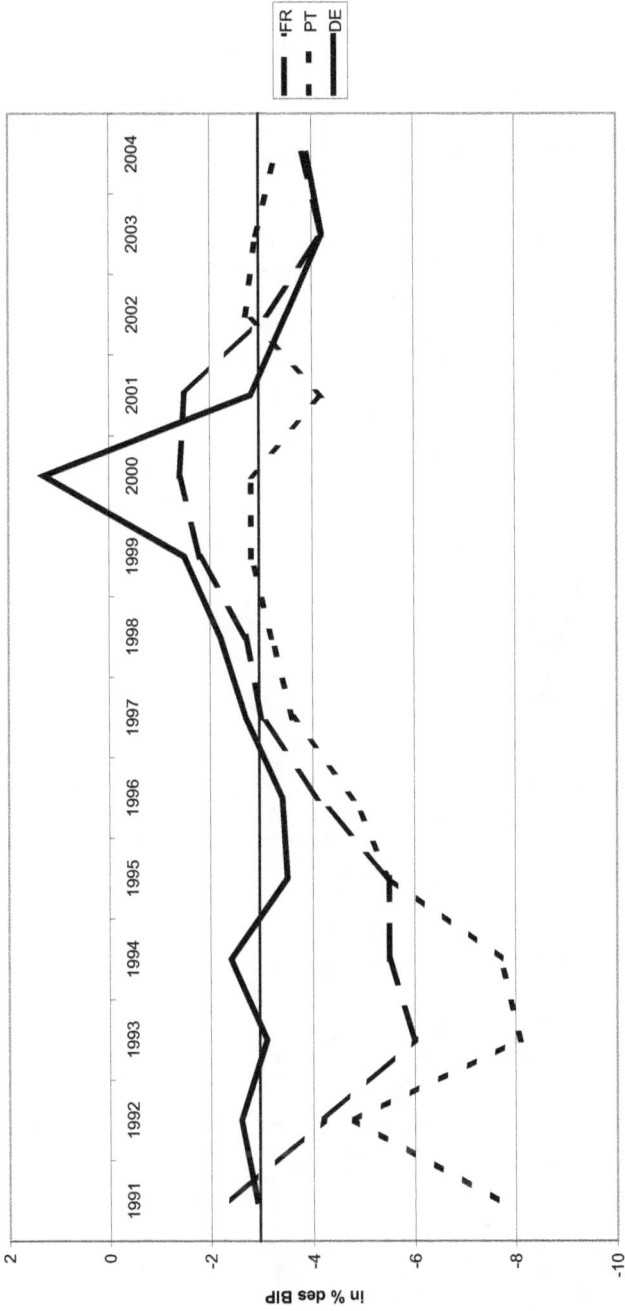

Quelle: EU-Kommission (2003b): S. 176.

Abbildung A15: Konjunkturbereinigte Haushaltssalden in Frankreich, Portugal und Deutschland

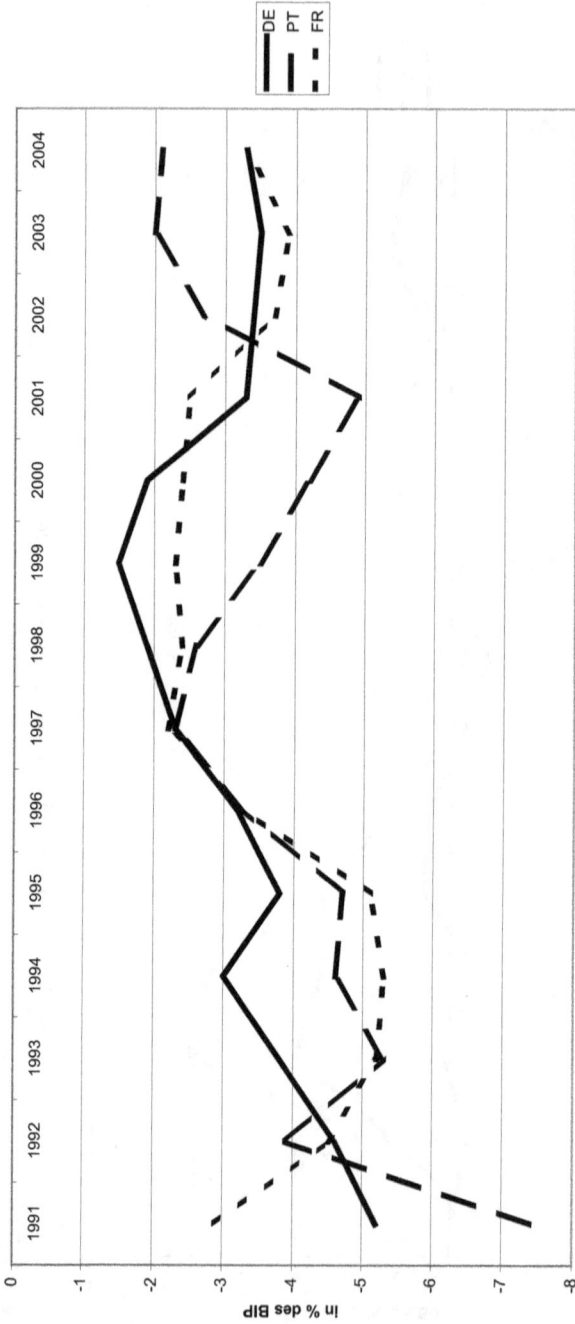

Quelle: Werte bis 1999: EU-Kommission (2002a): S.374f.; Werte ab 1999: EU-Kommission (2003b): S. 135.

Abbildung A16: Haushaltssalden in Belgien, Dänemark, Griechenland, Spanien

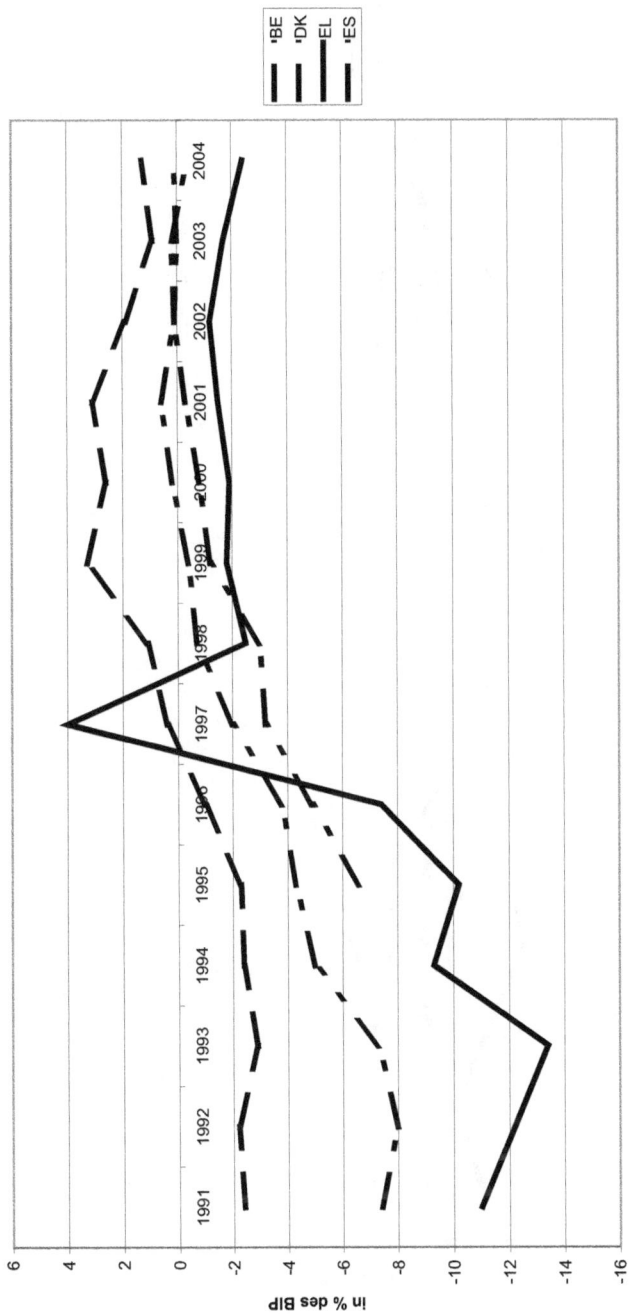

Quelle: EU-Kommission (2003b): S. 176.

Abbildung A17: Haushaltssalden in Irland, Italien, Luxemburg und Niederlande

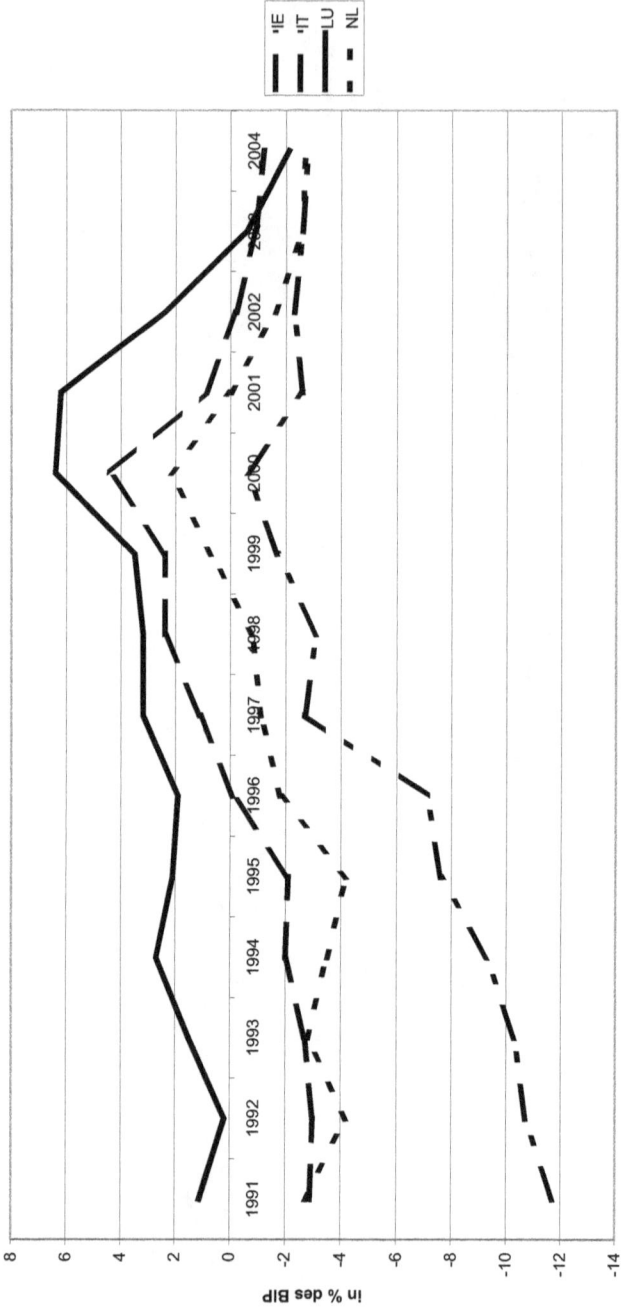

Quelle: EU-Kommission (2003b): S. 176.

Abbildung A18: Haushaltssalden in Österreich, Finnland, Schweden und Großbritannien

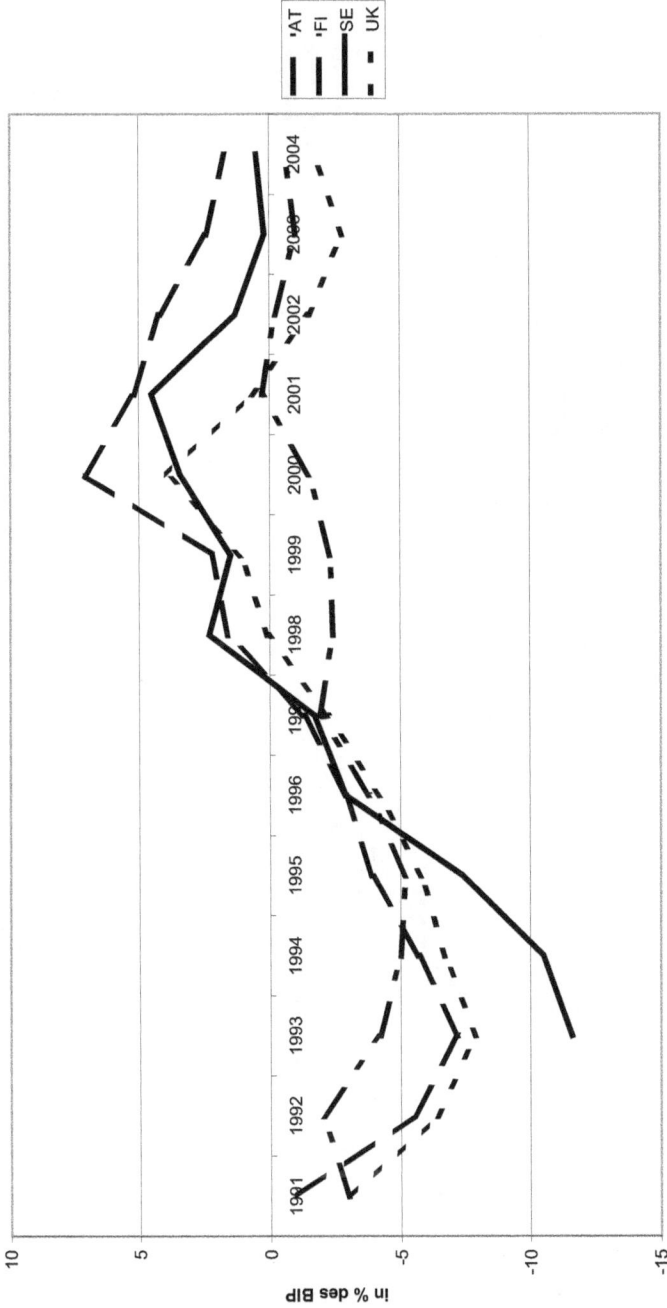

Quelle: EU-Kommission (2003b): S. 176.

95

Abbildung A19: Konjunkturbereinigte Haushaltssalden in Belgien, Dänemark, Griechenland und Spanien

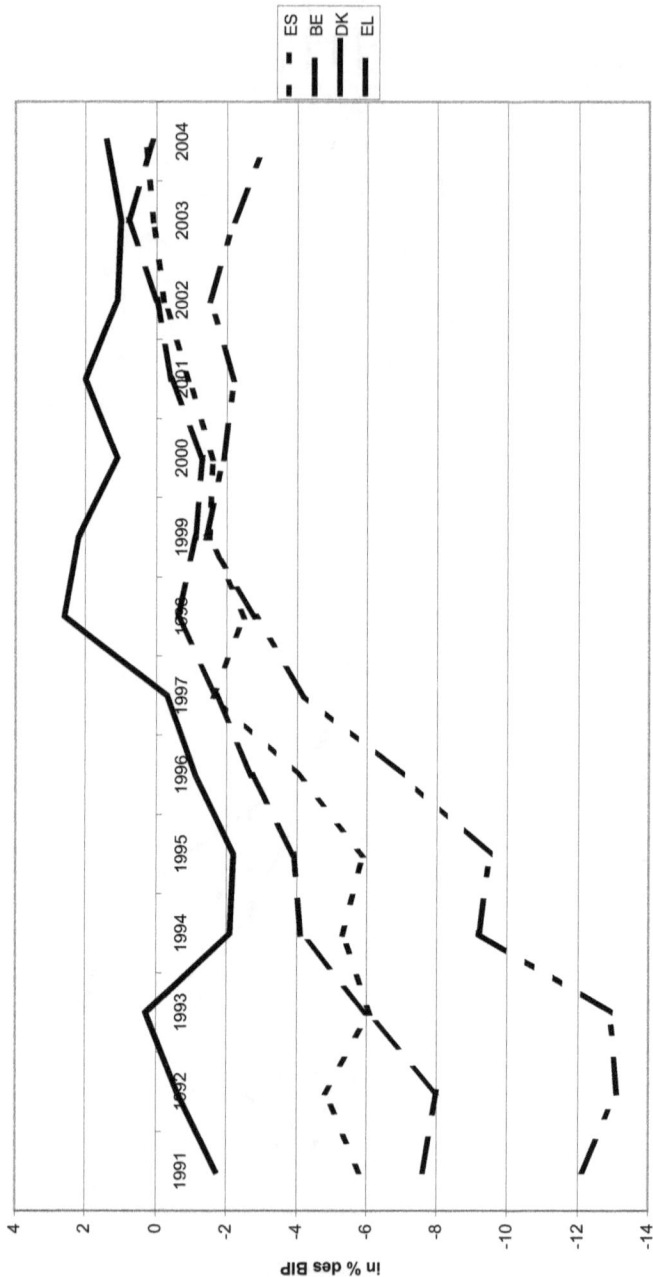

Quelle: Werte bis 1999: EU-Kommission (2002a): S. 374f.; Werte ab 1999: EU-Kommission (2003a): S. 135.

Abbildung A20: Konjunkturbereinigte Haushaltssalden in Irland, Italien, Luxemburg und Niederlande

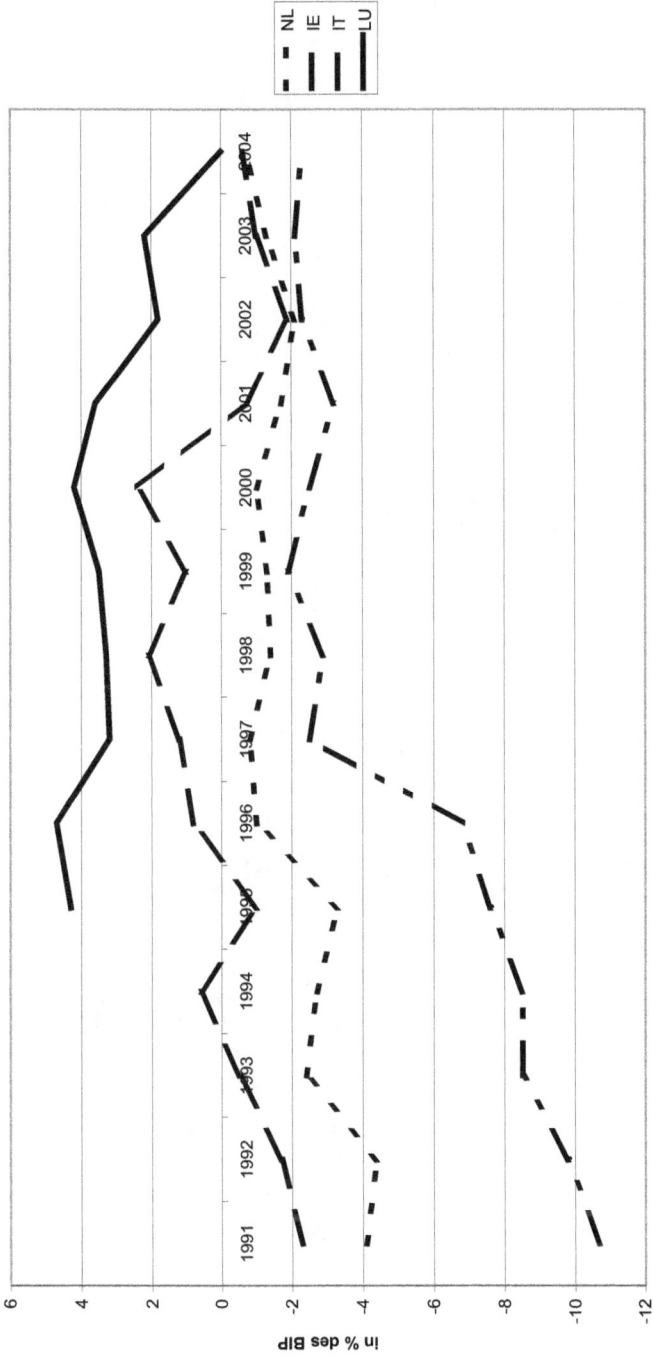

Quelle: Werte bis 1999: EU-Kommission (2002a): S. 374f.; Werte ab 1999: EU-Kommission (2003a): S. 135.

Abbildung A21: Konjunkturbereinigte Haushaltssalden in Österreich, Finnland, Schweden und Großbritannien

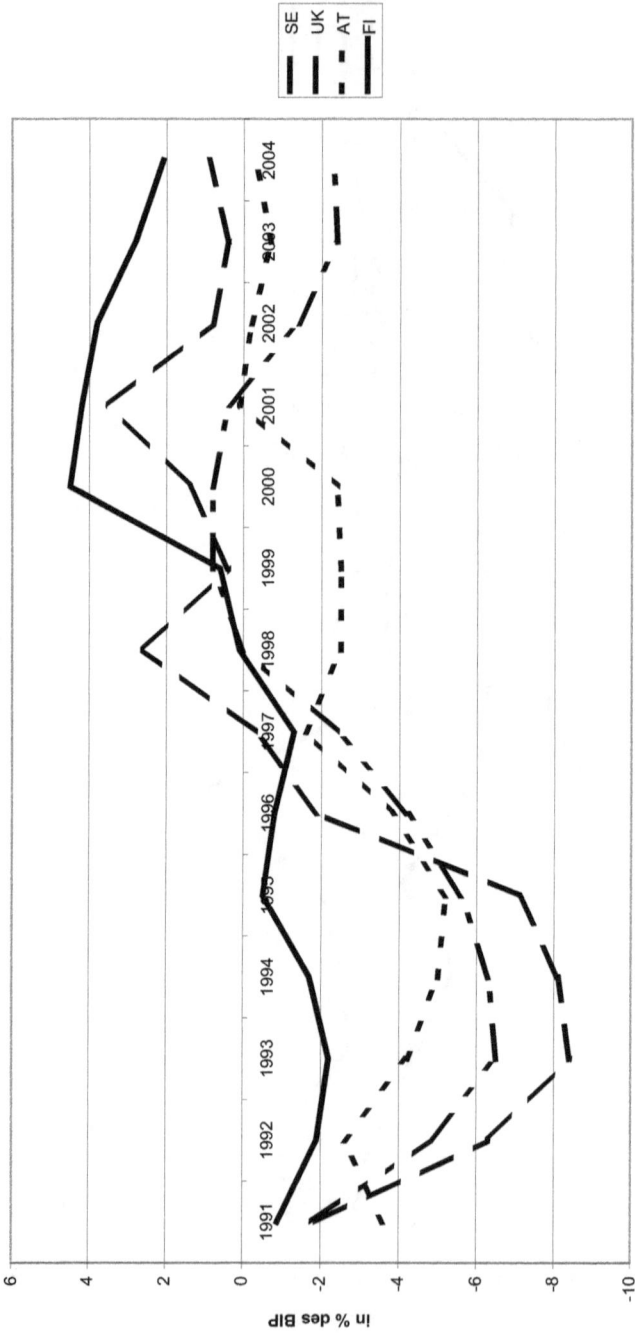

Quelle: Werte bis 1999: EU-Kommission (2002a): S. 374f.; Werte ab 1999: EU-Kommission (2003a): S. 135.

Abbildung A22: Bruttonominalverschuldung in Deutschland, Spanien, Frankreich und Italien

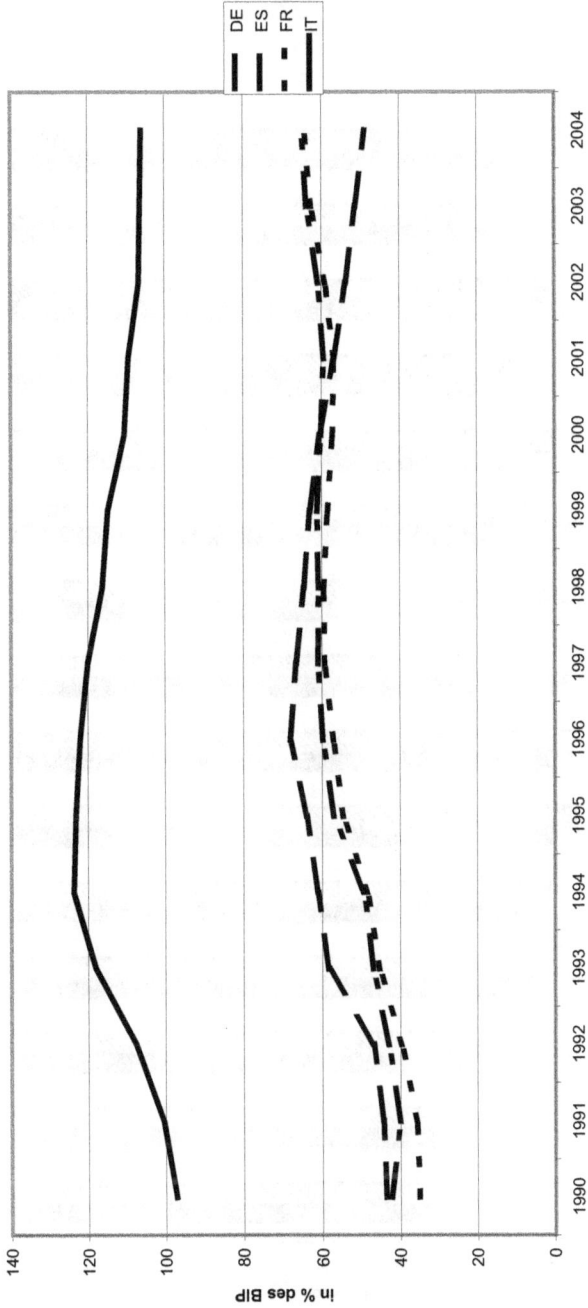

Quelle: EU-Kommission (2003b): S. 180.

Abbildung A23: Bruttonominalverschuldung in der EU-15 und in EUR-12

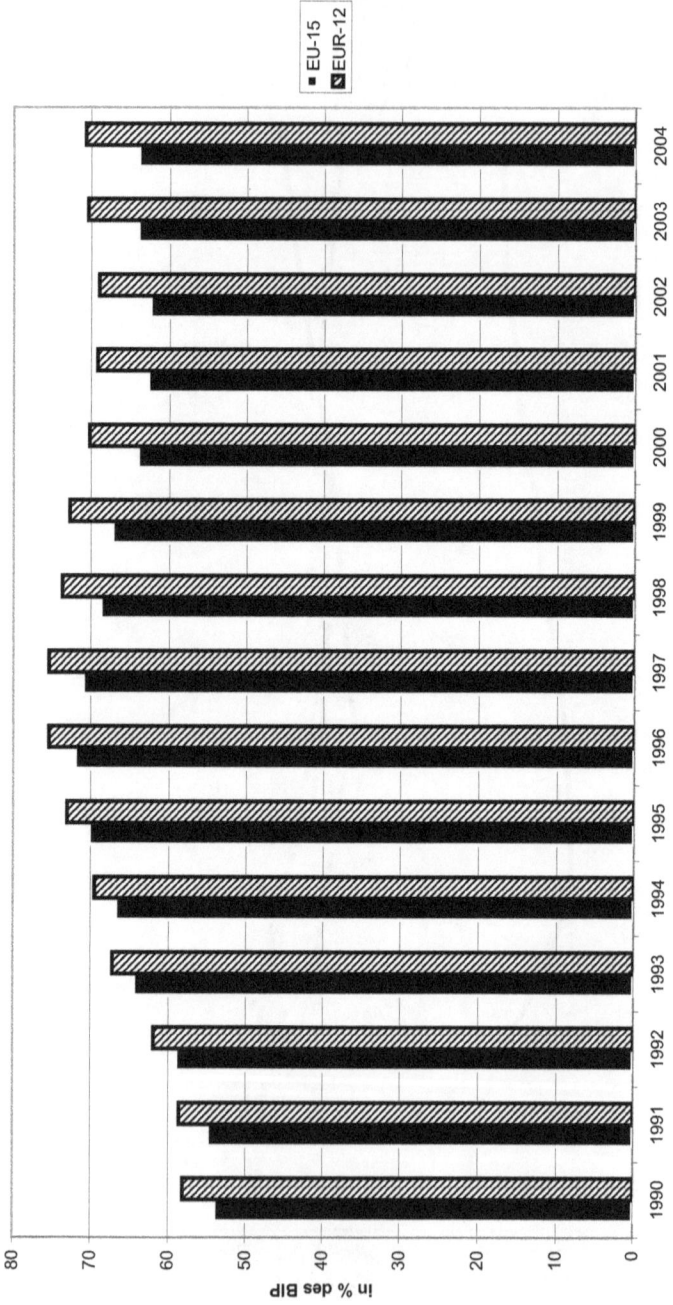

Quelle: EU-Kommission (2003b): S. 180.

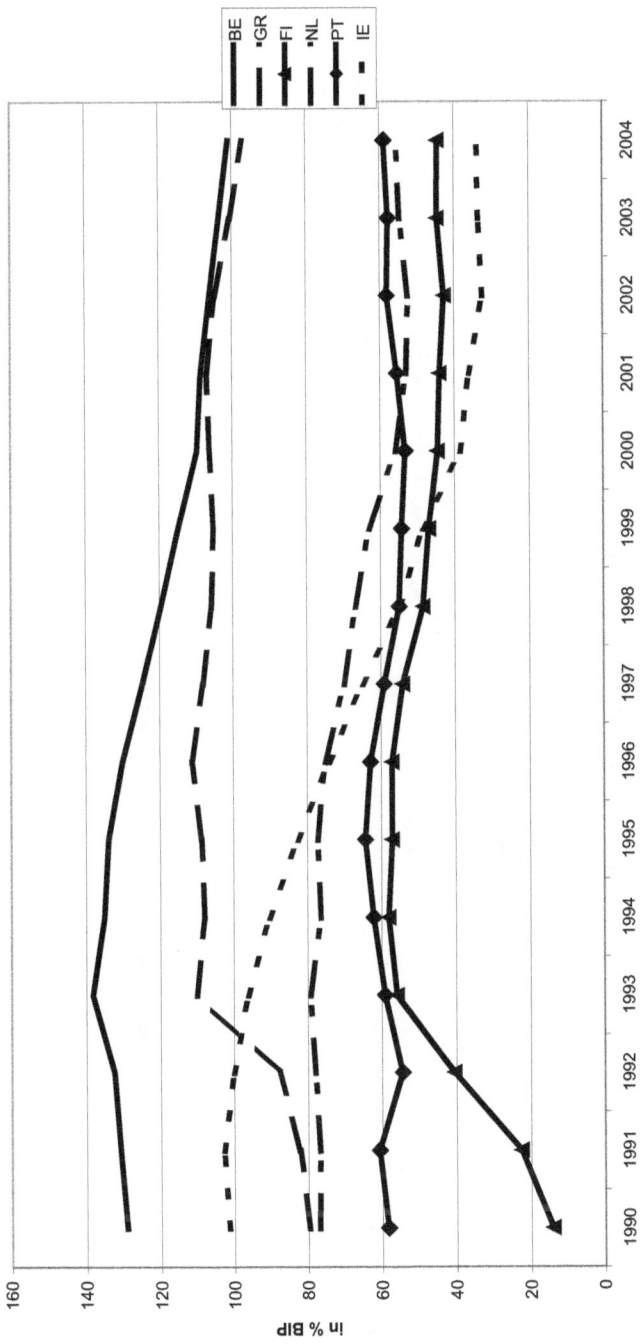

Abbildung A24: Bruttonominalverschuldung in Belgien, Finnland, Griechenland, Niederlande und Portugal

Quelle: EU-Kommission (2003b): S. 180.

Abbildung A25: Bruttonominalverschuldung in Dänemark, Luxemburg, Österreich, Schweden, Großbritannien

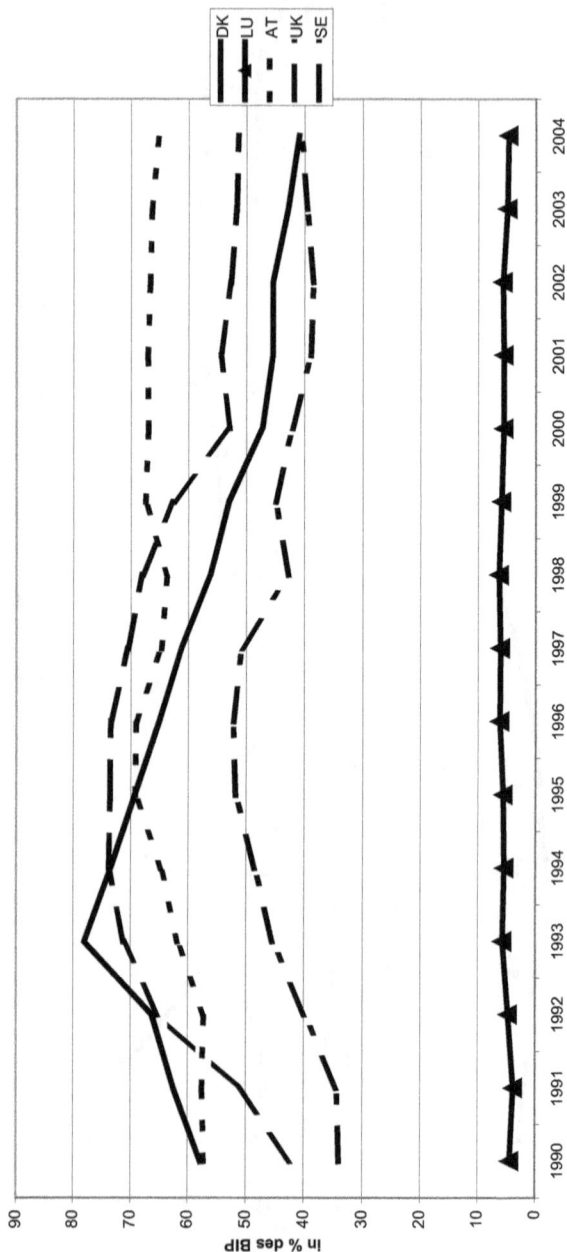

Quelle: EU-Kommission (2003b): S. 180.

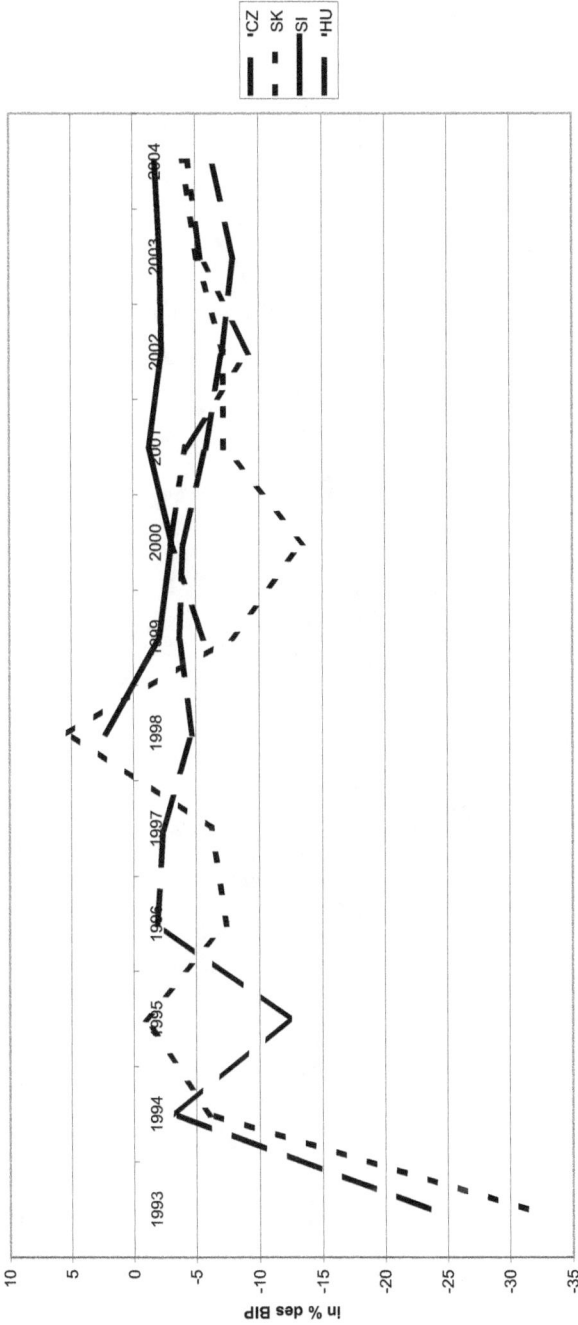

Abbildung A26: Haushaltssalden in der Tschechischen Republik, der Slowakischen Republik, Slowenien und Ungarn

Quelle: EU-Kommission (2003b): S. 177.

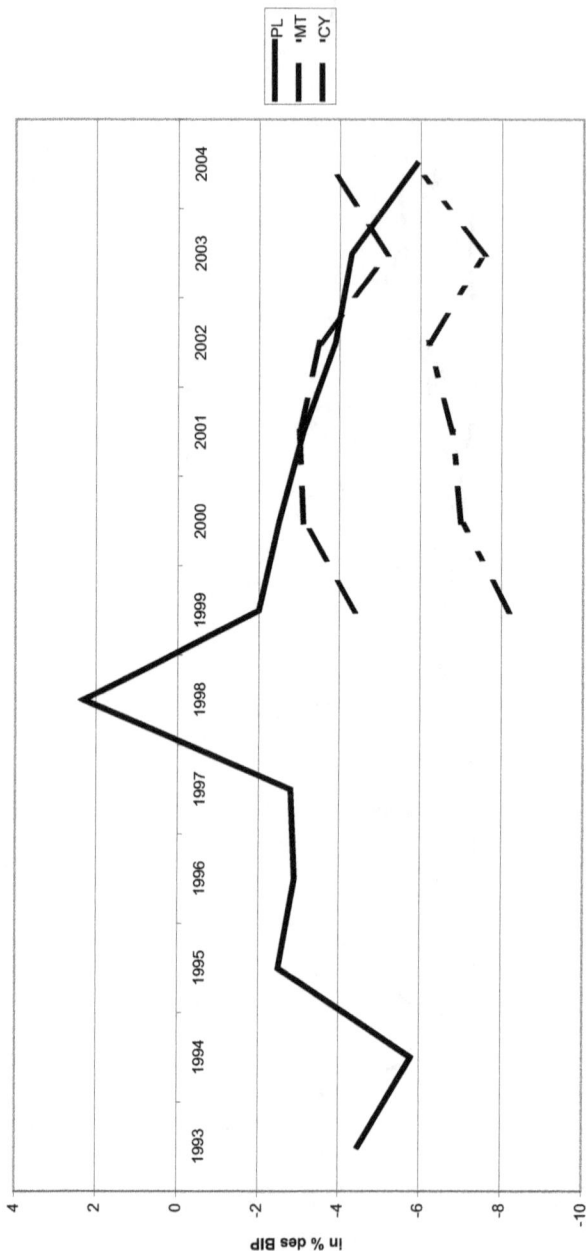

Abbildung A27: Haushaltssalden in Polen, Malta und Zypern

Quelle: EU-Kommission (2003b): S. 177.

Abbildung A28: Haushaltssalden in Estland, Lettland und Litauen

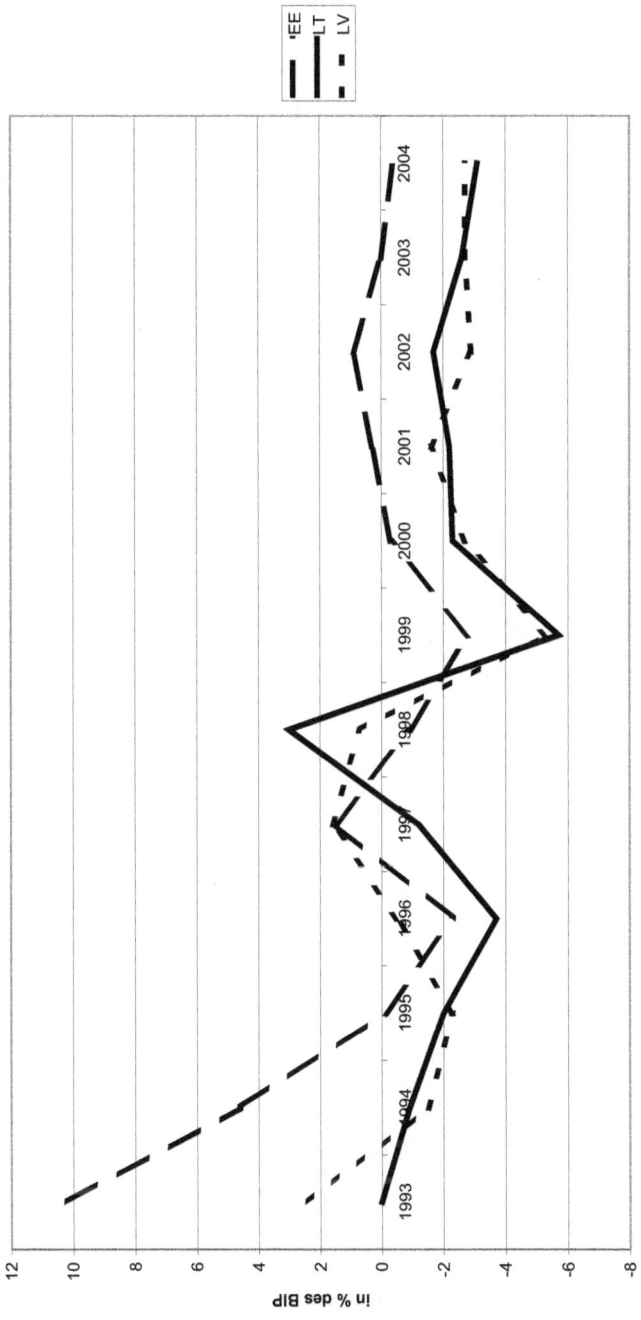

Quelle: EU-Kommission (2003b): S. 177.

Abbildung A29: Primärbudgetsalden in der Tschechischen Republik, der Slowakischen Republik, Slowenien und Ungarn

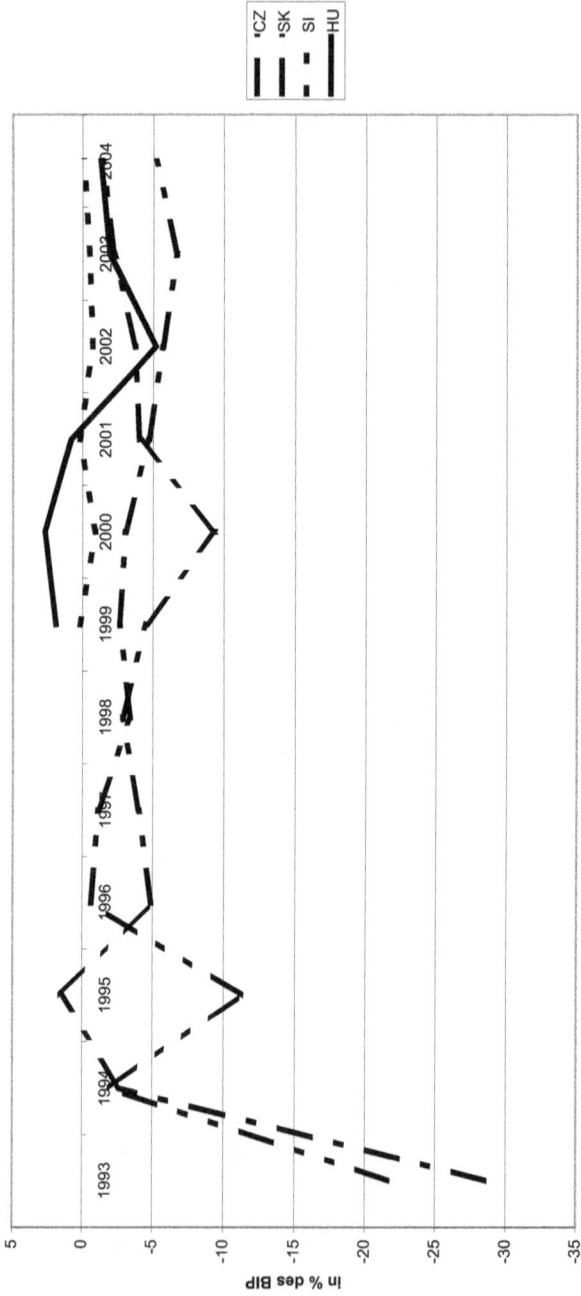

Quelle: EU-Kommission (2003b): S. 179.

Abbildung A30: Primärbudgetsalden in Polen, Malta und Zypern

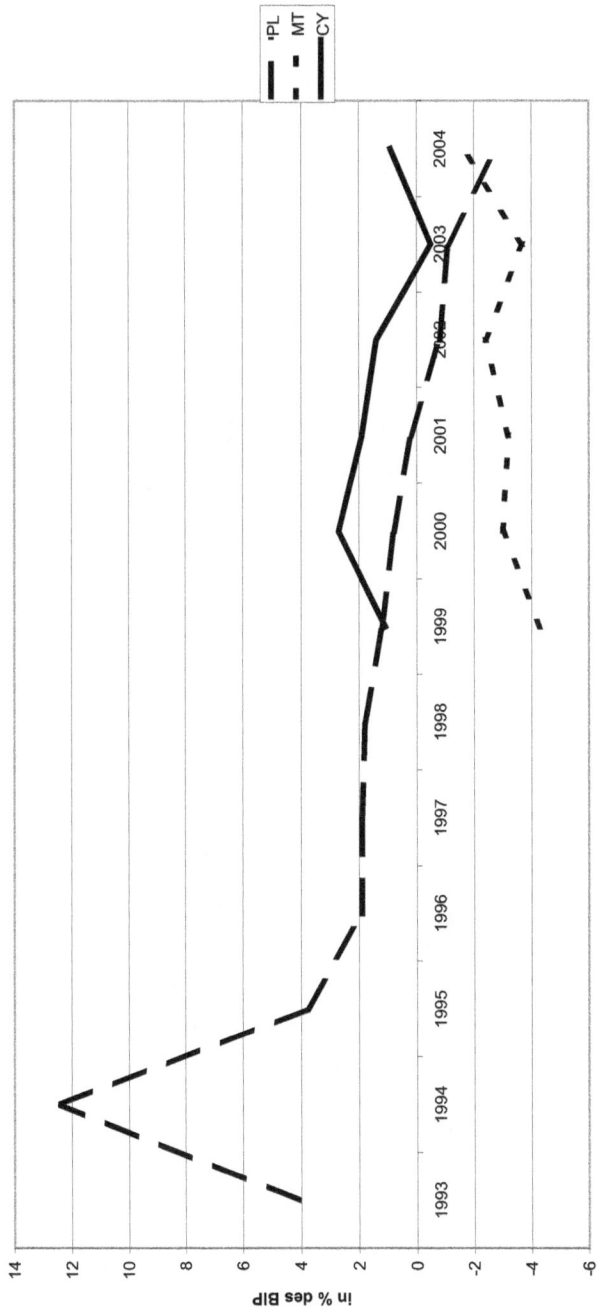

Quelle: EU-Kommission (2003b): S. 179.

Abbildung A31: Primärbudgetsalden in Estland, Lettland und Litauen

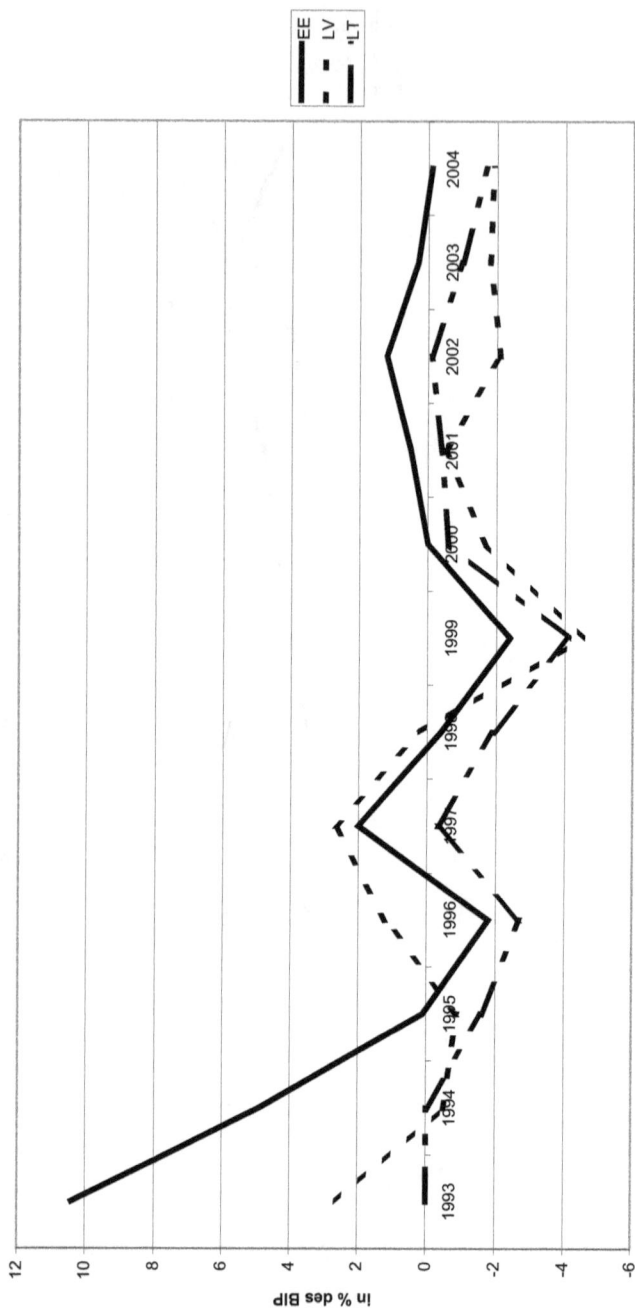

Quelle: EU-Kommission (2003b): S.179.

Abbildung A32: Bruttonominalverschuldung in der Tschechischen Republik, der Slowakischen Republik, Slowenien und Ungarn

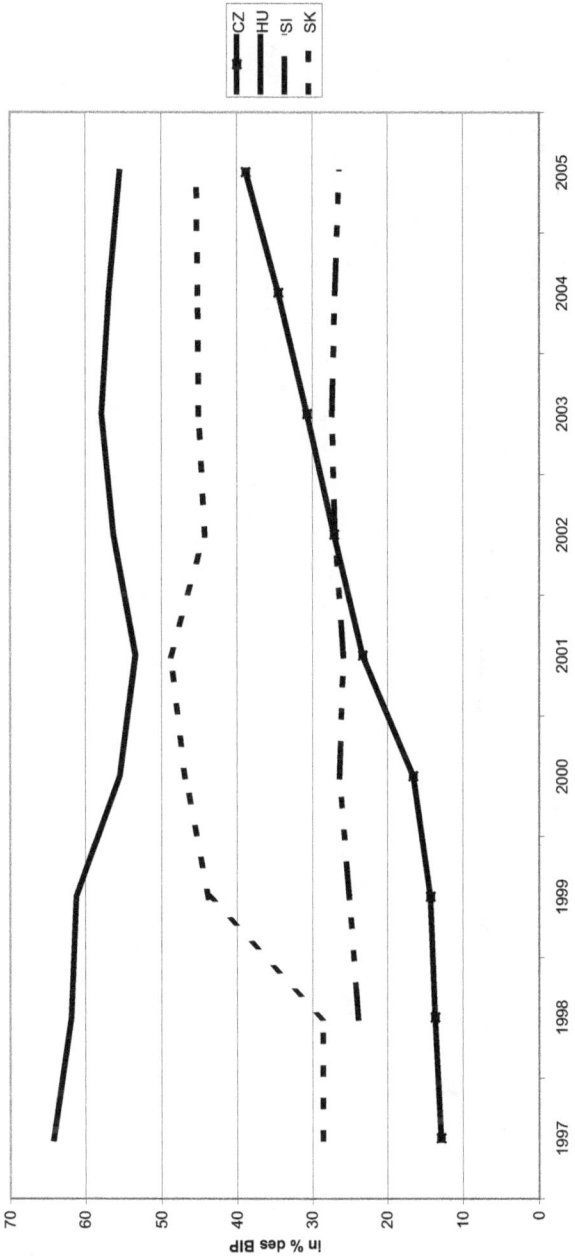

Quelle: EU-Kommission (2003b): S. 181.

Abbildung A33: Bruttonominalverschuldung in Polen, Malta und Zypern

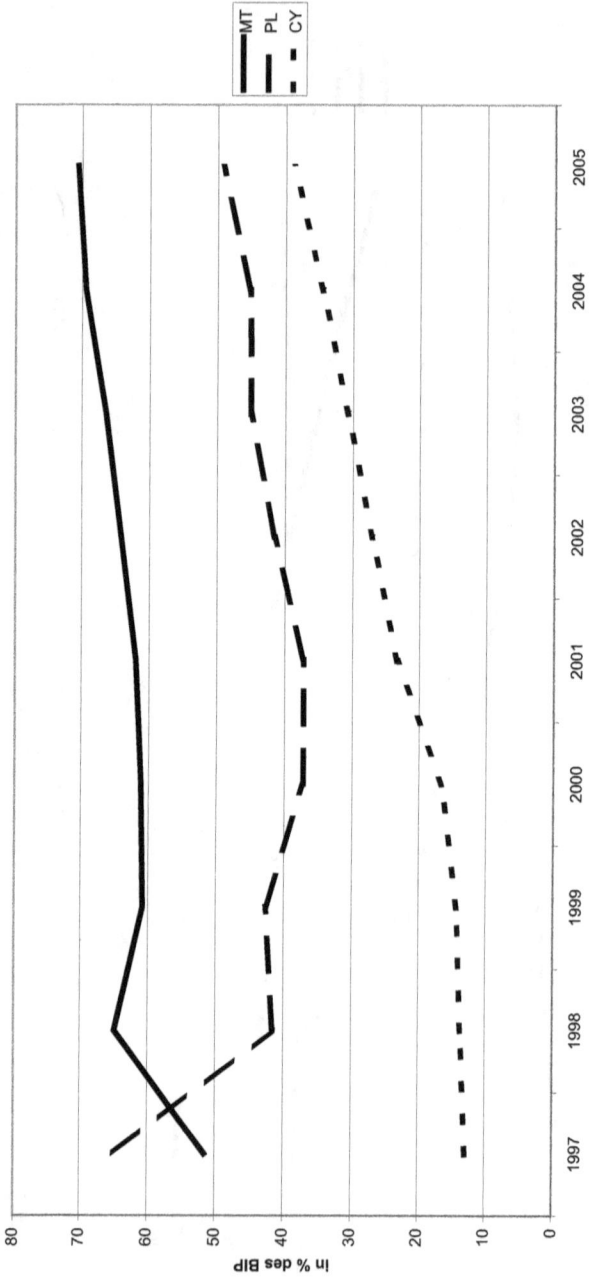

Quelle: EU-Kommission (2003b): S.181.

Abbildung A34: Bruttonominalverschuldung in Estland, Lettland und Litauen

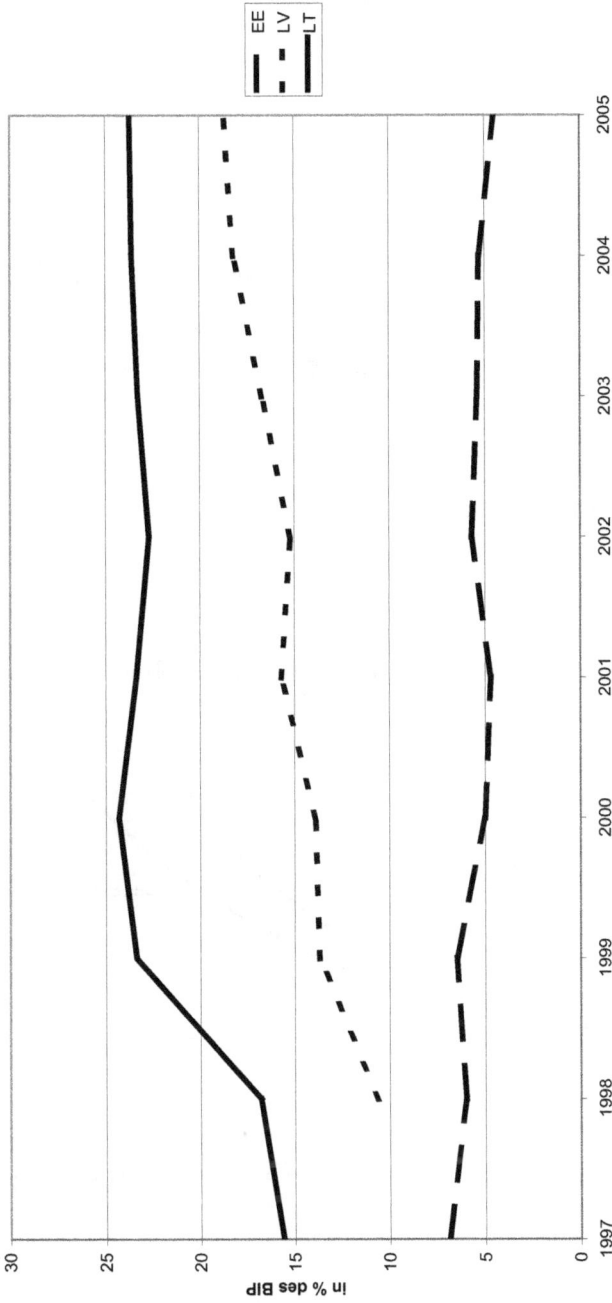

in % des BIP

30 25 20 15 10 5 0

1997 1998 1999 2000 2001 2002 2003 2004 2005

EE
LV
LT

Quelle: EU-Kommission (2003b): S. 181.

Abbildung A35: Voraussichtlicher Verlauf der Bruttonominalverschuldung in der EU unter verschiedenen Ausgangsbedingungen

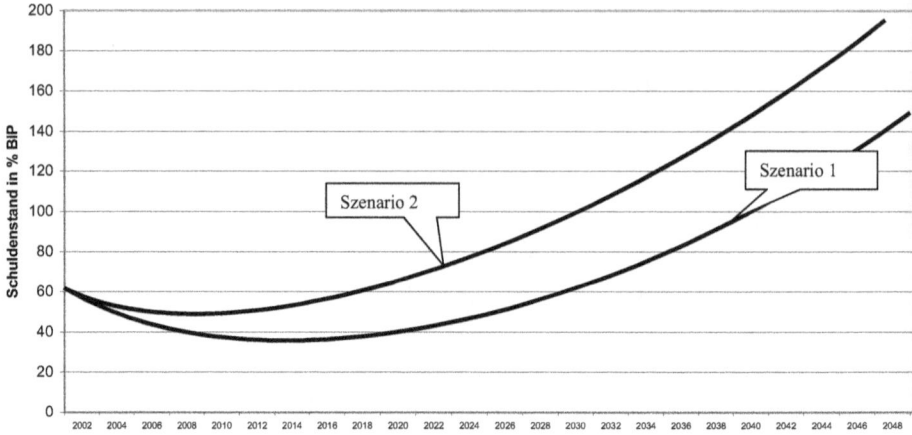

Quelle: Eigene Darstellung nach EU-Kommission (2003): S. 24.

Abbildung A36: Voraussichtlicher Verlauf der Bruttonominalverschuldung in Deutschland unter verschiedenen Ausgangsbedingungen

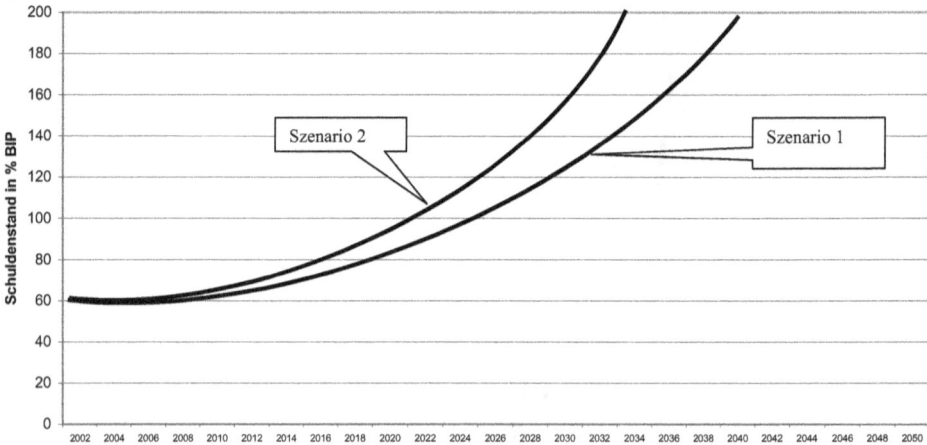

Quelle: Eigene Darstellung nach EU-Kommission (2003): S. 24.

112

Abbildung A37: Tatsächlicher und die Schuldenquote stabilisierender Primärsaldo

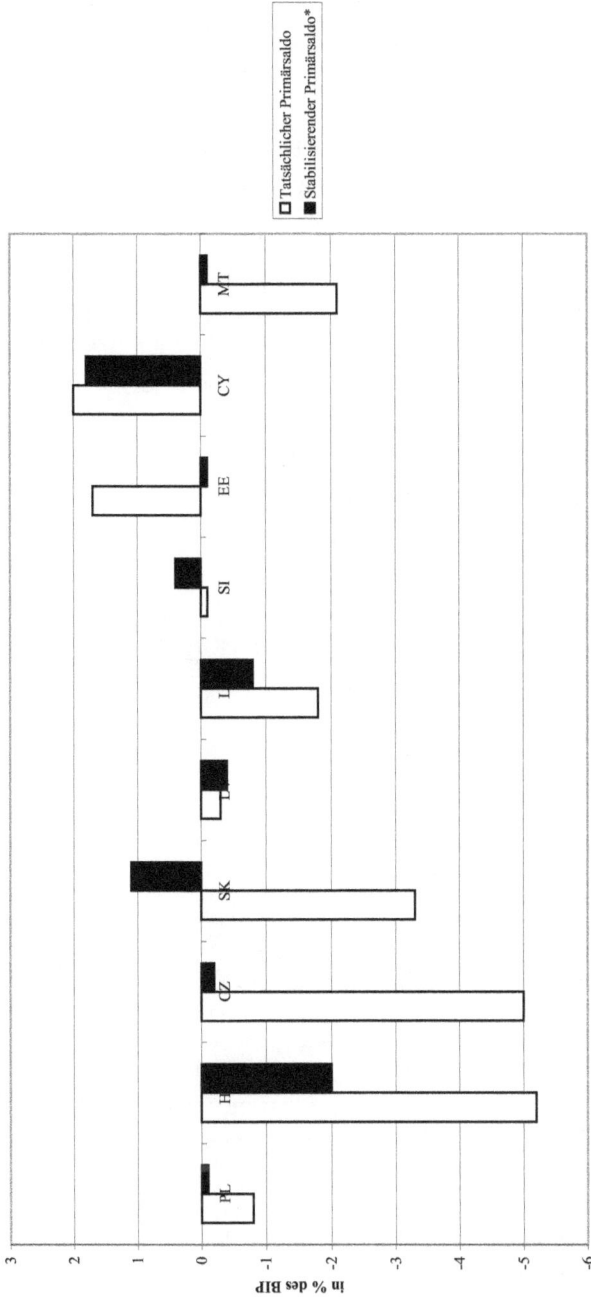

Quelle: Deutsche Bundesbank (2003): S. 29
*Primärsaldo, der 2002 erforderlich gewesen wäre, um die Schuldenquote von 2001 konstant zu halten

Tabelle 1: **Primärbudgetsalden in der EU**
Überschuss (+) / Defizit (-) in % des BIP

	1991	1992	1993	1994	1995	1996	1997	1998	1999	2000	2001	2002	2003	2004
Belgien	3,9	3,2	3,8	4,6	4,9	5,1	6	6,8	6,6	6,9	7,1	6,1	5,8	4,6
Dänemark	4,9	4,4	4,4	4,2	4,1	5,1	6,1	6,5	8	6,8	7	5,4	4,2	4,3
Deutschland	-0,1	0,7	0,2	0,9	0,2	0,3	0,9	1,4	2	4,7	0,4	-0,4	-1,1	-0,7
Griechenland	-1,4	-0,7	-0,8	4,7	2,6	4,6	5,6	6,5	6,5	5,9	5,7	4,9	4,3	3,3
Spanien	n.v.	n.v.	n.v.	n.v.	-1,4	0,4	1,6	1,3	2,5	2,5	2,8	2,8	2,6	2,5
Frankreich	0,6	-0,9	-2,5	-2	-1,8	-0,1	0,7	0,9	1,6	1,8	1,7	0,1	-0,9	-0,6
Irland	4,8	4,2	3,9	4,1	3,3	4,4	5,3	5,7	4,7	6,5	2,5	1,2	0,7	0,3
Italien	0,2	2	2,8	2,1	3,9	4,4	6,7	5,2	5	5,8	3,8	3,4	2,7	2,2
Luxemburg	1,4	0,6	1,9	3,1	2,4	2,3	3,6	3,5	3,8	6,6	6,4	2,7	-0,4	-2
Niederlande	3,4	2,1	3,4	2,3	1,7	3,8	4,1	4,1	5,1	6	3,4	1,5	0,4	0
Österreich	1,2	2,3	0,1	-0,9	-0,9	0,4	2	1,4	1,3	2,2	3,8	3,2	2,4	2,7
Portugal	1,2	3,8	-0,3	-1,1	0,8	0,6	0,7	0,3	0,4	0,4	-1,1	0,3	0	-0,6
Finnland	0,9	-3	2,8	-1,5	0,1	1,3	3	5,2	5,3	10	8	6,4	4,6	3,7
Schweden	n.v.	n.v.	-5,8	-4,1	-0,8	3,6	4,6	7,7	6,1	7,5	7,7	4,2	2,8	3,1
Großbritannien	0	-3,4	-4,8	-3,4	-2,2	-0,6	1,4	3,6	4	6,6	3,1	0,5	-0,7	-0,7
EU-15*	1,6	1,2	0,7	0,9	0,2	1,3	2,5	2,9	3,3	4,8	2,7	1,4	0,6	0,6
EUR*	1,5	0,9	1,7	-1,1	0,5	1,4	2,5	2,5	3	4,2	2,3	1,4	0,7	0,7

Quelle: EU-Kommission (2003b): S. 178.
n.v.= Daten nach ESA-95 nicht verfügbar.
*Werte bis 1992 ohne Spanien und Schweden; Werte bis 1994 ohne Spanien.

Tabelle 2: **Haushaltssalden in der EU**
Defizit (-)/Überschuss (+) in % des BIP

	1991	1992	1993	1994	1995	1996	1997	1998	1999	2000	2001	2002	2003	2004
Belgien	-7,4	-8	-7,3	-5	-4,3	-3,8	-2	-0,7	-0,4	0,2	0,6	0,1	0,2	-0,4
Dänemark	-2,4	-2,2	-2,9	-2,4	-2,3	-1	0,4	1,1	3,3	2,6	3,1	1,9	0,9	1,3
Deutschland	-2,9	-2,6	-3,1	-2,4	-3,5	-3,4	-2,7	-2,2	-1,5	1,3	-2,8	-3,5	-4,2	-3,9
Griechenland	-11	-12,2	-13,4	-9,3	-10,2	-7,4	4	-2,5	-1,8	-1,9	-1,5	-1,2	-1,7	-2,4
Spanien	n.v.	n.v.	n.v.	n.v.	-6,6	-4,9	-3,2	-3	-1,2	-0,8	-0,3	0,1	0	0,1
Frankreich	-2,4	-4,2	-6	-5,5	-5,5	-4,1	-3	-2,7	-1,8	-1,4	-1,5	-3,1	-4,2	-3,8
Irland	-2,9	-3	-2,7	-2	-2,1	-0,1	1,1	2,4	2,4	4,4	0,9	-0,2	-0,9	-1,2
Italien	-11,7	-10,7	-10,3	-9,3	-7,6	-7,1	-2,7	-3,1	-1,7	-0,6	-2,6	-2,3	-2,6	-2,8
Luxemburg	1,1	0,2	1,5	2,7	2,1	1,9	3,2	3,2	3,5	6,4	6,2	2,4	-0,6	-2,1
Niederlande	-2,7	-4,2	-2,8	-3,5	-4,2	-1,8	-1,1	-0,8	0,7	2,2	0	-1,6	-2,6	-2,7
Österreich	-3	-2	-4,2	-5	-5,2	-3,8	-1,9	-2,4	-2,3	-1,5	0,3	-0,2	-1	-0,6
Portugal	-7,6	-4,8	-8,1	-7,7	-5,5	-4,8	-3,6	-3,2	-2,8	-2,8	-4,2	-2,7	-2,9	-3,3
Finnland	-1	-5,5	-7,2	-5,7	-3,9	-2,9	-1,3	1,6	2,2	7,1	5,2	4,2	2,4	1,7
Schweden	n.v.	n.v.	-11,6	-10,5	-7,4	-2,9	-1,7	2,3	1,5	3,4	4,5	1,3	0,2	0,5
Großbritannien	-3,1	-6,4	-7,9	-6,7	-5,8	-4,2	-2,2	0,1	1,1	3,9	0,7	-1,5	-2,8	-1,7
EU-15*	-4,1	-5	-6	-5,4	-5,2	-4,2	-2,5	-1,7	-0,7	1	-0,9	-1,9	-2,7	-2,6
EUR-12*	-2,8	-5	-6,1	-5,1	-5,1	-4,3	-2,6	-2,3	-1,3	0,2	-1,6	-2,2	-2,8	-2,7

Quelle: EU-Kommission (2003b): S. 176.

n.v.: nicht verfügbar.

*Werte bis 1992 ohne Spanien und Schweden; Werte bis 1994 ohne Spanien.

Tabelle 3: **Konjunkturbereinigte Haushaltssalden in der EU**
Überschuss (+) oder Defizit (-) in % des BIP

	1991	1992	1993	1994	1995	1996	1997	1998	1999	2000	2001	2002	2003	2004
Belgien	-7,6	-8	-6	-4,1	-3,9	-2,7	-1,7	-0,6	-1,1	-1,3	-0,4	0	0,8	0,1
Dänemark	-1,7	-0,6	0,3	-2,1	-2,2	-1,1	-0,3	2,6	2,2	1,1	2	1,1	1	1,4
Deutschland	-5,2	-4,6	-3,8	-3	-3,8	-3,2	-2,3	-1,9	-1,5	-1,9	-3,3	-3,4	-3,5	-3,3
Griechenland	-12,1	-13,1	-12,9	-9,2	-9,5	-7	-4,2	-2,8	-1,4	-1,9	-2,2	-1,5	-2,2	-3,1
Spanien	-5,8	-4,8	-6,1	-5,3	-5,9	-4	-1,6	-2,5	-1,5	-1,6	-0,9	-0,2	0,1	0,3
Frankreich	-2,9	-4,5	-5,2	-5,3	-5,1	-3,3	-2,2	-2,4	-2,3	-2,4	-2,5	-3,7	-3,9	-3,3
Irland	-2,3	-1,7	-0,5	0,6	-1	0,8	1,2	2,1	1	2,4	-0,7	-1,9	-1	-0,6
Italien	-10,7	-9,8	-8,5	-8,5	-7,6	-6,8	-2,5	-2,9	-1,9	-2,5	-3,2	-2,3	-2,1	-2,3
Luxemburg	n.v	n.v.	n.v	n.v.	4,3	4,7	3,2	3,3	3,5	4,2	3,6	1,8	2,2	n.v.
Niederlande	-4,1	-4,4	-2,4	-2,7	-3,3	-1	-0,8	-1,4	-1,3	-1	-1,7	-2,1	-1,3	-0,7
Österreich	-3,6	-2,6	-4,2	-5	-5,2	-3,8	-1,6	-2,5	-2,5	-2,4	0,1	-0,2	-0,7	-0,3
Portugal	-7,4	-3,9	-5,3	-4,6	-4,7	-3,3	-2,3	-2,6	-3,5	-4,2	-4,9	-2,7	-2	-2,1
Finnland	-0,9	-1,9	-2,2	-1,7	-0,5	-0,8	-1,3	0,1	0,6	4,5	4,2	3,8	2,8	2,1
Schweden	-1,9	-6,3	-8,4	-8,1	-7,1	-1,9	-0,3	2,6	0,4	1,4	3,5	0,8	0,4	0,9
Großbritannien	-1,8	-4,8	-6,5	-6,3	-5,6	-4,2	-2,4	0	0,8	0,8	0,4	-1,4	-2,4	-2,3
EUR-12*	-5,9	-5,7	-5,2	-4,8	-4,9	-3,8	-2,2	-2,1	-1,7	-1,9	-2,3	-2,4	-2,3	-2,2
EU-15*	-5,1	-5,5	-5,4	-5	-5	-3,7	-2,1	-1,6	-1,1	-1,2	-1,6	-2,1	-2,2	-2

Quelle: Werte bis 1999: EU-Kommission (2002a): S.374f.; Werte ab 1999: EU-Kommission (2003a): S. 135.
Alle Werte für Luxemburg: EU-Kommission (2002a): S. 374f.
n.v.: nicht verfügbar.   * Werte 1991 bis 1994 ohne Luxemburg

Tabelle 4 : **Nominales BIP-Wachstum in der EU und in ausgewählten Beitrittsländern**
Prozentuale Veränderung im Vergleich zur Vorperiode

	1990	1991	1992	1993	1994	1995	1996	1997	1998	1999	2000	2001	2002	Projektionen 2003	Projektionen 2004
Belgien	5,9	4,7	4,8	3,3	5,5	3,6	2,1	5,1	3,7	4,6	5,0	2,7	2,9	3,3	3,9
Dänemark	4,7	3,9	3,5	1,4	7,3	4,6	5,1	5,2	3,5	4,5	5,9	3,5	2,7	4,1	5,3
Deutschland	9,1	8,8	7,4	2,5	4,9	3,8	1,8	2,1	3,1	2,6	2,6	2,0	1,8	1,2	2,4
Griechenland	20,7	23,5	15,6	12,6	13,4	12,1	9,9	10,7	8,8	6,7	7,7	7,6	7,8	7,3	7,6
Spanien	11,4	9,7	7,7	3,5	6,4	7,8	6,0	6,4	6,8	7,1	7,8	6,9	6,5	5,2	5,6
Frankreich	5,6	4,0	3,3	1,5	3,7	3,5	2,5	3,1	4,4	3,7	4,7	3,3	2,9	2,7	4,2
Irland	7,7	3,8	6,2	8,0	7,5	13,2	10,3	15,5	15,6	15,7	14,6	11,6	11,2	7,3	8,0
Italien	10,4	9,1	5,3	3,0	5,8	8,1	6,4	4,5	4,6	3,3	5,3	4,6	3,1	3,8	5,1
Luxemburg	8,0	10,6	5,6	10,4	7,5	3,8	5,4	11,2	9,8	9,3	12,0	3,3	0,7	0,9	5,0
Niederlande	6,4	4,1	2,7	5,0	5,0	4,2	5,9	6,1	5,6	7,6	6,6	3,7	3,3	3,8	
Österreich	8,2	7,2	6,0	3,4	5,4	4,2	3,3	2,5	4,5	3,4	5,0	2,3	2,3	2,8	3,2
Portugal	17,6	14,9	12,7	5,2	8,3	7,9	6,7	7,9	8,5	7,0	7,0	6,5	5,1	3,9	4,7
Finnland	5,5	-4,5	-2,5	1,2	6,0	8,1	3,6	8,5	8,7	3,1	8,6	4,3	2,9	3,6	4,8
Schweden	10,0	6,1	-0,8	0,8	6,6	7,6	2,5	4,0	4,4	5,3	5,7	3,2	3,2	3,9	5,2
Großbritannien	8,4	5,2	4,2	5,2	6,1	5,6	6,0	6,4	6,0	5,0	5,3	4,5	5,1	4,0	5,0
EUR-12	8,7	7,4	5,8	2,8	5,2	5,2	3,6	4,0	4,7	4,0	5,0	3,9	3,2	3,0	4,1
EU-15	8,9	7,3	5,5	3,2	5,5	5,6	4,2	4,5	4,9	4,2	5,1	4,0	3,5	3,2	4,2
Slowakische Republik	n.v	n.v	n.v	n.v	19,6	17,0	10,5	12,7	9,4	7,8	8,7	8,9	8,5	11,2	9,7
Tschechische Republik	n.v	n.v	n.v	n.v	13,9	16,8	13,5	7,2	9,5	3,4	4,3	9,6	4,6	5,5	7,2
Polen	n.v	n.v	n.v	n.v	44,5	36,9	25,9	21,8	17,2	11,1	15,8	5,2	2,7	3,3	5,5
Ungarn	n.v	n.v	n.v	n.v	23,0	27,4	22,8	23,9	18,1	12,9	15,4	13,1	12,4	10,5	8,1

Quelle: OECD (2003c): o.S.
n.v.: nicht verfügbar.

Tabelle 5: **Bruttonominalverschuldung in der EU**
in % des BIP

	1990	1991	1992	1993	1994	1995	1996	1997	1998	1999	2000	2001	2002	2003	2004
Belgien	129,2	130,9	132,5	138,2	135,1	134	130,2	124,8	119,6	114,8	109,6	108,5	106,1	103,5	101
Dänemark	57,8	62,5	66,3	78	73,5	69,3	65,1	61,2	56,2	53	47,3	45,5	45,5	42,9	41
Deutschland	42,3	40	42,9	46,9	49,3	57	59,8	61	60,9	61,2	60,2	59,4	60,8	63,8	65
Griechenland	79,6	82,2	87,8	110,1	107,9	108,7	111,3	108,2	105,8	105,2	106,2	106,9	104,7	100,6	97,1
Spanien	43,6	44,3	46,8	58,4	61,1	63,9	68,1	66,6	64,6	63,1	60,5	56,8	53,8	51,3	48,8
Frankreich	35,1	35,7	39,6	45,3	48,4	54,6	57,1	59,3	59,5	58,5	57,2	56,8	59	62,6	64,3
Irland	101,4	102,8	100,1	96,2	90,4	82,7	74,1	65	54,9	48,6	38,4	36,1	32,4	33,5	33,8
Italien	97,2	100,6	107,7	118,1	123,8	123,2	122,1	120,1	116,3	114,9	110,6	109,5	106,7	106,4	106,1
Luxemburg	4,4	3,8	4,7	5,7	5,4	5,6	6,2	6,1	6,3	5,9	5,5	5,5	5,7	4,9	4,7
Niederlande	76,9	76,8	77,9	79,3	76,4	77,2	75,2	69,9	66,8	63,1	55,9	52,9	52,4	54,6	55,5
Österreich	57,2	57,5	57,2	61,8	64,7	69,2	69,1	64,7	63,7	67,5	67	67,1	66,7	66,4	65,2
Portugal	58,3	60,7	54,4	59,1	62,1	64,3	62,9	59,1	55	54,3	53,3	55,5	58,1	57,7	58,8
Finnland	14,2	22,6	40,5	55,9	58	57,1	57,1	54,1	48,6	47	44,6	44	42,7	44,6	44,5
Schweden	42,3	51,3	65,2	71,2	73,8	73,6	73,5	70,5	68	62,7	52,8	54,4	52,7	51,7	51,4
Großbritannien	34	34,4	39,9	45,4	48,5	51,8	52,2	50,8	42,7	45	42,1	38,9	38,5	39,6	40,5
EU-15	54	54,9	59	64,5	66,8	70,2	72	71	68,8	67,3	64,1	62,8	62,5	64,1	64
EUR	58,1	58,6	61,9	67,2	69,5	73	75,4	75,4	73,7	72,7	70,2	69,2	69	70,4	70,7

Quelle: EU-Kommission (2003b): S. 180.

Tabelle 6: **Bruttoinlandsprodukt in den Beitrittsländern**
(in jeweiligen Preisen)

	Zypern	Tschech. Republik	Estland	Ungarn	Litauen	Lettland	Malta	Polen	Slovak. Republik	Slowenien	AC-10	EU-25
1991	4,67	21,79	n.v.	17,57	n.v.	n.v.	2,02	40,1	n.v.	n.v.	n.v.	n.v.
1992	5,32	22,88	n.v.	17,03	1,15	0,82	2,12	38,6	n.v.	9,74	n.v.	n.v.
1993	5,64	29,86	1,409	32,97	1,85	2,28	2,1	73,4	11,42	10,83	171,8	6220
1994	6,27	34,63	1,94	34,91	3,08	3,57	2,29	83,3	13	12,13	195,2	6537
1995	6,79	39,8	2,728	34,12	3,38	4,74	2,48	97,2	14,83	15,12	221,2	6816
1996	7,04	45,48	3,432	35,58	4,01	6,21	2,62	113	16,4	15,71	249,8	7178
1997	7,52	46,75	4,075	40,35	4,96	8,49	2,95	127	18,7	16,93	277,9	7573
1998	8,15	50,64	4,668	41,93	5,44	9,71	3,13	141	19,76	18,4	303,1	7942
1999	8,7	51,57	4,878	45,08	6,22	9,99	3,42	146	19,13	19,74	314,2	8353
2000	9,63	55,75	5,585	50,65	7,78	12,1	3,87	178	21,93	20,44	365,7	8935
2001	10,2	63,95	6,257	57,87	8,59	13,26	4,06	205	23,32	21,75	413,6	9279
2002	10,76	73,87	6,904	69,89	8,94	14,65	4,1	200	25,15	23,35	437,8	9608
2003	12,03	74,62	7,404	73,44	8,77	15,52	4,19	184	28,68	24,15	432,7	9715
2004	12,92	78,08	8,166	80,59	9,31	16,8	4,28	187	30,79	25,89	453,8	10084

Quelle: EU-Kommission (2003b): S. 41.
n.v.: nicht verfügbar.

Tabelle 7: **Haushaltssalden in den Beitrittsländern**
Defizit (-)/Überschuss (+) in % des BIP

	1993	1994	1995	1996	1997	1998	1999	2000	2001	2002	2003	2004
CY	n.v.	n.v.	n.v.	n.v.	n.v.	n.v.	-4,4	-3,1	-3	-3,5	-5,2	-3,7
CZ	-23,4	-3,4	-12,3	-1,9	-2,4	-4,7	-3,7	-4	-5,8	-7,1	-8	-6,3
EE	10,2	4,6	-0,1	-2,3	1,5	-0,9	-2,8	-0,3	0,3	0,9	0	-0,4
HU	n.v.	n.v.	n.v.	n.v.	n.v.	n.v.	-5,6	-3	-4,2	-9,2	-5,4	-4,4
LV	2,4	-1,5	-2,3	-0,5	1,6	0,7	-5,3	-2,7	-1,6	-2,9	-2,7	-2,7
LT	0	-0,9	-2	-3,7	-1,2	3	-5,7	-2,3	-2,2	-1,7	-2,6	-3,1
MT	n.v.	n.v.	n.v.	n.v.	n.v.	n.v.	-8,2	-7	-6,8	-6,2	-7,6	-5,8
PL	-4,5	-5,8	-2,5	-2,9	-2,8	2,3	-2	-2,5	-3,1	-3,9	-4,3	-5,9
SK	-31,2	-6,1	-0,9	-7,4	-6,2	5,2	-7,8	-13,5	-7,2	-7,2	-5,1	-4
SI	n.v.	n.v.	n.v.	n.v.	n.v.	2,2	-2,1	-3,1	-1,3	-2,3	-2,2	-1,8
AC-10	n.v.	n.v.	n.v.	n.v.	n.v.	n.v.	-3,5	-3,5	-3,7	-5,2	-5	-5
EU-25	n.v.	n.v.	n.v.	n.v.	n.v.	n.v.	-0,8	0,8	-1,1	-2,1	-2,8	-2,7

Quelle:EU-Kommission (2003b): S. 177.
n.v.: nicht verfügbar.

Tabelle 8: **Primärbudgetsalden in den Beitrittsländern**
Defizit (-)/Überschuss (+) in % des BIP

	1993	1994	1995	1996	1997	1998	1999	2000	2001	2002	2003	2004
CY	n.v.	n.v.	n.v.	n.v.	n.v.	n.v.	1,1	2,7	1,9	1,4	-0,5	0,9
CZ	-21,6	-2	-11,2	-0,6	-1,1	-3,4	-2,6	-3	-4,7	-5,7	-6,7	-5,2
EE	10,4	4,9	0,1	-1,8	2	-0,4	-2,4	0	0,5	1,2	0,3	-0,1
HU	n.v.	n.v.	n.v.	n.v.	n.v.	n.v.	1,9	2,7	0,8	-5,2	-1,9	-1,3
LV	2,6	-0,5	-0,9	1,2	2,7	0,2	-4,5	-1,7	-0,5	-2,1	-1,8	-1,9
LT	0	0	-1,6	-2,7	-0,3	-1,9	-4,1	-0,6	-0,4	-0,1	-1	-1,7
MT	n.v.	n.v.	n.v.	n.v.	n.v.	n.v.	-4,3	-3	-3,2	-2,4	-3,7	-1,6
PL	4,1	12,4	3,8	1,9	1,9	1,8	1,2	0,8	0,2	-0,8	-1,1	-2,8
SK	-28,5	-2,7	1,5	-4,9	-4	-2,8	-4,5	-9,4	-4	-3,7	-2,2	-1,4
SI	n.v.	n.v.	n.v.	n.v.	n.v.	n.v.	0,2	-0,9	0,2	-0,7	-0,5	-0,1
AC-10	n.v.	n.v.	n.v.	n.v.	n.v.	n.v.	-0,1	-0,3	-0,8	-2,4	-2,2	-2,5
EU-25	n.v.	n.v.	n.v.	n.v.	n.v.	n.v.	3,2	4,6	2,6	1,2	0,5	0,6

Quelle : EU-Kommission (2003b): S. 179.
n.v.: nicht verfügbar.

Tabelle 9: **Bruttonominalverschuldung in den Beitrittsländern**
(in % BIP)

	CY	CZ	EE	HU	LV	LT	MT	PL	SK	SI	AC-10	EU-25
1997	n.v.	12,9	6,9	64,2	n.v.	15,6	51,5	64,9	28,6	n.v.	n.v.	n.v.
1998	55,5	13,7	6	61,9	10,6	16,8	64,9	41,6	28,6	23,9	36,6	67,6
1999	56,7	14,3	6,5	61,2	13,7	23,4	60,8	42,7	43,8	25,1	38,5	66,2
2000	54,4	16,6	5	55,5	13,9	24,3	61,1	37,2	46,9	26,4	35,9	63
2001	55,6	23,3	4,7	53,4	15,7	23,4	62	37,2	48,8	25,9	36,7	61,7
2002	59,8	27,1	5,7	56,3	15,2	22,7	64,2	41,6	44,3	27	39,8	61,5
2003	60,3	30,7	5,4	57,9	16,7	23,3	66,4	45,1	45,1	27,4	42,4	63,1
2004	58,9	34,5	5,3	56,9	18,2	23,6	69,4	45,2	45,2	27	44,6	63,5
2005	56,8	38,8	4,5	55,5	18,7	23,7	70,6	49,2	45,4	26,4	45,9	63,5

Quelle: EU-Kommission (2003b): S. 181.

Tabelle 10:
Der Altenquotient in der EU

	2000	2050	Veränderung Prozentpunkte	%
Belgien	26	45	20	76
Dänemark	22	36	14	65
Deutschland	24	49	25	101
Griechenland	26	54	28	110
Spanien	25	60	36	146
Frankreich	24	46	30	89
Irland	17	40	236	139
Italien	27	61	35	131
Luxemburg	21	38	16	76
Niederlande	20	41	21	103
Österreich	23	54	31	133
Portugal	23	46	24	104
Finnland	22	44	22	98
Schweden	27	42	16	58
Großbritannien	24	42	18	76
EU-15	24	49	26	100

Quelle: EPC (2001): S. 12.

118

Tabelle 11:
Anteil der sehr alten Menschen an der Gesamtbevölkerung*

	2000	2050	Veränderung Prozentpunkte	%
Belgien	21	37	16	74
Dänemark	26	35	8	31
Deutschland	22	39	17	81
Griechenland	20	33	13	62
Spanien	22	33	11	51
Frankreich	22	38	15	67
Irland	23	27	4	18
Italien	22	39	17	79
Luxemburg	21	38	16	76
Niederlande	23	37	14	60
Österreich	23	42	18	77
Portugal	19	31	12	63
Finnland	22	36	13	60
Schweden	29	36	6	22
Großbritannien	25	37	12	46
EU-15	23	37	14	64

Quelle: EPC (2001): S. 12.
*Definiert als der Anteil der über 80-jährigen an der
Bevölkerungsgruppe der über 65-jährigen.

Tabelle 12:
Veränderung der Gesamtbevölkerung in der EU von 2000 bis 2050

	2000	2050	Veränderung Prozentpunkte	%
Belgien	10,2	10,1	-0,1	-1
Dänemark	5,4	5,5	0,1	3
Deutschland	82,3	75,6	-6,8	-8
Griechenland	10,5	10,2	-0,3	-3
Spanien	39,4	35,1	-4,3	-11
Frankreich	59,2	62,2	3	5
Irland	3,8	4,8	1	26
Italien	57,6	48,1	-9,5	-17
Luxemburg	0,4	0,6	0,1	29
Niederlande	15,9	17,7	1,8	11
Österreich	8,1	7,6	-0,5	-6
Portugal	10	10,9	0,9	9
Finnland	5,2	5	-0,2	-4
Schweden	8,9	9,2	0,3	4
Großbritannien	59,5	61,8	2,3	4
EU-15	376,4	364,2	-12,2	-3

Quelle: EPC (2001): S. 12.

Tabelle 13:
Ausgaben der öffentlichen Hand für Altersruhegelder
für die Bevölkerungsgruppe der über 55-jährigen
(als % des BIP)

	2000	2010	2020	2030	2040	2050	Veränderung 2000-2050 in % (Spitzenwert)
gien	10	9,9	11,4	13,3	13,7	13,3	3,7
ıemark	10,5	12,5	13,8	14,5	14	13,3	4
ıtschland	11,8	11,2	12,6	15,5	16,6	16,9	5,1
ːchenland	12,6	12,6	15,4	19,6	23,8	24,8	12,2
nien	9,4	8,9	9,9	12,6	16	17,3	7,9
ıkreich	12,1	13,1	15	16	15,8	n.v.	3,7
ıd	4,6	5	6,7	7,6	8,3	9	4,4
en	13,8	13,9	14,8	15,7	15,7	14,1	1
emburg	7,4	7,5	8,2	9,2	9,5	9,3	1,9
ɟerlande	7,9	9,1	11,1	13,1	14,1	13,6	6,2
ːrreich	14,5	14,9	16	18,1	18,3	17	3,8
ːugal	9,8	11,8	13,1	13,6	13,8	13,2	4
ıland	11,3	11,6	12,9	14,9	16	15,9	4,7
weden	9	9,6	10,7	11,4	11,4	10,7	2,4
ßbritannien	5,5	5,1	4,9	5,2	5	4,4	-1,1
·15	10,4	10,4	11,5	13	13,6	13,3	3,2

Quelle: EPC (2001): S. 12.

Tabelle 14:
Ausgaben der öffentlichen Hand für Gesundheit- und Pflege
(als % des BIP)

	Berechnung des EPC*		Berechnung der OECD**	
	Ausgaben als % BIP2000	Anstieg der Ausgaben als % des BIP 2000-2050	Ausgaben als % BIP2000	Anstieg der Ausgaben als % des BIP 2000-2050
Belgien	6,1	2,4	6,2	3
Dänemark	8	3,5	6,6	2,7
Deutschland	n.v.	n.v.	5,7	3,1
Griechenland	n.v.	n.v.	n.v	n.v
Spanien	n.v.	n.v.	6,2	2,5
Frankreich	6,9	2,5	6,9	2,5
Irland	6,6	2,5	n.v	n.v
Italien	5,5	2,1	5,5	2,1
Luxemburg	n.v.	n.v.	n.v	n.v
Niederlande	7,2	3,8	7,2	4,8
Österreich	5,8	3,1	5,1	3,1
Portugal	n.v.	n.v.	n.v	n.v
Finnland	6,2	3,9	8,1	3,8
Schweden	8,8	3,3	8,1	3,2
Großbritannie n	6,3	2,5	5,6	1,7
EU-15	6,6	2,7	6,5	3

*Quelle: EPC (2001): S. 44. ** Quelle: OECD (2002): S. 160.
n.v.: nicht verfügbar.

Tabelle 15:

Voraussichtlicher Verlauf der Bruttonominalverschuldung in der EU unter verschiedenen Ausgangsbedingungen

	Szenario 1			Szenario 2		
	2010	2030	2050	2010	2030	2050
Belgien	70	-21	-108	66	-41	-154
Dänemark	26	-23	-51	9	-79	-172
Deutschland	49	56	89	75	186	384
Griechenland	70	48	160	70	64	201
Spanien	38	17	89	33	4	59
Frankreich	54	107	248	62	144	335
Irland	33	85	220	22	52	153
Italien	77	17	-38	88	72	91
Luxemburg	2	16	51	4	18	52
Niederlande	39	48	99	37	43	91
Österreich	59	88	123	61	39	19
Portugal	46	51	107	61	120	281
Finnland	-23	-48	-39	-42	-135	-225
Schweden	3	2	-35	3	2	-57
UK	38	43	78	39	49	90
EU-15	38,7	32,4	66,2	39,2	35,9	76,5

Quelle: EU-Kommission (2003): S. 23.

Tabelle 16:
Die Steuerlücken in der EU

	BE	DK	DE	EL	ES	FR	IE	IT	LU	NL	AT	PT	FI	SE	UK
Szenario 1	0,1	0,1	2	4,8	2,4	4,6	5,1	0,3	2,5	4,6	3,4	2	-0,5	0,2	1,2
Szenario 2	-0,5	-2	5,7	5,5	2,4	5,7	4	1,9	2,6	4,5	1,9	4,3	-0,8	-0,1	1,4

Quelle: EU-Kommission (2003): S. 24.

Tabelle 17:
Entwicklung der Schuldenquoten bei unterschiedlichen Zins- und Wachstumsannahmen in den Beitrittsländern

	Aktuelles Szenario			EWU-Szenario		
	2005	2010	2015	2005	2010	2015
Polen	45,4	49	52,5	46,3	51,5	56,8
Ungarn	65,6	78,9	89,8	73,2	101,7	131
Tschechische Republik	39,7	62,5	84,1	41	67,3	94,2
Slowakische Republik	55,7	81,3	110,3	52,8	71,2	90,1
Litauen	23,2	22,6	22,1	25,5	28,6	31,8
Lettland	19,2	22,4	24,8	22,2	31,3	40,6
Slowenien	30,2	34,1	38,4	29	30,7	32,5
Estland	-0,6	-8,2	-15,2	-0,4	-8,4	-16,7
Zypern	58,5	58	57,4	53,5	44,7	35,7
Malta	70,7	80,3	89,9	72,2	84,5	97,2

Quelle: Deutsche Bundesbank (2003): S. 30.

LITERATURVERZEICHNIS

GESETZESTEXTE:

EUROPÄISCHER RAT (1997): *Entschließung des Europäischen Rates vom 17. Juni 1997 über den Stabilitäts- und Wachstumspakt.*
URL:http://europa.eu.int/smartapi/cgi/sga_doc?smartapi!celexapi!prod!CELEXnum doc&lg=DE&numdoc=31997Y0802(01)&model=guichett [Zugriff am 30.11.2003].

PROTOKOLL ÜBER DAS VERFAHREN BEI EINEM ÜBERMÄSSIGEN DEFIZIT.
URL: http://europa.eu.int/eur-lex/de/treaties/selected/livre335.html [Zugriff am 30.11.2003].

PROTOKOLL ÜBER DIE KONVERGENZKRITERIEN NACH ARTIKEL 121 (EX-ARTIKEL 109J) DES VERTRAGS ZUR GRÜNDUNG DER EUROPÄISCHEN GEMEINSCHAFT.
URL: http://europa.eu.int/eur-lex/de/treaties/selected/livre336.html [Zugriff am 30.11.2003].

VERORDNUNG (EG) NR. 1466/97 DES RATES VOM 7. JULI ÜBER DEN AUSBAU DER HAUSHALTSPOLITISCHEN ÜBERWACHUNG UND DER ÜBERWACHUNG UND KOORDINIERUNG DER WIRTSCHAFTSPOLITIKEN.
URL:http://europa.eu.int/smartapi/cgi/sga_doc?smartapi!celexapi!prod!CELEXnum doc&lg=DE&numdoc=31997R1466&model=guichett [Zugriff am 30.11.2003].

VERORDNUNG (EG) NR. 1467/97 DES RATES VOM 7. JULI ÜBER DIE BESCHLEUNIGUNG UND KLÄRUNG DES VERFAHRENS BEI EINEM ÜBERMÄSSIGEN DEFIZIT.
URL:http://europa.eu.int/smartapi/cgi/sga_doc?smartapi!celexapi!prod!CELEXnum doc&lg=DE&numdoc=31997R1467&model=guichett [Zugriff am 30.11.2003].

VERTRAG ZUR GRÜNDUNG DER EUROPÄISCHEN GEMEINSCHAFT IN DER DURCH DEN AMSTERDAMER VERTRAG KONSOLIDIERTEN FASSUNG.
URL: http://europa.eu.int/eur-lex/de/treaties/dat/EC_consol.pdf [Zugriff am 30.11.2003].

SONSTIGE QUELLEN:

ALESINA, ALBERTO/ PEROTTI, ROBERTO (1995): *Fiscal Expansions and Adjustments in OECD Countries*, in: Economic Policy, Vol. 21, 205-448.

ALHO, KARI (2001): *The Stability Pact and Inefficiencies in Fiscal Policy Making in EMU*, in: Public Finance, Vol. 1, Jg. 1, S. 4-33.
URL: http://www.spaef.com/PFM_PUB/sgp.pdf. [Zugriff am 2.3.2003].

ALLSOPP, CHRISTOPHER/ VINES, DAVID (1996): *Fiscal Policy and EMU*, in: National Institute of Economic Review, Vol. 158, S. 91-107.

ARBEITSGEMEINSCHAFT DEUTSCHER WIRTSCHAFTSWISSENSCHAFTLICHER FORSCHUNGSINSTITUTE (2003): *Die Lage der Weltwirtschaft und der deutschen Wirtschaft im Herbst 2003*, HWWA-Report Nr. 235, Hamburg. URL: http://www.hwwa.de/Publikationen/Report/2003/Report235.pdf [Zugriff 29.11.2003].

ARESTIS, PHILIP/ MCCAULEY, KEVIN/ SAWYER, MALCOLM (2001): *An alternative stability pact for the European Union*, in: Cambridge Journal of Economics, Vol. 25, Nr. 1, S. 113-130.

ARLT, URSULA (1994): *Zur Messung staatlicher Defizite: eine Untersuchung anhand des Bundeshaushalts der Bundesrepublik Deutschland*, Frankfurt am Main.

ARTIS, MICHAEL (2003): *The Stability and Growth Pact: Fiscal Policy in EMU*, in: BREUSS, FRITZ/ FINK, GERHARD/ GRILLER, STEFAN (Hrsg.): *Institutional, Legal and economic aspects of the EMU*, New York.

ARTIS, MICHAEL/ BUTI, MARCO (2001): *Setting Medium-Term Fiscal Targets in EMU*, in: BRUNILA, ANNE/ BUTI, MARCO/ FRANCO, DANIELE (Hrsg.): *The Stability and Growth Pact – The Architecture of Fiscal Policy in EMU*, Houndmills, S. 185-203.

ARTIS, MICHAEL/ WINKLER, BERNHARD (1997): *The Stability Pact: Safeguarding the Credibility of the European Central Bank*, in: National Institute of Economic Review, January, S. 87-98.

ARTIS, MICHAEL/ WINKLER, BERNHARD (1999): *The Stability Pact: trading off flexibility for credibility?* in: HALLETT, ANDREW H./ HUTCHISON, MICHAEL M./ JENSEN, SVEND (Hrsg.): *Fiscal Aspects of European Monetary Integration*, Cambridge University Press, S. 157-188.

AUSSCHUSS FÜR WIRTSCHAFT UND WÄHRUNG DES EUROPÄISCHEN PARLAMENTES (2002): *Monetärer Dialog mit Herrn Duisenberg, Präsident der EZM (gemäß Art. 113 (3) des EU-Vertrags)*. URL: http://www.europarl.eu.int/comparl/econ/pdf/emu/speeches/20021203/fulltxt.pdf [Zugriff am 11.10.2003].

BACKÉ, PETER (2002): *Fiscal Effects of EU Membership for Central European and Baltic EU Accession Countries*, in: ÖSTERREICHISCHE NATIONALBANK (Hrsg.): *Focus on Transition*, Vol. 2, Wien, S. 151-164. URL: http://www2.oenb.at/publikationen/fotra2_2002_p.html [Zugriff am 27.8.2003].

BALASSONE, FABRIZIO/ FRANCO, DANIELE (2001): *EMU: Fiscal Rules: a New Answer to an Old Question?*, in: BANCA D'ITALIA (Hrsg.): *Fiscal Rules*, Rom, S. 33-58. URL: http://www.bancaditalia.it/pubblicazioni [Zugriff am 13.2.2002].

BALASSONE, FABRIZIO/ FRANCO, DANIELE (2001a): *The SGP and the 'Golden Rule'*, in: BRUNILA, ANNE/ BUTI, MARCO/ FRANCO, DANIELE (Hrsg.): *The Stability and Growth Pact – The Architecture of Fiscal Policy in EMU*, Houndmills, S. 371-393.

BARISITZ, STEPHAN/ HILDEBRANDT, ANTJE/ KOWALEWSKI, PAWEL/ MASCHEK, WOLFGANG/ REININGER, THOMAS (2003): *Development in Selected Countries*, in: ÖSTERREICHISCHE NATIONALBANK (Hrsg.): *Focus on Transition*, Vol. 1, Wien, S. 12-37.

BARRELL, RAY (2001): *Time to Consider Alternatives to the Stability and Growth Pact*, in: Intereconomics, November/December, S. 279-285.

BEAN, CHARLES (1998): *Discussion*, in: Economic Policy, S. 104-107.

BEETSMA, ROEL (2001): *Does EMU Need a Stability Pact?* in: BRUNILA, ANNE/ BUTI, MARCO/ FRANCO, DANIELE (Hrsg.): *The Stability and Growth Pact – The Architecture of Fiscal Policy in EMU*, Houndmills, S. 23-52.

BEETSMA, ROEL /BOVENBERG, ARY (2000): *Designing Fiscal and Monetary Institutions for a EMU*, in Public Choice, Vol. 102, S. 247-269.

BELKE, ANSGAR/ BAUMGÄRTNER, FRANK (2002): *Fiskalische Transfermechanismen und asymmetrische Schocks in Euroland*, in: Vierteljahreshefte zur Wirtschaftsforschung, Jg. 71, Heft 1, S. 384-399.

BERNDT, HOLGER (1997): *Vorwort des Herausgebers*, in: BOFINGER, PETER/ HEFEKER, CARSTEN/ PFLEGER, KAI (Hrsg.): *Stabilitätskultur in Europa: theoretische Grundlagen, empirische Befunde, Bedeutung für die EWU*, Stuttgart.

BERTHOLD, NORBERT/ DREWS, STEFAN (2003): *Nationaler Stabilitätspakt – Mehr Handlungsspielraum für Länder und Gemeinden?* in: Wirtschaftsdienst, 83. Jg., Heft 8, S. 517-523.

BLANCHARD, OLIVIER (1990): *The sustainability of fiscal policy: new answers to an old question*, in: OECD Economic Studies, Paris, Nr. 15, S. 7-36.

BLANCHARD, OLIVIER/ ILLING, GERHARD (2003): *Makroökonomie*, München.

BLANKART, CHARLES B. (2001): *Öffentliche Finanzen in der Demokratie*, 4. Auflage, München.

BOFINGER, PETER (2003): *The Stability and Growth Pact neglects the Policy mix between Fiscal and Monetary Policy*, in: Intereconomics, Vol. 38, Number 1, January/February, S. 4-7.

BOFINGER, PETER/ REISCHLE, JULIAN/ SCHÄCHTER, ANDREA (1996): *Geldpolitik. Ziele, Institutionen, Strategien und Instrumente*, München.

BOVENBERG, ARY/ KREMERS, JEROEN/ MASSON, PAUL (1990): *Economic and Monetary Union in Europe and Constraints on National Budgetary Policies*, IMF Working Paper Nr. WP/90/60, S. 1-22.

BRANDNER, PETER/ DIEBALEK, LEOPOLD/ SCHUBERTH, HELENE (1998): *Structural Budget Deficit and Sustainability of Fiscal Positions in the European Union*, ÖSTERREICHISCHE NATIONALBANK (Hrsg.), *Working Papers*, Nr. 26. URL: www2.oenb.at/workpaper/wp26.pdf [Zugriff am 12.4.2003].

BRONCHI, CHIARA (2003): *The Effectiveness of Public Expenditure in Portugal*, OECD Economic Department Working Papers, Nr. 349, Paris.

BRUNILA, ANNE/ BUTI, MARCO/ IN T' VELD, JAN (2002): *Fiscal Policy in Europe: how effective are automatic stabilisers?*, in: Europäische Kommission (Hrsg.): Economic Papers, Nr. 177, Brüssel. URL:http://europa.eu.int/comm/economy_finance/publications/economic_papers/20 02/ecp177en.pdf [Zugriff am 6.6.2003].

BRUNILA, ANNE/ MARTINEZ-MONGAY, CARLOS (2002): *Fiscal Policy in the Early Years of EMU*, in: BUTI, MARCO/ SAPIR, ANDRÉ (Hrsg.): *EMU and Economic Policy in Europe*, Cheltenham, S. 150-172.

BUCHANAN, JAMES M./ WAGNER, RICHARD E. (1977): *Democracy in Deficit. The political legacy of Lord Keynes*, New York.

BUITER, WILLEM H./ GRAFE, CLEMENS (2002): *Patching up the Pact: Some Suggestions for Enhancing the Fiscal Sustainability and Macroeconomic Stability in an Enlarges European Union*, CEPR Working Paper, Nr. 3496, London.

BUITER, WILLEM H. (1992): *Should we be worried about the fiscal numerology of Maastricht?*, CEPR Working Paper, Nr. 668, London.

BUITER, WILLEM H./ CORSETTI, GIANCARLO/ ROUBINI, NOURIEL (1993): *Excessive Deficits: sense and nonsense in the Treaty of Maastricht*, in: Economic Policy, Nr. 8, S. 75-100.

BUNDESMINISTERIUM DER FINANZEN (1995): *Stabilitätspakt für Europa – Finanzpolitik in der dritten Stufe der WWU*, Pressemitteilung des Bundesministeriums für Finanzen, Bonn, vom 10.11.1995, abgedruckt in:

DEUTSCHE BUNDESBANK (Hrsg.) Auszüge aus Presseartikeln, Nr. 77, Frankfurt am Main, S. 6-9.

BUNDESMINISTERIUM DER FINANZEN (2002): *Deutsches Stabilitätsprogramm - Aktualisierung Dezember 2002*, Berlin.
URL: http://www.bundesfinanzministerium.de/Anlage16182/Deutsches-Stabilitaetsprogramm.pdf [Zugriff am 6.8.2003].

BUNDESMINISTERIUM DER FINANZEN (2002a): *Verstärkte Koordinierung der antizyklischen Finanzpolitik in Europa?*, in: Monatsbericht August, Berlin, S. 71-82.
URL: http://www.bundesfinanzministerium.de/Anlage13792/Teil-2-Monatsbericht-August-2002-Berichte-und-Analysen.pdf [Zugriff am 29.7.2003].

BUNDESMINISTERIUM DER FINANZEN (2002b): *Nachhaltigkeit als Herausforderung der Finanzpolitik in föderalen Staaten*, in: Monatsbericht Oktober, Berlin, S. 51-56.
URL: http://www.bundesfinanzministerium.de/Anlage14516/Nachhaltigkeit-als-Herausforderung-der-Finanzpolitik-in-foederalen-Staaten.pdf [Zugriff am 29.7.2003].

BUNDESMINISTERIUM DER FINANZEN (2003): *Brief von Bundesfinanzminister Hans Eichel an die Finanzminister der EU-15 vom 9. Juli 2003*, Berlin.
URL: http://www.bundesfinanzministerium.de/Finanz-und-Wirtschaftspolitik/Finanzpolitik-.442.19295/Artikel/.htm [Zugriff am 10.10.2003].

BUNDESMINISTERIUM DER FINANZEN (2003a): *Frequently Asked Questions (FAQs) zum Stabilitäts- und Wachstumspakt*, Berlin.
URL: http://www.bundesfinanzministerium.de/BMF-.336.16334/Artikel/index.htm [Zugriff am 21.9.2003].

BUNDESMINISTERIUM DER FINANZEN (2003b): *Quo Vadis? Spielräume der Stabilitäts-und Wachstumspolitik im europäischen Kontext*, in: Monatsbericht Juni, Berlin, S. 33-39.
URL: http://www.bundesfinanzministerium.de/Anlage18992/Quo-Vadis-Spielraeume-der-Stabilitaets-und-Wachstumspolitik-im-europaeischen-Kontext.pdf [Zugriff 21.9.2003].

BUNDESMINISTERIUM DER FInanzen (2003c): *Chancen und Grenzen einer koordinierten Finanz- und Wirtschaftspolitik auf europäischer Ebene*, in: Monatsbericht Juli, Berlin, S. 65-72.
URL: http://www.bundesfinanzministerium.de/Anlage19547/Chancen-und-Grenzen-einer-koordinierten-Finanz-und-Wirtschaftspolitik-auf-europaeischer-Ebene.pdf [Zugriff am 21.9.2003].

BUNDESREGIERUNG (2002): *Frühwarnung aus Brüssel nicht gerechtfertigt*, Pressemitteilungen, Berlin.
URL: http://www.bundesregierung.de/Dokumente/Artikel/ix68734.html [Zugriff am 31.8.2003].

BÜNNING, LARS (1997): *Die Konvergenzkriterien des Maastricht-Vertrags unter besonderer Berücksichtigung ihrer Konsistenz*, Frankfurt am Main.

BURDA, MICHAEL/ WYPLOSZ, CHARLES (2003): *Makroökonomie*, 2. Auflage, München.

BURNS, ANDREW/YOO, KWANG-YEOL (2002): *Improving the Efficiency and Sustainability of Public Expenditure in Czech Republic*, OECD Economics Department Working Papers, Nr. 328, Paris.
URL: http://appli1.oecd.org/olis/2002doc.nsf/linkto/eco-wkp(2002)14/$FILE/JT00125013.PDF [Zugriff am 10.10.2003].

BUTI, MARCO/ GIUDICE, GABRIELE (2002): *Maastricht's Fiscal Rules at Ten: An Assessment*, Brüssel.
URL: http://www.econ.upf.es/crei/activities/sc_conferences/14/buti2.pdf. [Zugriff am 13.6.2003].

BUTI, MARCO/ FRANCO, DANIELE/ ONGENA H. (1998): *Fiscal Discipline and Flexibility in EMU: The Implementation of Stability and Growth Pact*, in: Oxford review of economic policy, Vol. 14, Nr. 3, S. 81-97.

BUTI, MARCO/ FRANCO, DANIELE/ ONGENA, HEDWIG. (1997): *Budgetary Policies during Recessions - Retrospective Application of the Stability and Growth Pact to the Post-War Period*, in: Europäische Kommission (Hrsg.): Economic papers, Nr. 121, Brüssel.

Buti, Marco/ Martinot, Bertrand (2000): *Open Issues on the Implementation of the Stability and Growth Pact*, in: National Institute EconomicReview, Nr. 174, London S. 92-104.

BUTI, MARCO/ SAPIR, ANDRÉ (2002): *EMU in the early years: differences and credibility*, in: BUTI, MARCO/ SAPIR, ANDRÉ (Hrsg.): *EMU and Economic Policy in Europe*, Cheltenham, S. 3-40.

BUTI, MARCO/ EIJFFINGER, SYLVESTER/ FRANCO, DANIELE (2002): *Revisiting the Stability and Growth Pact: Grand Design or Internal Adjustment?*, in: Europäische Kommission (Hrsg.): *economic papers*, Nr. 180, Brüssel.
http://europa.eu.int/comm/economy_finance/publications/economic_papers/2003/ecp180en.pdf [Zugriff am 19.9.2003].

CABOS, KAREN (1995): *Fiskalpolitik in einer Europäischen Währungsunion*, Hamburg.

CABRAL, ANTÓNIO (1999): *The Stability and Growth Pact: Main Aspects and Some Consoderations on its Implementation*, in: LAMFALUSSY, ALEXANDRE/ BERNARD, LUC, CABRAL, ANTÓNIO (Hrsg.): *The Euro-Zone: A New Economic Entity?*, Brüssel, S. 19-53.

CABRAL, ANTÓNIO (2001): *Main Aspects of the Working of the Stability and Growth Pact*, in: BRUNILA, ANNE/ BUTI, MARCO/ FRANCO, DANIELE (Hrsg.): *The Stability and Growth Pact – The Architecture of Fiscal Policy in EMU*, Houndmills, S. 139-157.

CALLIES, PETRA (1997): *Der Stabilitäts- und Wachstumspakt – Ein Pakt für mehr Glaubwürdigkeit?* in: Wirtschaftsdienst, 77. Jg., Heft 3, S. 153-158.

CALMFORS, LARS/ CORSETTI GIANCARLO/ FLEMMING, JOHN/ HONKAPOHJA, SEPPO/ KAY, JOHN/ LEIBFRITZ, WILLI/ SAINT-PAUL, GILLES/ SINN, HANS-WERNER/ VIVES, XAVIER (2003): *European Economy Advisory Group at CESIfo - Report on the European Economy 2003*, München.

CANZONERI, MATTHEW B./ CUMBY, ROBERT E./ DIBA, BEHZAD T. (2002): *Should the European Central Bank and the Federal Reserve Be Concerned About Fiscal Policy?*, Jackson Hole. URL: http://www.suerf.com/Hochreiter/alpbach/canz.pdf [Zugriff am 5.7.2003].

CANZONERI, MATTHEW B./ DIBA, BEHZAD T. (2001): *The Stability and Growth Pact: Delicate Balance or Albatross?* in: BRUNILA, ANNE/ BUTI, MARCO/ FRANCO, DANIELE (Hrsg.): *The Stability and Growth Pact – The Architecture of Fiscal Policy in EMU*, Houndmills, S. 53-77.

CODED (2003): *Die Datenbank für Konzepte und Begriffe von Eurostat*, o. S. URL: http://forum.europa.eu.int/irc/dsis/coded/info/data/coded/de/gl009026.htm [Zugriff am 5.7.2003].

COLLIGNON, STEFAN (1996): *Geldwertstabilität für Europa - Die Währungsunion auf dem Prüfstand*, Gütersloh.

CURRIE, DAVID (1992): *EMU: Institutional Structure and Economic Performance*, in: The Economic Journal, Vol. 102, S. 248-264.

DALSGAARD, THOMAS/ DE SERRES, ALAIN (2001): *Estimating Prudent Budgetary Margins for 11 EU Countries: Simulated SVAR Model Approach*, OECD Economics Departments Working Papers, Nr. 216, Paris.

DEUTSCHE BUNDESBANK (1994): *Die zweite Stufe der Europäischen Wirtschafts- und Währungsunion*, in: Monatsbericht Januar, Frankfurt am Main, S. 25-44.

DEUTSCHE BUNDESBANK (2001): *Zur langfristigen Tragfähigkeit der öffentlichen Haushalte - eine Analyse anhand der Generationenbilanzierung*, in: Monatsbericht Dezember, Frankfurt am Main, S. 29-44.

DEUTSCHE BUNDESBANK (2002): *Zur außenwirtschaftlichen Entwicklung der mittel- und osteuropäischen Beitrittsländer*, in: Monatsbericht Dezember, Frankfurt am Main, S. 51-71.

DEUTSCHE BUNDESBANK (2003): *Zur Lage der öffentlichen Finanzen in den der EU beitretenden Ländern*, in: Monatsbericht Juli, Frankfurt am Main, S. 21-38.

DEUTSCHE BUNDESBANK (2003a): *Öffentliche Finanzen*, in: Monatsbericht November, Frankfurt am Main, S. 49-61.

DICHTL, ERWIN/ ISSING, OTMAR (1993): *Vahlens Großes Wirtschaftslexikon*, 2. Auflage, München.

DORNBUSCH, RÜDIGER/ FISCHER, STANLEY (2002): *Makroökonomik*, 6. Auflage, München.

EHRLICHER, WERNER (1981): *Grenzen der öffentlichen Verschuldung*, in: SIMMERT, DIETHARD B./ WAGNER, KURT-DIETER: *Staatsverschuldung kontrovers*, Schriftenreihe der Bundeszentrale für politische Bildung, Bonn, S. 103-117.

EICHENGREEN, BARRY (1994): *Fiscal Policy and EMU*, in: EICHENGREEN, BARRY/ FRIEDEN, JEFFREY: *The Political Economy of European Monetary Unification*, Boulder, S. 167-190.

EICHENGREEN, BARRY (1996): *Saving Europe's Automatic Stabilisers*, in: National Institute of Economic Review, Nr. 159, London, S. 92-98.

EICHENGREEN, BARRY/ WYPLOSZ, CHARLES (1998): *The Stability Pact: more than a minor nuisance?*, in: Economic Policy, S. 67-104.

EICHENGREEN, BARRY/ GHIRONI, FABIO (2002): *EMU and Enlargement*, in: BUTI, MARCO/ SAPIR, ANDRÉ (Hrsg.): *EMU and Economic Policy in Europe*, Cheltenham, S. 381-408.

EMERSON, MICHAEL (1991): *Ein Markt - eine Währung. Potentielle Nutzen und Kosten der Errichtung einer Wirtschafts- und Währungsunion*; eine Studie der Kommission der Europäischen Gemeinschaften, Generaldirektion Wirtschaft und Finanzen, Bonn.

EUROPÄISCHE KOMMISSION (1998): *Empfehlung der Kommission zur dritten Stufe der Wirtschafts- und Währungsunion, Bericht über den Konvergenzstand 1998, Wachstum und Beschäftigung im Stabilitätsrahmen der EU*, in: Europäische Wirtschaft, Nr. 65, Luxemburg.

EUROPÄISCHE KOMMISSION (2000): *Recent Fiscal Developments in the Candidate Countries*, Enlargement Papers, Nr. 2, Luxemburg. URL:http://europa.eu.int/comm/economy_finance/publications/enlargement_papers/2000/elp02en.pdf [Zugriff am 30.11.2003].

EUROPÄISCHE KOMMISSION (2000a): *Public Finances in EMU*, European Economy, Nr. 3, Luxemburg.
URL:http://europa.eu.int/comm/economy_finance/publications/european_economy/2000/eers0300en.pdf [Zugriff am 30.11.2003].

EUROPÄISCHE KOMMISSION (2001): *The economic impact of enlargement*, in: Enlargement Papers, Nr. 4, Luxemburg.
URL:http://europa.eu.int/comm/economy_finance/publications/enlargement_papers/enlargementpapers04_en.htm. [Zugriff am 30.11.2003].

EUROPÄISCHE KOMMISSION (2002): *Evaluation of the 2002 pre-acession economic programmes of candidate countries*, in: Enlargement Papers, Nr. 14, Luxemburg.
URL:http://europa.eu.int/comm/economy_finance/publications/enlargement_papers/2002/elp14en.pdf [Zugriff am 30.11.2003].

EUROPÄISCHE KOMMISSION (2002a): *Public Finances in EMU*, European Economy, Nr. 3, Luxemburg.
URL:http://europa.eu.int/comm/economy_finance/publications/european_economy/2002/ee302en.pdf [Zugriff am 30.11.2003].

EUROPÄISCHE KOMMISSION (2002b): *Mitteilung der Europäischen Kommission an den Rat und das Europäische Parlament: Verstärkung der haushaltspolitischen Koordinierung*, Brüssel.
URL: http://europa.eu.int/eur-lex/de/com/cnc/2002/com2002_0668de01.pdf [Zugriff am 30.11.2003].

EUROPÄISCHE KOMMISSION (2002c): *Kommission verabschiedet Bericht über die öffentlichen Finanzen in Portugal als ersten Schritt des Verfahrens bei einem übermäßigen Defizit*, Dokument Nr. IP/02/1360, Brüssel.
URL:http://europa.eu.int/rapid/start/cgi/guesten.ksh?p_action.getfile=gf&doc=IP/02/1360|0|AGED&lg=DE&type=PDF [Zugriff am 30.11.2003].

EUROPÄISCHE KOMMISSION (2002d): *Statement by the Commissioner Solbes on the Portuguese Deficit Data*, Dokument Nr. IP/02/1168, Brüssel.
URL:http://europa.eu.int/rapid/start/cgi/guesten.ksh?p_action.getfile=gf&doc=IP/02/1168|0|AGED&lg=EN&type=PDF [Zugriff am 30.11.2003].

EUROPÄISCHE KOMMISSION (2002e): *Kommission verabschiedet Bericht über die öffentlichen Finanzen in Deutschland als ersten Schritt des Verfahrens bei einem übermäßigen Defizit*, Dokument Nr. IP/02/1705, Brüssel.
URL:http://europa.eu.int/rapid/start/cgi/guesten.ksh?p_action.getfile=gf&doc=IP/02/1705|0|AGED&lg=DE&type=PDF [Zugriff am 30.11.2003].

EUROPÄISCHE KOMMISSION (2003): *Public Finances in EMU*, European Economy, Nr. 4, Luxemburg.
URL:http://europa.eu.int/comm/economy_finance/publications/european_economy/2003/ee303en.pdf [Zugriff am 30.11.2003].

EUROPÄISCHE KOMMISSION (2003a): *Autumn 2003 Economic Forecasts*, Luxemburg.
URL:http://europa.eu.int/comm/economy_finance/publications/european_economy/
2003/ee503en.pdf [Zugriff am 30.11.2003].

EUROPÄISCHE KOMMISSION (2003b): *Statistical Annex of European Economy*, Autumn
2003, Luxemburg.
URL:http://europa.eu.int/comm/economy_finance/publications/european_economy/
2003/statannex0203_en.pdf [Zugriff am 30.11.2003].

EUROPÄISCHE KOMMISSION (2003c): *Spring Economic forecasts for the candidate
countries*, Enlargement Paper, Nr. 15, Luxemburg.
URL:http://europa.eu.int/comm/economy_finance/publications/enlargement_papers/
2003/elp15en.pdf [Zugriff am 30.11.2003].

EUROPÄISCHE KOMMISSION (2003d): *Kommission fordert Frankreich auf, neue
Maßnahmen zum Abbau des Haushaltsdefizit in 2004 zu treffen*, Dokument Nr.
IP/03/1420, Brüssel.
URL:http://europa.eu.int/rapid/start/cgi/guesten.ksh?p_action.getfile=gf&doc=IP/03/
1420|0|RAPID&lg=DE&type=PDF [Zugriff am 30.11.2003].

EUROPÄISCHE ZENTRALBANK (1999): *The Implementation of the Stability and Growth
Pact*, in: Monatsbericht Mai, Frankfurt am Main, S. 45-70.
URL:
http://www.bundesbank.de/ezb/download/mb/1999/05/199905mb_ezb_text.pdf
[Zugriff am 5.4.2003).

EUROPÄISCHE ZENTRALBANK (2000): *Die Finanzpolitik im Euro-Währungsgebiet
unter den Bedingungen einer alternden Bevölkerung*, in Monatsbericht Juli,
Frankfurt am Main, S. 63-78.
URL:
http://www.bundesbank.de/ezb/download/mb/2000/07/200007mb_ezb_text.pdf
[Zugriff am 5.4.2003).

EUROPÄISCHE ZENTRALBANK (2001): *Finanzpolitik und Wirtschaftswachstum*, in:
Monatsbericht August, Frankfurt am Main, S. 43-60.
URL:
http://www.bundesbank.de/ezb/download/mb/2001/08/200108mb_ezb_text.pdf
[Zugriff am 5.4.2003).

EUROPÄISCHE ZENTRALBANK (2002): *Die Wirkungsweise automatischer fiskalischer
Stabilisatoren im Euro-Währungsgebiet*, in: Monatsbericht April, Frankfurt am
Main, S: 35-50.
URL:
http://www.bundesbank.de/ezb/download/mb/2002/04/200404mb_ezb_text.pdf
[Zugriff am 5.4.2003).

EUROPÄISCHE ZENTRALBANK (2002a): *Statement of the Governing Council on the Stability and Growth Pact*, in: Press Release 24.10.2002, Frankfurt am Main, o. S. URL: http://www.ecb.int [Zugriff am 27.11.2003].

EUROPÄISCHER RAT (2002): *Council Recommendation to Portugal with a view to bringing an end to the situation of an excessive government defcit – Application of Art.104(7) of the Treaty*, Brüssel. URL: http://ue.eu.int/pressData/en/misc/73104.pdf [Zugriff am 30.11.2003].

EUROPÄISCHER RAT (2002a): *2407th Council Meeting – ECOFIN*, 12.2.2002, Dokument Nr. 6108/02, Brüssel. URL: http://ue.eu.int/pressData/en/ecofin/69429.pdf [Zugriff am 30.11.2003].

EUROPÄISCHER RAT (2003): *Council decision of 21 January 2003 on the existence of an excessive deficit in Germany — Application of Article 104(6) of the Treaty establishing the European Community*, Brüssel. URL: http://europa.eu.int/eur-lex/pri/en/oj/dat/2003/l_034/l_03420030211en00160017.pdf [Zugriff am 30.11.2003].

EUROPÄISCHER RAT (2003a): *2480th Council Meeting on 21 January – Economic and Financial Affairs*, Brüssel. URL: http://ue.eu.int/pressData/en/ecofin/74227.pdf#page=21 [Zugriff am 30.11.2003].

EUROPÄISCHER RAT (2003b): *2513rd Council Meeting on 3 June, Economic and Financial Affairs*, Brüssel. URL: http://ue.eu.int/pressData/en/ecofin/76014.pdf#page=5 [Zugriff am 30.11.2003].

EUROPÄISCHER RAT (2003c): *Stellungnahme des Rates vom 21. Januar zum aktualisierten Stabilitätsprogramm Deutschlands von 2002-2006*, Brüssel. URL: http://ue.eu.int/emu/convergence/de/OJC26DEde.pdf [Zugriff am 30.11.2003].

EUROPEAN POLICY COMMITTEE (2001): *Budgetary challenges posed by ageing populations: the impact on public spending on pensions, health care and long-term care for the elderly and possible indicators of the long-term sustainability of public finances*, Brüssel. URL:http://europa.eu.int/comm/economy_finance/publications/european_economy/reportsandstudies0401_en.pdf [Zugriff am 10.10.2003].

FATÁS, ANTÓNIO/ MIHOV, ILIAN (2002): *Fiscal Policy and EMU: Challenges of the Early Years*, in: BUTI, MARCO/ SAPIR, ANDRÉ (Hrsg.): *EMU and Economic Policy in Europe*, Cheltenham, S. 125-149.

FAZ-NET (2003): *Defizit-Verfahren gegen Berlin, blauer Brief für Paris*, Frankfurt am Main.
URL: http//:www.faz.net, Ausgabe vom 21.1.2003, o.S. [Zugriff am 16.11.2003].

FELDERER, BERNHARD/ HOMBURG, STEFAN (2003): *Makroökonomik und neue Makroökonomik*, 8. Auflage, Berlin/Heidelberg/New York.

FELDMANN, HORST (2000): *Warum der Stabilitäts- und Wachstumspakt reformiert werden muss*, in: Jahrbuch für Wirtschaftswissenschaften, 50. Jg., Heft 1, Göttingen, S. 197 – 221.

FELDMANN, HORST (2002): *The Stability and Growth Pact: Justification, Implementation, Reform Proposals*, in: CAESAR, ROLF/ SCHARRER, HANS-ECKART (Hrsg.): *European Economic an Monetary Union: An initial assessment*, Baden-Baden, S. 167-195.

FELDSIEPER, MANFRED (1980): *Währungsunionen II: Zielsetzungen und Probleme*, in: ALBERS, WILLI ET AL. (Hrsg.): Handwörterbuch der Wirtschaftswissenschaft, Bd. 8, Stuttgart, S. 546-562.

FELDSIEPER, MANFRED / KILGER, MORITZ (2004): *Der Stabilitäts- und Wachstumspakt vor dem Scheitern*, in: Orientierungen zur Wirtschafts- und Gesellschaftspolitik, Ludwig-Erhard-Stiftung, Bonn.

FIFOOst (2003): *"Die Kriterien von Kopenhagen"*, o. O., o. S.
URL: http://www.fifoost.org/EU/strategie_2002/node7.php [Zugriff am 21.11.2003].

FISCHER, JONAS/ GIUDICE, GABRIELE (2001): *The Stability and Convergence Programmes*, in: in: BRUNILA, ANNE/ BUTI, MARCO/ FRANCO, DANIELE (Hrsg.): *The Stability and Growth Pact – The Architecture of Fiscal Policy in EMU*, Houndmills, S. 185-184.

FOLKERS, CAY (1999): *Neue Maßstäbe in der Europäischen Union: Grenzen für Staatsverschuldung und Staatsquote durch den Maastrichter Vertrag und seine Ergänzungen*, Diskussionsbeitrag Nr. 25 des Instituts für Europäische Wirtschaft, Bochum.

FRANKFURTER ALLGEMEINE ZEITUNG (2003): *Die Bundesregierung fürchtet den Stabilitätspakt nicht mehr*, Ausgabe vom 5. Juni 2003, Frankfurt am Main, S. 15.

FRANKFURTER ALLGEMEINE ZEITUNG (2003): *Duisenberg warnt vor Scheitern des Pakts*, Ausgabe vom 1.11.2003, Frankfurt am Main, S. 11.

FRANKFURTER ALLGEMEINE ZEITUNG (2003a): *„In einer Stagnation kann ich keine restriktive Finanzpolitik machen", Interview mit Bundesfinanzminister Hans Eichel über die Folgen der revidierten Wachstumsprognose für seinen Haushalt*,

Steuersenkungen und Budgetkonsolidierung, Ausgabe vom 27. Oktober 2003, Frankfurt am Main, S. 13.

FRANKFURTER ALLGEMEINE ZEITUNG (2003b): *„Ich bestehe auf einem Sparversprechen Deutschlands"*, Ausgabe vom 21. November 2003, Frankfurt am Main, S. 14.

FRANKFURTER ALLGEMEINE ZEITUNG (2003c): *EU-Kommission beschließt Defizitauflagen*, Ausgabe vom 19. November 2003, Frankfurt am Main, S. 15.

FRANKFURTER ALLGEMEINE ZEITUNG (2003d): *Keine Strafe für die „Sünder" – Solbes: Eine Niederlage für Europa*, Ausgabe vom 26.11.2003, Frankfurt am Main, S.1.

FRANKFURTER ALLGEMEINE ZEITUNG (2003e): *EU-Kommission lehnt Änderungen am Stabilitätspakt ab*, Ausgabe vom 27.11.2003, Frankfurt am Main, S. 15.

FREY, BRUNO S./ KIRCHGÄSSNER, GEBHARD (1994): *Demokratische Wirtschaftspolitik*, 2. Auflage, München.

FRICKE, THOMAS (2003): *Kolumne: Neustart einer verbotenen Debatte*, in: Financial Times Deutschland, Ausgabe vom 21.8. 2003, o. S.
URL: http://www.ftd.de/pw/in/1061019392337.html?nv=se [Zugriff am 27.11.2003].

FRITSCH, MICHAEL/ WEIN, THOMAS/ EWERS, HANS-JÜRGEN (2001): *Marktversagen und Wirtschaftspolitik*, 4. Auflage, München.

FUEST, CLEMENS (1993): *Stabile Fiskalpolitische Institutionen für die EWU*, in: Wirtschaftsdienst, 73. Jg., Heft 10, S. 539 – 545.

GANDENBERGER, OTTO (1980): *Öffentliche Verschuldung II: Theoretische Grundlagen*, in ALBERS, WILLI ET AL. (Hrsg.): Handwörterbuch der Wirtschaftswissenschaft, Bd. 5, Stuttgart, S. 480-504.

GANDENBERGER, OTTO (1992): *Europäische Währungsunion und öffentliche Finanzen*, Münchner wirtschaftswissenschaftliche Beiträge der Ludwig-Maximilian-Universität, München.

GOLIK, MAŁGORZATA/ JĘDRZEJOWICZ, MICHAL (2003): *Fiscal Policy Challenges in the Face of Poland's Integration with the European Union*, in ÖSTERREICHISCHE NATIONALBANK (Hrsg.): *Focus on Transition*, Vol. 1, Wien, S. 121-130.

GÖRGENS, EGON (2001): *Mögliche Konflikte zwischen Geld- und Finanzpolitik in der Europäischen Währungs- und Wirtschaftsunion*, in: SÖLLNER, FRITZ/ WILFERT, ARNO (Hrsg.): *Die Zukunft des Sozial- und Steuerstaates: Festschrift zum 65. Geburtstag von Dieter Fricke*, Heidelberg, S. 398-420.

GÖRGENS, EGON/ RUCKRIEGEL, KARL-HEINZ/ FRANZ, SEITZ (2001): *Europäische Geldpolitik*, 2. Auflage, Düsseldorf.

GROS, DANIEL/ THYGESEN, NIELS (1998): *European monetary integration: from the European monetary system to economic and monetary union*, 2. Auflage, New York.

HÄDER, MICHAEL/ NIEBAUM, HENDRIK (1997): *EWU und Stabilitätskultur aus institutionenökonomischer Sicht*, in: Wirtschaftsdienst, 77. Jg., Heft 3, S. 94-98.

HAHN, HUGO J. (1997): *Der Stabilitätspakt für die europäische Währungsunion – Das Einhalten der Defizit-Obergrenze als stete Rechtpflicht*, in: Zentrum für Europäisches Wirtschaftsrecht (Hrsg.): Vorträge und Berichte, Nr. 86, Bonn.

HALPERN, LÁSZLÓ/ NEMÉNYI, JUDIT (2002): *Fiscal Foundation of Convergence to European Union in Pre-Accession Transition Countries*, in: Deutsche Bundesbank (Hrsg.) Economic Research Centre Discussion Papers, Nr.03, Frankfurt am Main.

HASSE, ROLF (2002): *Der deutsche Beitrag zur europäischen Wirtschaftspolitik – konsequent in der Demontage*, in: Wirtschaftsdienst, 82. Jg., Heft 3, S. 133-137.

HEFEKER, CARSTEN (2002): *Stabilitätspakt und glaubwürdige Fiskalpolitik*, in: Wirtschaftsdienst, 82. Jg., Heft 3, S. 137-140.

HEFEKER, CARSTEN (2002a): *Geschädigter Stabilitätspakt*, in: Wirtschaftsdienst, 82. Jg., Heft 2, S. 64.

HEFEKER, CARSTEN (2003): *Credible at Last? Reforming the Stability Pact*, in: Intereconomics, Vol. 38, Number 1, January/February, Berlin/Heidelberg, S. 15-18.

HEINEMANN, FRIEDRICH (1994): *Staatsverschuldung: Ursachen und Begrenzung*, Beiträge zur Wirtschafts- und Sozialpolitik des Instituts der deutschen Wirtschaft, Nr. 214, Köln.

HEINEMANN, FRIEDRICH (1999): Exchange Rate Regimes and Fiscal Discipline in OECD countries, in: Zentrum für Europäische Wirtschaftsforschung (Hrsg.), *discussion papers* Nr. 99-04, Mannheim.

HEINEMANN, FRIEDRICH (2001): *Europäische Finanzverfassung*, in: OHR, RENATE/ THEURL, THERESIA (Hrsg.): *Kompendium Europäische Wirtschaftspolitik*, München, S. 205-239.

HILLENBRAND, OLAF (2002): *Die Wirtschafts- und Währungsunion*, in: Weidenfeld, WERNER (Hrsg.): *Europa-Handbuch*, Bonn.

ISSING, OTMAR (1991): *Mehr Kapital durch mehr Geld?*, in: Deutsche Bundesbank (Hrsg.): Auszüge aus Presseartikeln, Nr. 39, Frankfurt am Main, S. 9-10.

ISSING, OTMAR (1996): *Einführung in die Geldpolitik*, 6. Auflage, München.

ISSING, OTMAR (1999): *Der Euro und seine Stabilität – Konsequenzen für die Finanzpolitik*, in: EUROPÄISCHE ZENTRALBANK: *Key Speeches*, Frankfurt am Main. URL: http://www.ecb.int [Zugriff am 21.5.2003].

ISSING, OTMAR (2002): *Anmerkungen zur Koordinierung der makroökonomischen Politik in der WWU*, in: Vierteljahreshefte zur Wirtschaftsforschung, Jg. 71, Heft 3, Berlin, S. 312-324.

ISSING, OTMAR (2003): *Stabiles Geld und solide öffentliche Finanzen gehören zusammen*, in: FRANKFURTER ALLGEMEINE ZEITUNG, Ausgabe vom 6.12.2003, Frankfurt am Main, S. 12.

ITALIANER, ALEXANDER (2002): *The macroeconomic policy framework for EU membership and euro area participation – the role of budgetary policy*, Paper to be presented at Conference on EU Accession - Developing Fiscal Policy Frameworks for Sustainable Growth 13 - 14 May 2002, Brüssel. URL: http://europa.eu.int/comm/economy_finance/events/2002/brussel2/macro_en.pdf [Zugriff am 29.11.2003].

KISS, GÁBOR P. (2003): *Framework of Fiscal Analysis Employed at Magyar Nemzeti Bank*, in: ÖSTERREICHISCHE NATIONALBANK (Hrsg.): *Focus on Transition*, Vol. 1, Wien, S. 138-147.

KITTERER, WOLFGANG (2002): *Indikatoren für eine nachhaltige Finanzpolitik*, in: Wirtschaftsdienst, 82. Jg., Heft 2, S. 67-73.

KÖHLER-TÖGLHOFER, WALPURGA (2003): *Workshop Editorial*, in: ÖSTERREICHISCHE NATIONALBANK (Hrsg.): *Focus on Transition*, Vol. 1, Wien, S. 38-41.

KÖHLER-TÖGLHÖFER, WALPURGA/ BACKÉ, PETER/ SCHARDAX, FRANZ (2003): *Fiscal Developments in Central Eastern European EU Accession Countries – An overwiew One-and-a-Half Years before the May 2004 Enlargement of the European Union*, in: ÖSTERREICHISCHE NATIONALBANK (Hrsg.): *Focus on Transition*, Vol. 1, Wien, S. 84-111.

KOPITS, GEORGE (2001): *Fiscal Rules: Useful Policy Framework or Unnecessary Ornament?*, in: BANCA D'ITALIA (Hrsg.): *Fiscal Rules*, Rom, S. 59-83. URL: http://www.bancaditalia.it/pubblicazioni [Zugriff am 13.2.2002].

KORKMANN, SIXTEN (2001): *Fiscal Policy Coordination in EMU: Should it Go Beyond the Stability and Growth Pact?,* in: BRUNILA, ANNE/ BUTI, MARCO/ FRANCO, DANIELE (Hrsg.): *The Stability and Growth Pact – The Architecture of Fiscal Policy in EMU*, Houndmills, S. 287-312.

KRÖGER, JÜRGEN (2002): *Problems of Incentives within EMU: Experience with the Stability and Growth Pact*, in: CAESAR, ROLF/ SCHARRER, HANS-ECKART (Hrsg.): *European Economic an Monetary Union: An initial assessment*, Baden-Baden, S. 197-206.

KUNTZE, OSCAR-ERICH (2003): *Portugal: Per aspera ad astra – folgt der Durststrecke eine längere Phase kräftigen Wirtschaftswachstums?*, in: Ifo Schnelldienst, Heft 5, S. 56-64.

KUTAN, ALI M./ PAUTOLA-MOL, NIINA (2002): *Integration of the Balitc States into the EU an Institutions of Fiscal Convergence*, in: Bank of Finland (Hrsg.): *Discussion Papers*, Nr. 1, Helsinki.
URL: http://www.bof.fi/bofit/fin/6dp/abs/pdf/dp0102a.pdf [Zugriff am 5.8.2003].

KYDLAND, FINN E./ PRESCOTT, EDWARD C. (1977): *Rules Rather Than Discretion: The Inconsostency of Optimal Plans*, in: Journal of Political Economy, Vol. 85, Heft 3, S. 473-491.

LEIBFRITZ, WILLI/ DUMKE, ROLF/ MÜLLER, ALBERT/ OCHEL, WOLFGANG/ REUTER, MICHAEL/ WESTERMANN, FRANK (2001): *Finanzpolitik im Spannungsfeld des Europäischen Stabilitäts- und Wachstumspakts – Zwischen gesamtwirtschaftlichen Erfordernissen und wirtschafts- und finanzpolitischem Handlungsbedarf*, Gutachten des ifo Instituts für Wirtschaftsforschung im Auftrag des Bundesministeriums der Finanzen, Berlin.
URL: http://www.bundesfinanzministerium.de/Anlage1329/Finanzpolitik.pdf [Zugriff am 31.8.2003].

LEO (2003): *Deutsch-Englisches Wörterbuch*, ein Online-Service der Informatik der Technischen Universität München, o.S.
URL : http://dict.leo.org/?soundex=NORMAL&hits=50&search= [Zugriff am 1.12.2003].

LESCH, HAGEN (1993): *Konvergenzkriterien einer Europäischen Währungsunion: Zur Logik der Bestimmungen von Maastricht*, Veröffentlichung des Instituts für Finanzen und Steuern, Nr. 317, Bonn.

LINSENMANN, INGO/ WESSELS, WOLFGANG (2002): *Weiche Koordination oder härtere Regeln? Zur institutionellen und prozeduralen Reformoptionen des Stabilitätspakts*, in: Wirtschaftsdienst, 82. Jg., Heft 3, S. 130-133.

MANKIW, NICHOLAS GREGORY (2000): *Makroökonomik*, 4. Auflage, Stuttgart.

MASSON, PAUL R. (1996): *Fiscal Dimensions of EMU*, in: The Economic Journal, Nr. 106, S. 996-1004.

MATALÍK, IVAN/ SLAVIK, MICHAL (2003): *Fiscal Policy in the Czech Republic*: in ÖSTERREICHISCHE NATIONALBANK (Hrsg.): *Focus on Transition*, Vol. 1, Wien, S. 112-120.

MINISTÉRIO DAS FINANÇAS (2003): *Programa de Estabilidade e Crescimento (actualização para o período de 2003-2006)*, Lisboa.
URL: http://www.min-financas.pt/v30/Documentos/progest2003.pdf [Zugriff am 15.7.2003].

MÜLLER-GRAFF, PETER-CHRISTIAN (2002): *Die Kompetenzen in der Europäischen Union*, Weidenfeld, Werner (Hrsg.): *Europa-Handbuch*, Bonn, S. 374-392.

MUSGRAVE, RICHARD A. (1987): *Die öffentlichen Finanzen in Theorie und Praxis*, 4. Auflage, Tübingen.

NEUMANN, MANFRED J. M. (1981): *Inflation und Staatsverschuldung*, in: SIMMERT, DIETHARD B./ WAGNER, KURT-DIETER (Hrsg.): *Staatsverschuldung kontrovers*, Schriftenreihe der Bundeszentrale für politische Bildung, Bonn, S. 189-102.

NORTH, DOUGLASS C. (1990): *Institutions, Institutional Change and Economic Performance*, Cambridge.

O.V. (2002): *Brüssel bringt Frühwarnung gegen Deutschland auf den Weg*, in: DEUTSCHE BUNDESBANK, Auszüge aus Presseartikeln, Nr. 7, 6.2.2002, Frankfurt am Main S. 9f.

O.V. (2002a): *Bundesbank rügt Verzicht auf Frühwarnung*, in: DEUTSCHE BUNDESBANK (Hrsg.): *Auszüge aus Presseartikeln*, Nr. 8, 14.2.2002, Frankfurt am Main, S. 9f.

OECD (2001): *Wirtschaftsausblick*, Nr. 71, Paris.

OECD (2002): *Wirtschaftsausblick*, Nr. 72, Paris.

OECD (2003): Economic Survey – Portugal, Paris.

OECD (2003a): Economic Survey - Euro Area, Paris.

OECD (2003b): Economic survey - Czech Republic, Paris.

OECD (2003c): Economic Outlook Nr. 73, Statistical Annex, Paris.
URL:http://www.oecd.org/document/61/0,2340,en_2649_34109_2483901_1_1_1_3 7443,00.html [Zugriff am 10.11.2003].

OHR, RENATE/ SCHMIDT, ANDRÉ (2001): *Europäische Geld- und Währungspolitik*, in: OHR, RENATE/ THEURL, THERESIA (Hrsg.): *Kompendium Europäische Wirtschaftspolitik*, München, S. 417-466.

OHR, RENATE/ SCHMIDT, ANDRÉ (2003): *Der Stabilitäts- und Wachstumspakt im Zielkonflikt zwischen fiskalischer Flexibilität und Glaubwürdigkeit: Ein Reformansatz unter Berücksichtigung konstitutionen- und institutionenökonomischer Aspekte*, in: Center for Globalization and Europeanization of the Economy (Hrsg.): *Discussion Papers*, Nr. 19, Göttingen.

ONGENA, HEDWIG/ WINKLER, BERNHARD (2001): *Fiscal Policy in EMU*, in: ARTIS, MICHAEL, NIXSON, FREDERICK (Hrsg.): *The Economics of the European Union*, Oxford.

OTTNAD, ADRIAN (1996): *Wohlstand auf Pump – Ursachen und Folgen wachsender Staatsverschuldung in Deutschland*, Frankfurt am Main.

PEFFEKOVEN, ROLF (2002): *Strikte Anwendung geboten – nationale Voraussetzungen schaffen*, in: Wirtschaftsdienst, 82. Jg., Heft 3, S. 127-130.

PEFFEKOVEN, ROLF (2003): *Soll die Bundesregierung mehr sparen?*, in: FRANKFURTER ALLGEMEINE ZEITUNG, Ausgabe vom 20.11.2003, Frankfurt am Main, S. 15.

PETERS, MICHAELA (2002): *Die Konkretisierung des Art. 104 EG durch den Stabilitäts- und Wachstumspakt und dessen Vereinbarkeit mit dem EG-Vertrag*, Inaugural-Dissertation zur Erlangung des Grades eines Doktors der Rechte durch die Rechts- und Staatswissenschaftliche Fakultät der Rheinischen Friedrich-Wilhelms-Universität, Bonn.

RAFFELHÜSCHEN, BERND (2002): *Ein Plädoyer für ein flexibles Instrument zur Analyse nachhaltiger Finanzpolitik*, in: Wirtschaftsdienst, 82. Jg., Heft 2, S. 73-76.

RATZINGER, JÜRGEN (1997): *Die finanzpolitischen Kriterien des Maastrichter Vertrags und die Anstrengungen der deutschen Finanzpolitik zu deren Erfüllung*, in: OPPENLÄNDER, KARL H.: *West- und Osteuropa auf dem Weg in die EWU: Beitrittsprobleme vor dem Hintergrund wirtschaftlicher Transformation und finanzpolitischer Konvergenzkriterien*, in: ifo Studien zur Osteuropa- und Transformationsforschung, Bd. 28, ifo/IFW-Symposium vom 9. bis 11. Dezember 1996 in München, München, S. 95-117.

REPULLO, RAFAEL (1993): *Discussion*, in: BUITER, WILLEM H./ CORSETTI, GIANCARLO/ ROUBINI, NOURIEL: *Excessive Deficits: sense and nonsense in the Treaty of Maastricht*, in: Economic Policy, Nr. 8, S. 90-92.

ROGOFF, KENNETH (2003): *Plädoyer für moderaten Aktivismus*, in FINANCIAL TIMES DEUTSCHLAND, Ausgabe vom 21.8.2003, S. 26.

ROSTAGNO, MASSIMO/ PÉREZ-GARCÍA, JAVIER/ HIEBERT, PAUL (2001): *Optimal Debt under a Deficit Constraint*, in: BRUNILA, ANNE/ BUTI, MARCO/ FRANCO, DANIELE

(Hrsg.): *The Stability and Growth Pact – The Architecture of Fiscal Policy in EMU*, Houndmills, 313-343.

SACHVERSTÄNDIGENRAT ZUR BEGUTACHTUNG DER GESAMTWIRTSCHAFTLICHEN ENTWICKLUNG (1989): *Weichenstellung für die neunziger Jahre*, Jahresgutachten 1989/1990, Stuttgart.

SACHVERSTÄNDIGENRAT ZUR BEGUTACHTUNG DER GESAMTWIRTSCHAFTLICHEN ENTWICKLUNG (1992): *Für Wachstumsorientierung – Gegen lähmenden Verteilungsstreit*, Jahresgutachten, 1992/1993, Stuttgart.

SACHVERSTÄNDIGENRAT ZUR BEGUTACHTUNG DER GESAMTWIRTSCHAFTLICHEN ENTWICKLUNG (1995): *Im Standortwettbewerb*, Jahresgutachten 1995/1996, Stuttgart.

SACHVERSTÄNDIGENRAT ZUR BEGUTACHTUNG DER GESAMTWIRTSCHAFTLICHEN ENTWICKLUNG (1997): *Wachstum, Beschäftigung, Währungsunion – Orientierungen für die Zukunft*, Jahresgutachten 1997/1998, Stuttgart.

SACHVERSTÄNDIGENRAT ZUR BEGUTACHTUNG DER GESAMTWIRTSCHAFTLICHEN ENTWICKLUNG (2000): *Chancen auf einen höheren Wachstumspfad*, Jahresgutachten 2000/2001, Stuttgart.

SACHVERSTÄNDIGENRAT ZUR BEGUTACHTUNG DER GESAMTWIRTSCHAFTLICHEN ENTWICKLUNG (2001): *Für Stetigkeit, gegen Aktionismus*, Jahresgutachten 2001/2002, Stuttgart.

SACHVERSTÄNDIGENRAT ZUR BEGUTACHTUNG DER GESAMTWIRTSCHAFTLICHEN ENTWICKLUNG (2002): *Zwanzig Punkte für Wachstum und Beschäftigung*, Jahresgutachten 2002/2003, Stuttgart.

SACHVERSTÄNDIGENRAT ZUR BEGUTACHTUNG DER GESAMTWIRTSCHAFTLICHEN ENTWICKLUNG (2003): *Staatsfinanzen konsolidieren – Steuersystem reformieren*, Jahresgutachten 2003/2004, Stuttgart.

SARGENT, THOMAS J./ WALLACE, NEIL (1981): *Some Unpleasant Monetarist Arithmetic*, in: Federal Reserve Bank of Minneapolis Quarterly Review, Nr. 5, S. 1-17.

SARRAZIN, THILO (1998): *Der Euro: Chance oder Abenteuer?*, Bonn.

SCHÄFER, WOLF (2001): *Die EU-Osterweiterung*, in: OHR, RENATE/ THEURL, THERESIA (Hrsg.): *Kompendium Europäische Wirtschaftspolitik*, München, S. 241-270.

SCHARRER, HANS-ECKART (1996): *Deutsch-Französische Dissonanzen*, in: Wirtschaftsdienst, 76. Jg., Heft 12, S. 606f.

SCHEIDE, JOACHIM/ TRAPP, PETER (1991): *Erfordert eine europäische Währungsunion die Harmonisierung der Finanzpolitik?*, in: SIEBKE, JÜRGEN (Hrsg.): Monetäre Konfliktfelder der Weltwirtschaft, Schriften des Vereins für Socialpolitik Band 10, Berlin, S. 429-446.

SCHERF, WOLFGANG (1996): *Politische Ursachen und Möglichkeiten einer konstitutionellen Begrenzung der staatlichen Neuverschuldung*, Giessen.
URL: http://www.uni-giessen.de/~g21024/download/scherf/Defizit.PDF [Zugriff am 5.5.2003].

SCHLESINGER, HELMUT/ WEBER, MANFRED/ ZIEBARTH, GERHARD (1993): *Staatsverschuldung ohne Ende?: Zur Rationalität und Problematik des öffentlichen Kredits*, Wissenschaftliche Buchgesellschaft, Darmstadt.

SCHRÖDER, JÖRG (1999): *Externalitäten kreditfinanzierter Staatsausgaben. Ein Lizenzkonzept zu ihrer Internalisierung im Rahmen der Europäischen Wirtschafts- und Währungsunion*, Reihe: Internationale Wirtschaft, Band 15, Köln.

SCHRÖDER, JÖRG (1999a): *Verschuldungslizenzen als Alternative zum Stabilitäts- und Wachstumspakt*, in: Wirtschaftsdienst, 79 Jg., Heft 7, S. 412-420.

SCHUKNECHT, LUDGER (2002): *The Implementation of the Stability and Growth Pact*, in: OECD Journal on Budgeting, Heft 1, Paris, S. 81-116.

SELL, FRIEDRICH (2001): *The European Stability Pact under Scrutinity*, in: Intereconomics, 36, Heft 6, S. 286-288.

SELL, FRIEDRICH (2003): *Die Stabilitätsprogramme der EU – Anspruch und Wirklichkeit in den ersten vier Jahren der Europäischen Währungsunion*, München, 2003.
URL: http://www.unibw-muenchen.de/campus/WOW/v1061/deutsch/diskussion/2003-2Sell.pdf [Zugriff am 8.11.2003].

SIEBERT, HORST (2002): *Weshalb die Europäische Währungsunion den Stabilitätspakt braucht*, Kieler Arbeitspapiere Nr. 1134, Institut für Weltwirtschaft Kiel.
URL: http://www.uni-kiel.de/ifw/pub/kap/2002/kap1134.pdf [Zugriff am 4.4.2003].

SMEETS, HEINZ-DIETER/ VOGL, BERNHARD (2001): *Der Stabilitäts- und Wachstumspakt – eine kritische Würdigung*, in: SÖLLNER, FRITZ, WILFERT, ARNO (Hrsg.): *Die Zukunft des Sozial- und Steuerstaates: Festschrift zum 65. Geburtstag von Dieter Fricke*, Heidelberg, S. 421-452.

STALDER, INGE (1992): *Staatsverschuldung aus Sicht der Neuen Politischen Ökonomie*, Nürnberg.

141

STARBATTY, JOACHIM (2003): *Menetekel über der Währungsunion*, in: FRANKFURTER ALLGEMEINE ZEITUNG, Ausgabe vom 3.11.2003, Frankfurt am Main, S. 15.

STARK, JÜRGEN (2001): *Genesis of a Pact*, in: BRUNILA, ANNE/ BUTI, MARCO/ FRANCO, DANIELE (Hrsg.): *The Stability and Growth Pact – The Architecture of Fiscal Policy in EMU*, Houndmills, S. 77-105.

STEUER, WERNER (1997): *Gibt es eine europäische Stabilitätskultur?*, in: Wirtschaftsdienst, 77. Jg., Nr. 2, S. 86-93.

STUTTGARTER-ZEITUNG (2002): *Prodi kritisiert Stabilitätspakt*, Online-Ausgabe vom 16. Oktober 2002, Stuttgart, o. S.
URL: http://www.stuttgarter-zeitung.de/stz/page/detail.php/334738 [Zugriff am 3.8.2003].

SUTTER, MATTHIAS (2000): *Der Stabilitäts- und Wachstumspakt in der Europäischen Währungsunion – Grundlagen, Abstimmungsmacht und Glaubwürdigkeit der Sanktionierung übermäßiger Defizite*, Baden-Baden.

TANZI, VITO (2003): *Hohe Etatdefizite bergen mehr Risiken als Chancen*, in: Financial Times Deutschland, Ausgabe vom 1.9.2003, Hamburg S. 16.

VAN DEN NOORD, PAUL (2000): *The Size and Role of automatic fiscal stabilisers in the 1990s and beyond*, in OECD (Hrsg.): Economics Department Working Paper, Nr. 230, Paris.

VITZTHUM, CARLTA/ BURNS, ERIK T. (2003): *Portugal goes on austerity*, in: The Wall Street Journal, Brüssel, Ausgabe vom 28.5.2003, abgedruckt in: Deutsche Bank (ed.) Auszüge aus Presseartikeln, Nr. 25 , 4.6.2003, Frankfurt am Main, S. 12f.

VON HAGEN, JÜRGEN (2003): *Fiscal Discipline and Growth in Euroland, Experiences with the Stability and Growth Pact*, in: Zentrum für Europäische Integrationsforschung (Hrsg.): Discussion Papers, Nr.B-06, Bonn.
URL: http://www.zei.de/download/zei_wp/B03-06.pdf [Zugriff am 28.10.2003].

VON HAGEN, JÜRGEN/ HALLETT, ANDREW H./ STRAUCH, ROLF (2001): *Budgetary Consolidation in EMU*, in Europäische Kommission (Hrsg.): *Economic Papers*, Nr. 148, Brüssel.
URL:http://europa.eu.int/comm/economy_finance/publications/economic_papers/20 01/ecp148en.pdf [Zugriff am 29.11.2003].

VON HAGEN, JÜRGEN/ MUNDSCHENK, SUSANNE (2002): *Koordinierung der Geld- und Fiskalpolitik in der EWU*, in: Vierteljahreshefte zur Wirtschaftsforschung, Jg. 71, Heft 3, Berlin, S. 325-338.

VON WEIZSÄCKER, ROBERT K. (1992): *Staatsverschuldung und Demokratie*, in: Kyklos, Vol. 45, S. 51-67.

VON WEIZSÄCKER, ROBERT K. (1997): *Finanzpolitik*, in: Springers Handbuch der Volkswirtschaftslehre, Bd. 2, Berlin, 1997, S.123-180.

WAGNER, HELMUT (1998): *Europäische Wirtschaftspolitik – Perspektiven einer Europäischen Wirtschafts- und Währungsunion (EWWU)*, 2. Auflage, Berlin.

WAGNER, HELMUT (2001): *Stabilitätspolitik - theoretische Grundlagen und institutionelle Alternativen*, 6. Auflage, München.

WEIDENFELD, WERNER (2002): *Europäische Einigung im historischen Überblick*, in: WEIDENFELD, WERNER/ WESSELS, WOLFGANG (2002): *Europa von A bis Z*, Bonn.

WEIDENFELD, WERNER/ WESSELS, WOLFGANG (2002): *Europa von A bis Z*, Bonn.

WESSELS, WOLFGANG (2002): *Das Politische System der EU*, in: WEIDENFELD, WERNER (Hrsg.): *Europa-Handbuch*, Bonn.

WILLETT, THOMAS D. (1999): *A political economy analysis of the Maastricht and Stability Pact fiscal criteria*, in: HALLETT, Andrew H./ HUTCHISON, Michael M./ JENSEN, Svend (Hrsg.): *Fiscal Aspects of European Monetary Integration*, Cambridge University Press, S. 37-68.

WILLMS, MANFRED (1999): *Strukturpolitik*, in: Vahlens Kompendium der Wirtschaftstheorie und Wirtschaftspolitik, Bd. 2, 7. Auflage, München, S.439-476.

WISSENSCHAFTLICHER BEIRAT BEIM BUNDESMINISTERIUM DER FINANZEN (2001): *Gutachten zur Nachhaltigkeit in der Finanzpolitik – Konzepte für eine langfristige Orientierung öffentlicher Haushalte*, Berlin. URL: http://text.bundesfinanzministerium.de/Anlage9127/Gutachten-zur-Nachhaltigkeit-in-der-Finanzpolitik.pdf [Zugriff am 31.7.2003].

WISSENSCHAFTLICHER BEIRAT BEIM BUNDESMINISTERIUM FÜR WIRTSCHAFT (1989): *Europäische Währungsordnung*, Bonn.

WOLL, ARTUR (1990): *Allgemeine Volkswirtschaftslehre*, 10. Auflage, München.

WOODFORD, MICHAEL (1996): *Control of Public Debt: A Requirement for Price Stability?*, in: National Bureau of Economic Research (Hrsg.): Working Paper, Nr. 5684, Cambridge.

WYPLOSZ, CHARLES (1991): *Monetary Union and Fiscal Policy Discipline*, in: Centre for Economic Policy Research (Hrsg.): Discussion Papers. Nr. 488, London.

WYPLOSZ, CHARLES (2002): *The Sability Pact: Time to Rethink*, Briefing Notes to the Committee for Monetary and Economic Affairs of the European Parliament, Brüssel.

URL:http://www.europarl.eu.int/comparl/econ/pdf/emu/speeches/20021203/200212
03_wyplosz.pdf [Zugriff am 17.10.2003].

WYPLOSZ, CHARLES (2003): *Stabilitätspakt verschärft Konjunkturkrisen*, in FINANCIAL
TIMES DEUTSCHLAND, Ausgabe vom 2.9.2003, S. 16.

ZIMMERMANN, HORST/ HENKE, KLAUS-DIRK (1994): *Finanzwissenschaft – Eine
Einführung in die Lehre von der örtlichen Finanzwirtschaft*, 7. Auflage, München.

www.ingramcontent.com/pod-product-compliance
Lightning Source LLC
Chambersburg PA
CBHW021713210326
41599CB00013B/1631